青海省大生态产业发展潜力评估与模式构建

史培军 谢惠春 周华坤 等 著

科学出版社
北京

内 容 简 介

本书基于生态系统服务价值，资源-资产-资本转化的发展逻辑全面分析青海省传统生态农业（种植、养殖、水产、林草、加工等）和生态工业等，系统阐述青海省生态系统服务价值的潜力。结果表明青海省实施生态优先、发展高碳汇经济、高质量发展大生态产业潜力巨大。

本书可供高等院校相关专业的师生、科研机构的科技人员、政府机构的管理人员参考。

审图号：青 S（2023）219号

图书在版编目（CIP）数据

青海省大生态产业发展潜力评估与模式构建/史培军等著．—北京：科学出版社，2024.3
ISBN 978-7-03-075579-7

Ⅰ．①青… Ⅱ．①史… Ⅲ．①生态经济－产业发展－研究－青海 Ⅳ．① F127.44

中国国家版本馆CIP数据核字（2023）第090046号

责任编辑：杨帅英　马珺荻/责任校对：郝甜甜
责任印制：徐晓晨/封面设计：图阅社

科学出版社 出版
北京东黄城根北街16号
邮政编码：100717
http://www.sciencep.com
北京中科印刷有限公司印刷
科学出版社发行　各地新华书店经销

*

2024年3月第 一 版　开本：787×1092　1/16
2024年3月第一次印刷　印张：13 1/2
字数：320 000
定价：189.00 元
（如有印装质量问题，我社负责调换）

本书主要作者名单

史培军　谢惠春　周华坤
陈　志　陈元涛　唐仲霞
于德永

前 言

2016年8月22～24日习近平总书记在青海调研考察时做出"青海最大的价值在生态、最大的责任在生态、最大的潜力也在生态"的综合判断。

本书基于生态系统服务价值和从资源-资产-资本转化的发展逻辑，全面分析青海省传统生态工业的总体状况，系统厘清青海省的生态系统服务价值潜力以及在传统生态产业基础上的现代生态产业的发展潜力，旨在为构建"多采光、少用水、高产出"的生态产业新体系提供理论基础，系统推动青海省由传统的"生态农业、生态工业"向"大生态"产业转变，大力发展"自然阳光—微生物技术"支持下的高原碳汇交易产业，高原雪域、大漠、高峡、平湖、龙山、湿岛等组成的高原观光与生态教育体验产业，极端环境（高光照、缺氧、高寒、干旱、多盐碱等）下"天然生产—人工种植"一体化的高原中藏药产业，"天然—设施放牧"一体化的高原畜牧业等大生态产业。

本书分为5章，第1章为青海省发展大生态产业的必然性，重点讲述大生态产业的内涵和在青海地区发展大生态产业的必要性及潜力；第2章为现代生物技术支撑下的青海高原农牧业综合发展潜力评估，重点总结了青海省农区、牧区和绿洲区的农牧业发展的关键技术和模式，评估其承载力和潜力，阐述青海的生态价值特殊性和重要性，提出高原现代农牧业综合发展模式，挖掘高原生态农牧业生产潜力，从而支撑青海省大生态产业发展，实现社会经济和生态环境协调发展；第3章为极端环境动植物资源潜力评估，主要针对青海省独特的高原地理环境与区位优势，对极端环境条件下动植物资源的数量、质量、种类、资源优势、资源开发的有利条件、制约因素和动植物资源潜力等方面进行科学评估，结合"一优两高"的发展战略，提出极端环境条件下动植物资源保护与开发利用的目标及发展途径与模式；第4章为青海高原生态观光与体验产业发展潜力评估，重点分析了青藏高原生态观光与体验产业的资源禀赋、市场、经济发展水平、基础设施等，构建青藏高原生态观光与体验产业发展潜力的分析模型和指标体系，对青海省生态观光与体验产业发展潜力展开定量测评，提出促进青海省生态观光与体验产业发展的模式；第5章为高原生态系统和小球藻固碳潜力与碳汇产业评估，重点分析青海高原高寒生态系统、高原盐湖和小球藻固碳潜力以及退化生态系统修复、天然生态系统保育新模式下的植被和土壤碳汇功能，进行小球藻规模化培养及产业化过程中的技术瓶颈和适宜模式筛选与青海主要盐湖非生物固碳机制和潜力分析。第1章由史培军、谢惠春撰写，第2章由周华坤、陈哲撰写，第3章由陈志、罗巧玉、祁得胜、戢爽撰写，第4章由唐仲霞、曹昱源、马永贵撰写，第5章由史培军、谢惠春、于应文、陈元涛、吾健、杜少波撰写。全书总体研究方案由史培军提出，史培军、谢惠春、于德永统稿和审定。

  本书的研究工作由青海省科技厅重大科技专项项目"青海生态环境价值评估及大生态产业发展综合研究（编号：2019-SF-A12）"资助，同时得到青海省人民政府-北京师范大学高原科学与可持续发展研究院、青海师范大学、北京师范大学、中国科学院西北高原生物研究所、兰州大学、青海省寒区恢复生态学重点研究室、德令哈市林业和草原站等单位的协作与支持。

  中国科学院孙鸿烈院士、郑度院士、吴国雄院士、秦大河院士、傅伯杰院士、于贵瑞院士和中国工程院李文华院士等专家，国家发展和改革委员会基础设施司、生态环境部生态司、自然资源部国土空间生态修复司、青海省省直机关负责同志对本书的研究工作给予大量支持、指导和把关，在此一并致谢！

  限于作者水平，书中不足之处在所难免，欢迎广大读者批评指正！

作 者
2023 年 2 月

目 录

第1章 青海省发展大生态产业的必然性 ··· 1
  1.1 大生态产业的内涵 ··· 1
  1.2 青海发展大生态产业的必要性及潜力 ··· 3

第2章 现代生物技术支撑下的青海高原农牧业综合发展潜力评估 ·················· 6
  2.1 引言 ··· 6
    2.1.1 青海高原农牧业综合发展背景和意义 ····································· 6
    2.1.2 本章内容概述 ··· 6
    2.1.3 青海高原农牧业综合发展潜力评估路线 ···································· 7
  2.2 青海高原农牧产业现状研究与分析 ·· 8
    2.2.1 种植业发展现状 ··· 8
    2.2.2 养殖业发展现状与分析 ··· 15
    2.2.3 水产养殖业发展现状与分析 ·· 21
  2.3 青海农牧区生态生产功能评价体系构建 ··· 24
    2.3.1 构建农牧区生态生产功能指标体系的原则 ······························· 25
    2.3.2 农牧区生态生产功能指标体系建立 ······································· 25
  2.4 基于现代生物技术的青海省高原农牧产业发展潜力 ··························· 26
    2.4.1 农牧区生态生产功能指标体系 ··· 26
    2.4.2 高原现代农牧业产业潜力挖掘和发展模式 ······························· 42
  2.5 基于现代生物技术的高原农牧业发展对策 ······································· 46
  2.6 主要结论 ··· 48

第3章 极端环境动植物资源潜力评估 ··· 49
  3.1 引言 ··· 49
    3.1.1 青海省极端环境动植物资源产业化发展背景和意义 ···················· 49
    3.1.2 本章内容概述 ·· 50
    3.1.3 极端环境动植物资源潜力评估路线 ·· 50
  3.2 青海省极端环境动植物资源及产业现状与分析 ································· 51
    3.2.1 自然资源概况 ·· 51
    3.2.2 极端环境动植物资源状况 ··· 52
    3.2.3 药用动植物资源产业状况 ··· 56

3.2.4 药用动植物资源产业化发展的总体评价 ································ 66
3.3 青海省药用动植物资源可利用价值评估 ································ 69
3.3.1 极端环境下药用动植物资源可利用价值综合评价指标体系 ············ 69
3.3.2 极端环境下药用动植物资源价值综合评价结果 ···················· 71
3.3.3 药用植物资源价值核算 ·· 76
3.4 青海省药用动植物资源产业化发展策略 ································ 77
3.4.1 药用动植物资源产业化发展总体思路 ······························ 77
3.4.2 药用动植物资源产业化发展的SWOT分析 ·························· 81
3.4.3 药用动植物资源产业选择 ·· 85
3.4.4 药用动植物资源经营策略 ·· 89
3.4.5 可行性分析及风险防范策略 ······································ 89
3.5 主要结论 ·· 103

第4章 青海高原生态观光与体验产业发展潜力评估 ···························· 105
4.1 引言 ·· 105
4.1.1 发展青海高原生态观光与体验产业的背景和意义 ···················· 105
4.1.2 本章内容概述 ·· 106
4.1.3 青海高原生态观光与体验产业发展潜力评估路线 ···················· 106
4.2 青海高原旅游产业现状与分析 ·· 108
4.2.1 国内外研究现状 ·· 108
4.2.2 生态保护与发展的相关政策和国外经验分析 ························ 110
4.2.3 国外典型国家公园管理模式和经验分析 ···························· 113
4.2.4 青海省旅游产业发展现状 ·· 115
4.2.5 旅游产业发展存在的问题 ·· 117
4.3 青海高原生态观光与教育体验产业潜力分析 ···························· 120
4.3.1 生态观光与体验产业空间潜力分析 ································ 120
4.3.2 青海高原生态观光与教育体验产业发展潜力市场预测 ················ 127
4.4 青海高原自然观光与生态体验产业发展模式与建议 ······················ 130
4.4.1 生态观光与体验产业发展社区共生共管模式 ························ 130
4.4.2 生态观光与生态体验产业发展建议 ································ 136
4.4.3 生态观光与体验线路规划 ·· 139
4.5 主要结论 ·· 140

第5章 高原生态系统和小球藻固碳潜力与碳汇产业评估 ························ 142
5.1 引言 ·· 142
5.1.1 低碳经济发展实践 ·· 142
5.1.2 本章内容概述 ·· 144

5.1.3 高寒生态系统、小球藻和高原盐湖产业碳汇潜力研究及评价路线 ·········· 144
5.2 碳汇产业现状研究与分析 ··· 145
　　　5.2.1 国内外固碳产业发展现状 ··· 145
　　　5.2.2 青海省主要生态系统固碳潜能及生态服务价值 ···································· 153
　　　5.2.3 高原盐湖微生物固碳与生态产业发展潜力 ·· 160
5.3 微藻固碳产业的可行性分析 ··· 165
　　　5.3.1 小球藻藻种筛选及培养条件优化 ··· 165
　　　5.3.2 青海区域内极端环境下的微藻采集预筛选 ·· 171
　　　5.3.3 微藻培养生产 ··· 177
　　　5.3.4 高原微藻固碳能力评价体系 ··· 179
　　　5.3.5 微藻作为动物营养饲料的潜力评价 ··· 183
5.4 高原微藻固碳产业化实验与试验 ··· 193
　　　5.4.1 产业化实验 ··· 193
　　　5.4.2 产业化中试 ··· 194
　　　5.4.3 高原微藻开发利用的产业化前景 ··· 195
5.5 高原碳汇产业发展对策 ··· 197
　　　5.5.1 加强青海生态系统变化长期监测平台系统的建设 ································ 197
　　　5.5.2 加强生态系统管理的法治建设 ··· 197
　　　5.5.3 构建高碳汇生态系统，发展碳汇经济 ·· 198
　　　5.5.4 探索高原微藻产业化模式与综合利用途径 ·· 198
　　　5.5.5 关注生态治理的碳增汇效应，建立健全生态补偿制度 ························ 199

参考文献 ··· 200

第1章　青海省发展大生态产业的必然性

1.1　大生态产业的内涵

工业革命以来，人类活动对生态环境产生很大影响，集中体现就是越来越多的温室气体排放改变地球系统的自然生态过程（沈树忠等，2024）。诺贝尔化学奖获得者、环境地球化学家Crutzen将工业革命以来的地质纪年，定义为人类世，对人类活动对地球的影响给出了很深刻的化学解释（周天军等，2022）。20世纪80年代以来，德国慕尼黑大学和英国伦敦政治经济学院社会学教授乌尔里希·贝克（Ulrich Beck）教授提出风险社会的论断，对全球的可持续发展产生深远的影响（张强等，2023）。他认为一个风险的社会，需要建立一种新的发展模式。20世纪70年代以来，人们就在探讨新的发展模式，探讨关于可持续发展的道路。在探索过程中，中国提出生态文明建设理论。党的十八大以来，以习近平同志为核心的党中央把生态文明建设纳入中国特色社会主义事业"五位一体"总体布局和"四个全面"战略布局，锐意深化生态文明制度改革，坚定贯彻绿色发展理念，开创了生态环境保护的新局面。生态文明是人类社会文明的一种形式，它以人地关系和谐为主旨，以可持续发展为依据，在生产生活过程中注重维系自然生态系统的和谐，保持人与自然的和谐，追求自然-生态-经济-社会系统间的和谐（王岩，2022）。生态文明给我们一种新的理解，可以此来实现可持续发展。

习近平总书记对生态文明建设给出很深刻的理解，集中体现为"生态兴则文明兴"的深邃历史观、"人与自然和谐共生"的科学自然观、"绿水青山就是金山银山"的绿色发展观、"良好生态环境是最普惠的民生福祉"的基本民生观、"山水林田湖草沙冰是一个生命共同体"的整体系统观、"实行最严格生态环境保护制度"的严密法治观、"共同建设美丽中国"的全民行动观、"共谋全球生态文明建设之路"的共赢全球观。我们可以看到，习近平生态文明思想从多个方面为我们实现世界的可持续发展，提供中国理解和中国方案。

中国生态文明建设，进入关键期、攻坚期、窗口期。2019年年初，《求是》杂志发表习近平总书记重要文章《推动我国生态文明建设迈上新台阶》，文章指出，生态文明建设是关系中华民族永续发展的根本大计，要自觉把经济社会发展同生态文明建设统筹起来，充分发挥党的领导和我国社会主义制度能够集中力量办大事的政治优势，充分利用改革开放40年来积累的坚实物质基础，加大力度推进生态文明建设、解决生态环境问题，坚决打好污染防治攻坚战，推动我国生态文明建设迈上新台阶。我们一定要坚决担负起生态文明建设的政治责任，全面贯彻落实党中央决策部署，为全面建成小康社会，开创美丽中国、大美青海建设新局面而努力奋斗。

在中国古代思想体系中，"天人合一"的基本内涵就是人与自然的和谐共生（刘晨晨，2024）。"大哉乾元，万物资始，乃统天""至哉坤元，万物资生，乃顺承天"，都是从万物生长的意义上来谈天地乾坤的。首先要尊重自然、敬畏自然、顺应自然，而不是人类中心论，也不是自然中心论。其次要理解自然规律，依据其发展变化规律来利用自然，如中国古代伟大的水利工程都江堰，它对自然过程的小小干预，实现几千年的可持续发展（韩华等，2023）。再次要放弃局域与短期的利益，在更大的时间和空间上考虑问题并对自然进行保护。

人类文明发展经过了较漫长的时期。人类社会从原始社会走出，经历农业文明、工业文明，现在正处于工业文明向生态文明演进的转型期（郑长忠，2023）。人与自然的关系是人类社会最基本的关系。自然界是人类社会产生、存在和发展的基础和前提，人类则可以通过社会实践活动有目的地利用自然、改造自然。但人类归根到底是自然的一部分，在开发自然、利用自然中，人类不能凌驾于自然之上，人类的行为方式必须符合自然规律。这促使我们不得不重新审视人与自然的关系，中国在这一探索的道路上提出新发展理念，推动形成绿色发展方式和生活方式是贯彻新发展理念的必然要求，我们要按照新发展理念的指引，做可持续发展的强力推动者。与此同时，我们也可从地理学的角度，来理解生态文明建设。地理学把区域论作为基础理论，来回答天地人和；地理学把综合论作为对区域论的提高，来回答天人合一；地理学把系统论作为区域论和综合论的整合，来回答天地（社会-生态系统）耦合。我们经过多年探索，提出地理学的人地协同论，也就是天人要协同，既要尊重自然规律，还要尊重社会规律，全面理解表层地球系统与可持续性的机理过程及动力学。

寻求推进生态文明建设的创新路径，就是要以绿色发展作为整个社会发展的引领，调整能源结构、优化产业布局、提倡节能减排、发展循环经济、加强生态保护与恢复、推进综合风险防范与高质量发展等（林智钦和林宏赡，2024）。要从生态系统服务的资源价值寻求其资产价值，要从生态系统的资产价值中实现其资本价值，要从生态保护中维系其资源价值，要从生态修复中增值其资源价值和实现其资产价值，要从生态建设中实现其资产价值和资本价值。这就是在生态系统保护、修复和建设中实现其资源-资产-资本逐级转变与增效的技术-经济过程。

1.2 青海发展大生态产业的必要性及潜力

青海是江河之源（强安丰等，2018）。除长江源、黄河源、澜沧江源外，青海还是中国内陆河黑河、石羊河、党河的河源，也是祁连山最重要的水源地，所以我们要对青海给予新的理解。青海最大的价值在生态、最大的责任在生态、最大的潜力也在生态，我们要像保护眼睛一样保护生态环境，像对待生命一样对待生态环境，保护"中华水塔"，当好地球卫士，促进人与自然和谐共生。青海被联合国教科文组织誉为四大无公害超净区之一，青藏高原被誉为地球第三极（戴美玲和石浩，2022），所有这些称谓无外乎在说它的不可替代性，这一点至关重要。不理解青藏高原的不可替代性，就难以认识"三个最大"。习近平总书记强调，必须把生态文明建设放在突出位置来抓，尊重自然、顺应自然、保护自然，筑牢国家生态安全屏障，实现经济效益、社会效益、生态效益相统一。这一重要讲话，对青海乃至全国各地加强生态文明建设都具有重要指导意义。在学习与实践中，我们不能忽略这三者的统一。国内外对生态系统服务的研究很多，美国学者最早把这个问题提升到国际科学前沿。国内主要的研究机构及青海的相关机构也在开展这方面的研究。这些研究采取的指标不一样，结论也不一样。不论是对全国的计算，还是对青海生态价值的计算，都有很大的差距。至今还没有一个权威的、各方都认可的计算生态价值的一套有效的方法和指标体系，这是需要我们深入探讨的。

青海最大的价值在生态，到底大到多少？根据我们的研究，现在主要以地表生态系统计算的生态服务价值为主，但却低估了高海拔地区的生态服务价值，实际价值可能是其计算结果的2～3倍。青藏高原的冻土和湿地生态系统价值比同纬度地区森林的两倍还高。这些新的科学研究进展，还没有被青海生态价值估算者们所关注，我们要重新理解青藏高原的生态价值，只有算准确了，才知道青海到底给国家、给世界做了多大的贡献。

关于生态责任。习近平总书记指出，保护生态环境首先要摸清家底、掌握动态，要把建好用好生态环境监测网络这项基础工作做好。摸清家底，没有一个动态的监测是难以理解的。青海省委省政府始终提高政治站位，增强"四个意识"，自觉扛起生态文明建设和生态环境保护的重大责任。根据青海省生态环境厅对过去工作的总结，主要有六个方面：一是生态文明体制改革、加强制度政策保障；二是三江源、祁连山和青海湖等五大生态功能区的生态环境保护、修复和建设；三是城乡环境综合整治；四是生态环保大检查和环保督察；五是组织开展"绿盾"自然保护区监督检查专项行动；六是推动绿色低碳发展。当然，推动绿色低碳发展更要加快碳汇事业的发展，这一块还要做更多扎实细致的工作。此外，独特的地理和气候条件孕育出了独特的生物多样性（谭聪丽，2024）。青藏高原是一些适应了青藏高原极端环境的物种的天堂（杜少波，2023；虞子青和张二荃，2023），我们要把这些物种包括植物、动物、微生物善待好，它可能将来就是巨大的价值和巨大的潜力。

青海生态地位重要而特殊，我们要担负起保护"江河源"、保护"中华水塔"的重大责任，坚持保护优先，坚持自然恢复和人工恢复相结合，从实际出发，全面落实全国国土空间规划，特别是主体功能区规划要求，使保障国家生态安全的主体功能全面得到加强。统筹推进生态工程、节能减排、环境整治、美丽城乡建设，这一切都使得我们需要全面理解对于生态潜力的发挥，这也就昭示了青海必须发展"大生态产业"，构建"大生态产业"的青海方案。

近年来，青海借助中国青海结构调整暨投资贸易洽谈会（简称青洽会）、环青海湖国际公路自行车赛（简称环湖赛）、中国（青海）藏毯国际展（简称藏毯节）、青海清真食品暨文化旅游节（简称清食展）等重要文化商贸体育活动平台，开发千亿元锂电产业基地、加强基础设施建设、提出"一优两高"战略，等等，各方评价很高，尤其认为对"绿水青山就是金山银山"理念的实践探索，是青海生态文明建设的一条重要的路子。但是我们怎么让绿水青山变成金山银山，这是核心命题，如果不破这个题，青海不可能有很大发展。我们要把青海生态保护好、建设好、利用好，这是第一责任。保护生态是为了人民，建设生态要依靠人民，利用生态是服务人民。全面发展，需要协同优化好"山水林田湖草沙冰"共同体与可持续的经济社会发展，需要协调处理好生态环境保护和经济社会发展的关系，实现生态保护与高质量发展的双赢。

青海最大的价值在生态，其价值就是青藏高原对全球气候变化影响的动力、热力与碳汇作用，亚洲水源地和生态系统服务价值的影响，这三个价值综合起来，才是最大的生态价值。不仅仅是生态资产，光算生态资产是不够的。要算高原动力、热力与碳汇对全球气候变化的价值，要算青海的水源价值，要算青海生态系统服务价值。所以最大价值在生态，是包括三块组成的大生态系统，不是狭义的生态资产服务。

最大的责任在生态，不仅是青海的责任，还是全国和世界的责任，其责任就是保护青藏高原的自然资源，恢复青藏高原的生态系统功能，建设青藏高原的生态环境。应对气候变化是全球的责任，保护、修复、建设，是三项生态责任，三者同等重要。

最大的潜力也在生态，这一潜力不仅是支撑青海长远发展的保障，也是支持中华民族和世界可持续发展的基础，其潜力就是发展大生态产业。第一，要做好"天空地"一体化生态监测体系的建立，实现数字青海、模型青海、现实青海的一体化，使这个监测体系将为我们实现严格的生态监管起到支撑性的作用。第二，发展四大生态产业，即大力发展"天然-设施放牧"一体化的高原畜牧业，"自然-微生物技术"支持下的碳汇交易产业，极端环境（高光照、缺氧、高寒、干旱、多盐碱等）下的"天然生产-人工种植"一体化的高原中藏药产业，以及雪域、大漠、高峡、平湖、龙山等组成的高原观光产业。抓住青海建设高吸收碳实验区的机会，建设"一优两高"战略示范区和生态文明的先行区。我们要充分认识青藏高原作为地球第三极趋于暖湿化的有利"窗口"作用，开发生态建设中的"高吸收碳"技术，大力发展碳汇交易产业。

大生态产业亟须科技支持。保护生态、建设生态、利用生态，都是时代的产物。做好青海的大生态产业，就是生态最大价值提升的重要体现，是全面落实最大责任的重要保障，也是发挥最大潜力的工程。生态系统就是资源，就是资产，就是资本。怎么从生态服务价值变成资源？怎么从生态责任变成资产？怎么从资产变成资本？关键就是要让它的资源更加丰富，让它的资产效益最大化，让它的资本最大化。怎么从生态潜力变成资本？需要科技的大力支持，借此实现"绿水青山就是金山银山"。

在贯彻落实青海省委省政府"五个示范省""一优两高"战略、"四地"建设行动过程中，紧抓地球第三极变暖变湿战略机遇期，全力落实国家"国内大循环为主体、国内国际双循环相互促进的新发展格局"的战略要求，以生态文明先行，全面实现青海生态系统服务功能由资源-资产-资本的科学转换。

第2章 现代生物技术支撑下的青海高原农牧业综合发展潜力评估

2.1 引　言

2.1.1 青海高原农牧业综合发展背景和意义

针对青海省独特的高原地理环境与区位优势，结合"一优两高"的大生态发展政策，通过对青海省农区、牧区和绿洲区的农牧业发展的关键技术总结、模式凝练，评估承载力和潜力，提出高原现代农牧业综合发展模式，挖掘高原生态农牧业生产潜力，实现社会经济和生态环境协调发展。

针对青海省独特的高原地理环境与区位优势，深刻领会习近平总书记"最大的潜力也在生态"的科学判断，系统评估现代技术支撑下的农牧业综合发展潜力和模式，落实青海省"一优两高"的发展战略，对于构建符合青海省生态文明建设需求的大生态产业体系具有重要的理论与实践意义。

2.1.2 本章内容概述

通过对青海省农区、牧区和绿洲区的农牧业发展的关键技术总结、模式凝练，评估承载力和潜力，阐述青海的生态价值特殊性和重要性，提出高原现代农牧业综合发展模式，挖掘高原生态农牧业生产潜力，支撑青海省大生态产业发展，实现社会经济和生态环境协调发展。

主要研究内容如下：

（1）潜力调查：主要包括收集农牧业生态系统动态监测报告、信息，农牧业技术和模式、农牧业统计资料、社会经济数据，实地调查资料及其他相关资料，为评估做支撑。

（2）潜力指标体系构建：对收集资料归类整理，量化分析，根据不同生态功能区实际情况构建指标体系，严格按照评估指标体系提炼总结。

（3）潜力评估：主要包括气候潜力（强辐照、高温差）、生产潜力（农林业、草牧业生产）和发展潜力（现代生物技术支撑下的农副产品、畜产品深加工）。

2.1.3 青海高原农牧业综合发展潜力评估路线

青海高原农牧业综合发展潜力评估路线如图2-1，具体如下：

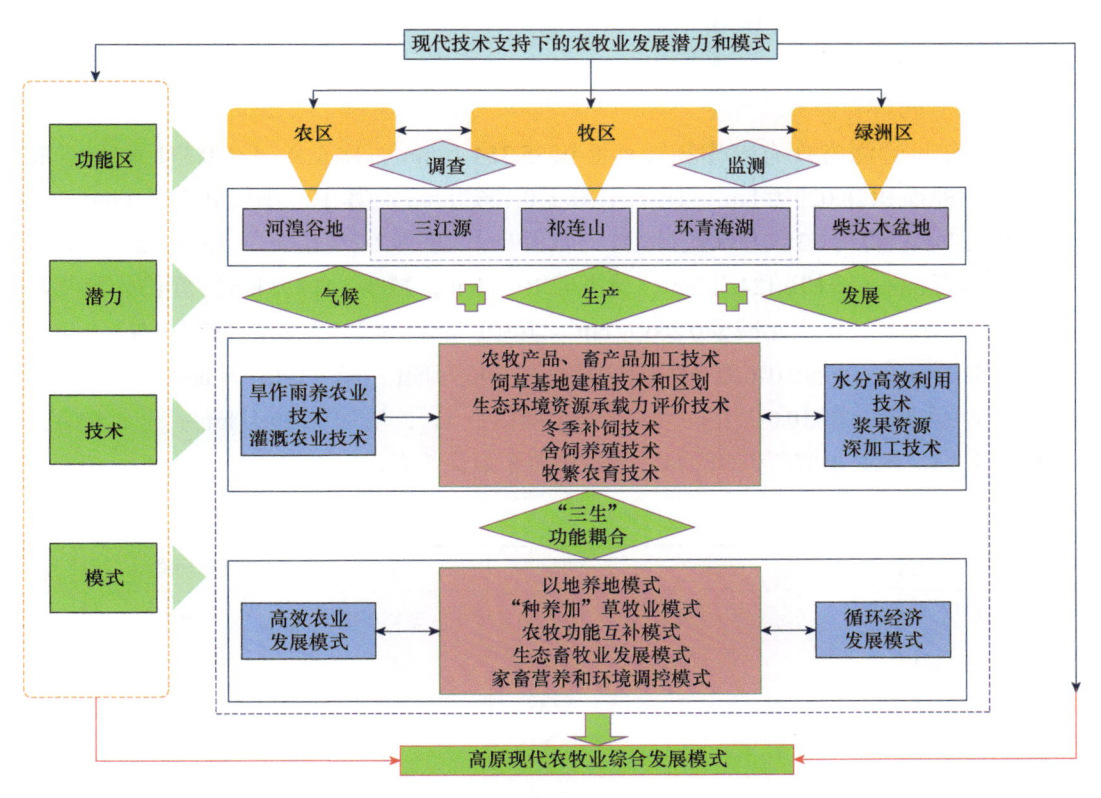

图2-1 青海高原农牧业综合发展潜力评估路线

（1）座谈交流及入户调查。通过走访和问卷调查等形式，了解农牧业发展情况，获取牧户的草原生态保护建设、畜牧业生产、家庭生活、土地利用格局、退耕还林还草等基本信息。获取推动农牧业基础设施建设、畜群结构调整、家畜和牧草良种推广、产业链延伸、后续产业培育等方面的数据和信息。

（2）资料收集与分析。收集与评价体系有密切关系的信息，农牧区生态-生产动态监测工作报告、信息，农牧业统计资料、社会经济数据、总结报告及其他相关资料，为评价做支撑。对收集资料归类整理、核准落实、分析研究，严格按照评价指标体系提炼总结。

（3）开会论证及撰写报告。整理数据和材料，进行汇总，全面、系统、深入地分析和评估，形成结论，撰写研究报告。在资料分析和报告撰写中，召开交流论证会，对数据和提纲进行研究论证，对总结的模式和经验进行实地验证，对发展潜力进行情景预测和评估。

2.2 青海高原农牧产业现状研究与分析

2.2.1 种植业发展现状

1. 农作物播种面积及产量

2019年，青海省现有农作物播种面积55.354万hm²，比上年减少0.371万hm²。粮食作物播种面积28.020万hm²，比上年减少0.106万hm²。其中，小麦10.241万hm²，减少0.919万hm²；青稞6.385万hm²，增加1.517万hm²；玉米2.097万hm²，增加0.252万hm²；豆类1.400万hm²，增加0.124万hm²；薯类7.710万hm²，减少1.117万hm²。经济作物播种面积27.334万hm²，比上年减少0.266万hm²。其中，油料14.225万hm²，减少0.566万hm²；药材4.452万hm²，增加0.046万hm²（其中枸杞3.396万hm²，减少0.157万hm²）；蔬菜及食用菌4.439万hm²，增加0.043万hm²；青饲料3.813万hm²，增加0.279万hm²。全年粮食产量10.554万t，比上年增产0.248万t，为近五年来最高（表2-1）。

表2-1 青海省主要农产品产量及增长速度

指标名称	产量/万t	比上年增长/%
粮食	105.54	2.4
小麦	40.29	−5.5
玉米	14.18	23.0
青稞	14.41	51.4
豆类	3.31	14.5
马铃薯	33.03	−8.8
油料	28.88	1.5
药材	22.93	27.5
枸杞	9.23	7.8
蔬菜及食用菌	151.86	1.1
瓜果类	2.03	−4.4
园林水果	1.66	19.8
水产品	1.85	8.2

数据来源：青海省统计局（2019）。

2017年，青海省现有农作物播种面积835.31万亩[①]，其中，粮食作物430.70万亩，

---

① 1亩≈666.67m²，全书同。

油料作物230.26万亩，其他作物171.24万亩，藜麦3.11万亩。西宁市现有农作物播种面积占全省总面积的21.40%，其中，粮食作物面积占西宁市的47.55%，油料作物面积占西宁市的27.59%，其他作物面积占西宁市的24.86%。海东市现有农作物播种面积占全省总面积的38.82%，其中，粮食作物面积占海东市的59.77%，油料作物面积占海东市的25.39%，其他作物面积占海东市的14.84%。藜麦种植面积全部在海西州；油菜是海东市及青海省的主要油料作物。马铃薯是海东市及青海省的主要粮食作物（表2-2）。

表2-2 青海省各地区粮油作物种植面积统计表 （单位：万亩）

作物\地区	全省	西宁市	海东市	海西州	黄南州	海南州	海北州	果洛州	玉树州
合计	835.31	178.79	324.27	63.75	18.04	129.87	63.71	0.91	16.41
一、粮食作物	430.70	85.02	193.80	22.88	11.50	74.29	20.64	0.81	13.69
小麦	121.83	41.09	46.57	9.85	6.31	15.90	1.98	0.08	—
青稞	90.81	1.58	1.60	8.83	1.90	39.65	17.23	0.50	11.50
蚕豆	27.33	9.98	14.50	—	0.02	2.80	0.03		
豌豆	5.43	0.22	3.49	0.24	0.64	0.81	0.02	0.01	
马铃薯	137.20	32.14	81.50	3.96	2.40	13.40	1.39	0.22	2.19
玉米	48.10	—	46.14		0.23	1.73			
二、藜麦	3.11	—	—	3.11	—	—			
三、油料作物	230.26	49.32	82.34	4.55	2.95	33.46	29.37	0.07	0.01
油菜	227.22	49.22	80.00	4.55	2.80	33.01	29.37	0.07	0.01
胡麻	3.05	0.11	2.34	—	0.15	0.45			
四、其他作物	171.24	44.45	48.13	33.20	3.59	22.12	13.70	0.04	2.71
绿肥	3.07	—	2.37		0.70	—			
其他	168.17	44.45	45.76	33.20	2.89	22.12	13.70		2.71

数据来源：青海省统计局（2017）；表中个别数据因数值修约略有误差。

2017年，青海省现有粮油作物产量140.55万t（表2-3），其中，粮食作物产量109.98万t，占粮油作物总产量的78.25%；油料作物产量30.03万t，占粮油作物总产量的21.37%；藜麦产量0.54万t且全部在海西州。海东市现有农作物产量占全省总产量的53.85%，其中，粮食作物产量占海东市总产量的82.12%，油料作物产量占海东市总产量的17.88%。西宁市现有农作物产量占全省总产量的19.30%，其中，粮食作物产量占西宁市总产量的71.64%，油料作物面积占西宁市总产量的28.36%。海东市马铃薯产量占全省总产量的18.36%，占海东市总产量的34.09%。

表2-3　全省各地区粮油作物产量统计表　　　　　　　　（单位：万t）

作物 \ 地区	全省	西宁市	海东市	海西州	黄南州	海南州	海北州	果洛州	玉树州
合计	140.55	27.12	75.69	6.31	2.40	17.37	6.76	0.10	1.81
一、粮食作物	109.98	19.43	62.16	4.56	2.15	14.23	4.51	0.10	1.79
小麦	25.10	8.68	10.15	2.16	1.02	2.79	0.28	0.01	—
青稞	15.10	0.26	0.21	1.30	0.33	6.96	3.53	0.06	1.40
蚕豆	5.21	2.07	2.69	—	—	0.44	0.01	—	—
豌豆	0.63	0.01	0.35	0.02	0.10	0.12	0.01	—	0.02
马铃薯	40.10	8.40	25.80	1.08	0.53	3.21	0.68	0.03	0.37
玉米	23.84	—	22.96	—	0.17	0.71	—	—	—
二、藜麦	0.54	—	—	0.54	—	—	—	—	—
三、油料作物	30.03	7.69	13.53	1.21	0.25	3.14	2.25	—	0.02
油菜	29.73	7.68	13.29	1.21	0.23	3.11	2.25	—	0.02
胡麻	0.30	0.01	0.24	—	0.02	0.03	—	—	—

数据来源：青海省统计局（2017）；表中个别数据因数值修约略有误差。

2. 农业产值

2017年，青海省的主要农业主产区在海东市、西宁市和海西州。其中，海东市农业产值603041.67万元，占青海省总产值的37.65%；西宁市农业产值371526万元，占青海省总产值的23.19%；海西州农业产值277425.73万元，占青海省总产值的17.32%；果洛州农业产值14154.22万元，占青海省总产值的0.88%（表2-4）。

表2-4　全省各地区农业产值统计表

区域	农业产值/万元	占全省农业总产值比例/%
全省	1601861.38	—
西宁市	371526.00	23.19
海东市	603041.67	37.65
海西州	277425.73	17.32
海北州	63136.69	3.94
海南州	142936.15	8.92
黄南州	48645.15	3.04
果洛州	14154.22	0.88
玉树州	80995.77	5.06

数据来源：青海省统计局（2017）。

3. 农作物优势与问题分析

1）优势农产品具有较强的市场竞争力

油菜 青海省主要经济作物，油菜生产具有自然及技术优势，使其具备产业化发展的潜力。另外，青海杂交油菜在全国油菜产业中极具优势。一是自然条件适宜。青海省气候冷凉，是春油菜的生态适宜区，所产的油菜无污染、品质好、产量高。二是具有市场优势，青海省油菜品质好、出油率高、无虫害，市场竞争力强。三是技术优势明显。育成的浩油系列、青油14号、青杂15号、青油331、互丰010等春油菜品种，已成为春油菜产区的主栽品种。

马铃薯 青海省传统优势作物，其优势在于：一是生态适宜。气候冷凉，日照充足，昼夜温差大，十分有利于马铃薯生长。二是种植潜力大。本省出产的马铃薯薯形大、淀粉含量高、口感好、产量高，最高单产曾达5000kg。主要种植品种为青薯9号、青薯2号、下寨65等，全省适种面积达33.33万hm^2[①]。三是生产技术先进。通过实施欧援脱毒马铃薯项目，极大地推动青海省脱毒马铃薯技术的发展，初步形成省、县、乡三级脱毒体系，技术水平居于全国先进行列。

蚕豌豆 青海省优势粮食作物，传统出口创汇产品，发展前景广阔，优势明显。一是品质高，竞争力强。青海省出产的蚕豌豆籽粒大、饱满、无虫蛀，含有丰富的蛋白质、糖分和多种维生素，粗蛋白含量高达28%，品质优良。二是生产技术先进。青海省培育的青海9号、10号蚕豆和引进的日本大蚕豆，以及草原系列豌豆品种，拥有良好的商品属性和产量优势。三是区域化生产格局基本形成。以湟中、大通、互助、湟源四县为主的生产基地已初具规模，形成一定的品牌效应。四是蚕豆出口营销龙头企业经营现状良好，同时市场前景看好。随着人民生活水平的提高，植物蛋白消费成为营养保健的时尚，豆类生产发展势头良好。

蔬菜 由于特殊的地理位置和气候条件，青海省蔬菜产业具有较强的竞争优势。一是气候优势，气候冷凉，适合蔬菜生长，病虫害少，品质优良。二是反季节优势，每年6~9月我国东南部及北方部分地区因受高温、酷热、台风、干旱或暴雨等灾害性气候的影响，喜凉蔬菜无法正常生长，甚至连喜温蔬菜也受到抑制，成为蔬菜生产的淡季，而这段时间却是青海省蔬菜生产的黄金季节，充分利用和发挥这一优势，发展优质适销的蔬菜供应省外市场，将大大提高种植效益。三是无污染。青海省大部分地区空气清新、水质优良、无污染，是生产绿色蔬菜的理想场所。

花卉 青海省新兴产业，特殊的自然环境，发展球根花卉极具潜力。一是太阳辐射强，光热条件好，生产的百合、郁金香主要指标高于内地，唐菖蒲花序长、花大而多、色泽非常鲜艳；二是昼夜温差大、气候干燥，繁殖的种球个大、充实饱满，且退

---

① 青海省农业技术推广总站2010年工作总结和2011年工作要点. 青海农技推广, 2011, （01）: 16-23+41.

化慢；三是内地常见的花卉病虫害，在青海省很少发生；四是以青海卉源花卉、青海农发高科技园艺等为代表的花卉龙头企业健康发展。

2）加工转化潜力大

青海省农畜产品加工尚处在初级产品加工阶段，精深加工产品品种很少。我国农产品加工率只有40%左右，而发达国家加工率一般在90%以上，青海省油菜、马铃薯、牛羊肉、果蔬等大宗农畜产品加工率不到20%，比全国的平均水平低20%，因此，农产品加工转化的潜力很大。

3）政策环境和组织体系不断优化

为加快青海省农业产业化经营步伐，省委、省政府通过各项政策不仅明确青海省发展农业产业化经营的思路和目标，而且从财政、税收、信贷等方面提出扶持重点龙头企业发展的具体措施。省委农村牧区领导小组负责领导全省农业产业化经营，并成立专门办事机构，协调农业产业化具体工作。各州（地、市）、县根据省委《关于加快发展农牧业产业化经营的决定》精神，也成立相应工作机构，全省上下对农业产业化工作的指导、协调、服务功能进一步加强，为农业产业化经营创造良好的外部环境。

4）对农业产业化经营的支持力度不断加大

我们党对"三农"问题一直保持着高度重视，提出"统筹城乡社会经济发展，建设现代化农业，发展农村经济，增加农民收入"的方针，实行"多予、少取、放活"的一系列支农惠农政策，中国已经进入以工补农、以城带乡的新阶段，为今后农业的发展提供政策保障。从2001年以来，省每年安排财政资金，对产业化龙头企业给予贷款贴息补助，支持龙头企业技术改造、引进新技术和建设原料基地。各州（地、市）、县根据自身财力状况，安排一定扶持资金。据不完全统计，近几年来，全省已累计支出财政资金7000万元，用于扶持产业化经营。同时，发改委、财政、农牧、科技等部门对现有的农业产业化项目、龙头企业给予扶持，全省上下对农业产业化经营的扶持力度不断加大。

虽然，青海省农业产业化发展具有优势农产品、较强的市场竞争力及良好的政策环境，但是青海省发展农业产业化仍然存在一些制约因素：

（1）农业产业化经营组织自身素质不高。产业化组织尤其是龙头企业少、规模小，生产加工能力弱。产品加工链条短，附加值低，高科技含量产品少。加工业严重滞后，缺乏龙头企业的牵动，蔬菜及蚕豆深加工基本上还是空白。

（2）农产品质量安全体系建设滞后。青海省农产品质量安全体系不健全，目前只有省级一级质量检验检测中心，且条件十分简陋；检测机构数量与社会需求尚存在差距，特别是农产品中农药残留等安全类质检机构数量与实际需求差距较大。

（3）标准化生产基地规模小。农产品标准化生产示范基地规模小，农业环境监测和基本农田环境质量的监测网络缺乏，对化肥农药的合理使用及新技术缺乏研究，没有形成一套符合国际惯例的标准，致使农产品质量无法保证，严重影响农产品市场竞争力。

（4）市场信息体系不完善。一是青海省农业市场信息网络的建设尚处在初级阶段，市场发育不完善，市场总量小，布局不合理，档次低。二是青海省大多数地区特别是牧区地处偏远，市场发育程度低，市场狭小，信息不通，农民适应市场的能力弱。三是尚未建立农产品市场供求、价格变动的预测预报体系。四是农产品绿色通道不畅。

（5）农民组织化程度低。农业产业化经营组织少，龙头企业和专业化合作经济组织与农民、农产品基地之间的组织形式和经营方式不完善。

（6）利益联动机制不健全。生产和与之相关的加工、流通业的联系不紧密，大多数龙头企业与农民之间只是买断关系，加工、流通环节的利润不能返还给农民。"风险共担、利益共享"的利益联结机制还没有真正建立，有些产业化经营组织的发展对策与特色农业的调整优化相脱节，创新意识和能力不强；一些农产品种植分散，形不成规模，致使产业化经营组织辐射带动能力不强，产销难以有效连接，增加农民收入的能力有限。同时，对部分农产品流通造成一定的负面影响。

4. 现代生物技术在种植业的应用

1) 现代生物技术在主要农作物种植及育种方面的应用

油菜培育方面的应用　青海省独特的自然生态环境有利于异花授粉作物的繁种和制种，是天然的杂交制种基地。在油菜生产过程中技术人员开始进行杂交实验，产生优良的杂交品种，分别是青杂1号、青杂2号、青杂3号、青杂4号、青杂5号和互丰010，这些杂交品种是当前青海省境内油菜种植的主要品种。基因工程技术、小孢子培养技术、细胞质融合技术在内的现代生物技术大大加快油菜遗传改良的步伐，把育种技术从宏观水平提高到微观水平。油菜育种中应用较多的转基因技术有农杆菌法、电激法、基因枪法和PEG等方法。还有单倍体培养在油菜遗传育种中的应用；通过胚培养克服远缘杂交不亲和性和杂种后代的自交不亲和性，拓宽种质范围；抗（耐）除草剂转基因育种；抗虫转基因育种；抗病性转基因育种；转基因改良品质育种；创造转基因油菜三系；分子标记在油菜亲缘关系和遗传距离分析中的应用；分子标记在油菜品种鉴定上的应用；分子标记在油菜遗传图谱构建和基因定位方面的应用；诱变在油菜种质创新中的应用等。

综上所述，现代植物育种学是以组织（细胞）培养、分子标记、基因克隆和转基因四大生物技术同育种实践紧密渗透为特征的。组织培养技术已日趋成熟，成为油菜常规育种的重要辅助手段，随着基因图谱的饱和度日益提高，以及RFLP标记图谱、基于PCR标记图谱、物理图谱间对应关系的建立，育种家有望利用分子标记来提高选择效率，更快地培育出更好的品种。基因工程除在抗除草剂、抗病、抗虫等方面发挥巨大的作用外，在创造新的雄性不育材料、充分利用杂种优势方面亦展现出诱人的前景。

马铃薯培育方面的应用 青海的马铃薯有其不同的品质和产量。当然马铃薯品种性能直接影响其产量和品质，在马铃薯栽种之前要对品种进行合理选择。一般选择一些抗逆性和适应性强的马铃薯品种。

青海省一些马铃薯种植大县的情况如下。互助县主要种植马铃薯品种包括下寨65、青薯2号、青薯9号、庄薯3号、青薯168、陇薯5号、陇薯3号、夏波蒂、费乌瑞它、大西洋。其中下寨65和青薯2号蒸煮食味好，适应性广，产量水平高；青薯9号除蒸煮食味好外，抗病性强，丰产性好，高水肥种植一般亩产在4～5t；庄薯3号晚熟，适宜在海拔2700m以下地区种植；青薯168则抗病性和抗逆性强，抗花叶及卷叶型病毒，抗晚疫病、环腐病，适应性广，休眠期长，耐贮藏；陇薯5号是一个优良的菜用型品种，也可用作淀粉加工原料；陇薯3号抗病性强，抗晚疫病，对病毒病具有田间抗性，易感染环腐；夏波蒂马铃薯原产于加拿大，是薯条专用品种，具有广阔的市场前景；费乌瑞用于鲜薯食用和出口，蒸煮食味品质优；大西洋由美国引进，川水地区种植，抗旱性强，水旱田都适宜种植。循化县种植的马铃薯薯种主要为陇薯3号、陇薯4号、陇薯5号、陇薯6号等。这些品种基本属于中偏晚熟品种，抗逆性、抗病性强，生育期为100～120d，耐肥水能力高，一般每亩产量1500～2000kg左右，高产可达2500kg。在马铃薯品种选育过程中，要大力推广脱毒品种，选择薯形规整，具有本品种特征性的薯种。大通县作为青海省粮、油、菜的主产区，地处青藏高原和黄土高原的过渡地带，是全国500个粮棉大县和全国商品粮基地县之一，全县现有耕地4.62万hm^2。其主要种植的马铃薯包括青薯9号、丽薯6号和中薯18号，出苗早，开花期早，表现出高产、优质、抗病性强等特性。

马铃薯茎尖分生组织培养技术：由于植物生长点的生长速度高于病毒的传播速度，从而在茎、根的生长点形成约0.1～1.0mm的无毒区。如果将这部分切下来，经过组织培养即可获得无病毒的植株。具体通过茎尖脱毒、组织培养技术、茎尖培养、脱毒苗的鉴定，以及脱毒苗快速切繁等步骤实现。

生物技术在大规模生产中的应用，如微型薯的常规繁育方法。生物技术在马铃薯生产上的应用，可以有效提高马铃薯产量。改善种薯品质、延长种薯的利用年限。并且该技术经多年的应用和改进，已基本趋于成熟，其方法简便、规范，易于掌握，适合在不同地区广泛推广应用。

分子标记技术在马铃薯育种中的应用与基因工程在马铃薯品质、抗病及抗逆育种上的应用伴随着对植物抗病反应机制及病原菌致病机理的深入研究，马铃薯抗真菌和细菌病害基因工程也取得一些突破性进展。随着转基因技术的发展，陆续获得一批不同程度上抗马铃薯病毒病的转基因马铃薯栽培品种。目前，通过外壳蛋白介导、复制酶基因介导、表达基因调控区、表达核酶等多种途径，已获得一批抗马铃薯X病毒（PVX）、抗马铃薯Y病毒（PVY）、抗PVX和PVY、抗PVY和马铃薯卷叶病毒（PLRV）、抗PLRV、抗马铃薯纺锤形病毒（PSTVd）的转基因马铃薯栽培种。培育抗虫植物是转基因技术的一个重要应用领域，不仅对改良作物具有重要意义，同时对种子工业和农业化学也有不可低估的影响。通过转基因技术，将外源抗虫基因整合到马铃薯的基因组上并进行表达，可以有效地抵御某些昆虫的危害，达到防治的目的。高盐等逆境可以加剧植物体内活性氧的产生，进而引起植物细胞死亡。此外，马铃薯块茎的休眠关系到生产与消费，在栽培中块茎作为种薯时，休眠程度影响着田间出苗的早晚、苗数、整齐度、植株长势和产量形成过程，最终关系到产量的高低；在块茎作为食品和加工原料时，休眠解除造成水分养分大量消耗，以至丧失商品质量。因此，利用基因工程技术对马铃薯块茎休眠进行调控具有重要的意义。

青稞培育方面的应用　目前，青海青稞主栽品种（系）包括昆仑14号、昆仑15号、门农1号、柴青1号、巴青1号、互青2号、北青3号、北青6号、昆仑10号、昆仑12号、昆仑13号、北青7号、肚里黄等。在青稞病虫害防治中生物技术关于抗病性品种选育中的应用，首要一点是做好抗病性品种选育工作，有助于提升病虫害防治成效。但是，当前我国的青稞抗病虫害基因工程还处于初级阶段，相较于水稻和玉米等农作物基因工程而言，研究仍然处于滞后状态。在青稞病虫害综合防治中，受到应用技术现状的限制，生物防治技术水平还处于较低水平。生物防治技术较之化学防治技术而言优势更为突出，可以在满足原有的病虫害防治要求同时，营造良好的生态环境，促使生物可以增殖和存活，促使农作物避免受害。但是，生物防治技术所起到的作用较为缓慢，实际效果偏低，很容易受到生态环境因素影响，加之成本较高，难以在实际工作中大范围推广和应用。

2）现代生物技术在农作物加工方面的应用

将现代生物技术应用于马铃薯变性淀粉、速冻薯条、全粉等的加工保鲜及运输各环节，另外还可应用于马铃薯休闲食品的加工。此外，还可应用于油菜籽加工、精深加工及开发新产品；青稞精深加工、青稞传统食品、休闲食品及生物制品加工。

2.2.2　养殖业发展现状与分析

1. 天然草地面积、质量及产量

天然草地面积　根据第二次全省草地资源调查，青海省现有天然草场面积近6.29亿亩。草地面积仅次于新疆、内蒙古和西藏，居全国第四位，是重要牧区之一。可利用天然草地面积近5.80亿亩，占天然草地总面积的92.19%。资源分布上，共有9个草地类，83个草地型，主要以高寒草甸、高寒干草原为主体。其次，从温性草原、草甸到高寒干草原、草甸，从潮湿的疏林、灌丛到极干的荒漠都有分布。退化草地近4.70亿亩，占天然草地总面积的74.71%（表2-5）。

表2-5 青海天然草地面积及退化面积统计　　　　　　（单位：万亩）

区域	第二次草地调查			
	草地总面积	草地可利用面积	退化草地面积	中度以上退化草地面积
全省	62869.71	57962.71	46971.86	25436.25
西宁市	436.01	426.37	289.93	178.89
海东市	969.67	932.14	612.89	394.33
海西州	17870.45	14685.76	11288.75	5061.02
海北州	3492.28	3397.85	2114.80	1005.08
海南州	5096.01	4921.65	3742.22	1198.36
黄南州	2269.15	2206.42	1748.25	914.60
果洛州	9364.89	9083.62	8114.49	5557.53
玉树州	23371.25	22308.89	19060.53	11126.42

数据来源：青海省草原总站（2012）；表中个别数据因数值修约略有误差。

天然草地质量及产量　截至2019年，青海牧区水热匹配较好，气象条件有利于牧草生长发育和生物量的积累，各地区牧草长势良好。全省天然草场鲜草每亩总产草量为200.35kg，可食鲜草亩产168.77kg。与2018年相比，鲜草产量增加4.36kg/亩，可食鲜草产量增加3.60kg/亩，增幅达到了2.2%。与2014~2018年的均值相比，增幅为12.6%。经测算，2019年全省草原综合植被盖度为57.2%，比2018年增加0.4%。草地退化经过一个长期的过程，同样，恢复退化草地生态功能也需要一个长期的过程，目前青海省草地环境仍处于局部好转、整体退化的趋势（详见表2-6）。

表2-6 全省各地区天然草地单位面积产量对比情况

区域	2014~2018年单位面积产草量年均值/kg	2019年单位面积产草量/kg	2019年单位面积可食鲜草产草量/kg	2019年草原植被覆盖度/%
全省	177.87	200.35	168.77	57.20
西宁市	282.67	255.07	193.45	60.06
海东市	230.13	239.13	2185.26	55.29
海西州	132.67	150.13	119.36	44.53
海北州	285.40	314.53	255.86	68.85
海南州	172.07	173.73	172.65	57.03
黄南州	357.53	402.13	349.25	68.49
果洛州	146.93	193.80	151.10	61.33
玉树州	168.00	170.48	141.75	61.57

数据来源：青海省草原总站（2012）。

2. 人工草地产量面积及产量

截至2018年，青海省人工草地面积772.89万亩，年产鲜草35.08亿kg。其中，多年生草地554.70万亩，一年生草地218.19万亩（表2-7）。

表2-7 青海省各地区人工草地面积及产量统计表

区域	人工草地建设面积/万亩	多年生/万亩	一年生/万亩	可利用饲草量/万kg	占全省产量比例/%
全省	772.89	554.70	218.19	350805.47	100.00
西宁市	66.40	6.50	59.90	50068.54	14.27
海东市	115.46	53.10	62.36	49841.54	14.21
海西州	32.69	28.24	4.45	8721.86	2.49
海北州	48.22	21.00	27.22	54430.55	15.52
海南州	128.19	96.09	32.10	91985.32	26.22
黄南州	70.78	59.08	11.70	30889.61	8.81
果洛州	156.63	147.17	9.46	29713.04	8.47
玉树州	154.52	143.52	11.00	35155.00	10.02

注：产量数据2017年，面积数据2018年；数据来源：青海省统计局（2018）；表中个别数据因数值修约略有误差。

3. 青贮饲料、农作物及秸秆的补饲量

青海省各类秸秆的饲草利用率因地区、谷物种类不同而有差异。鉴于此，在认真查阅相关文献及调查资料的基础上，经综合分析后，确定各类秸秆的饲草利用率为各类秸秆理论产量的35%；其中谷草比分别为：小麦1:1.25、青稞1:1.1、马铃薯1:0.65（折粮后的比例）、豆类1:1.73~2.01、油料1:2.70。经统计，截至2017年底，全省青贮饲料4.43亿kg，可饲养26.35万羊单位；秸秆理论资源利用量为6.42亿kg，可饲养59.16万羊单位；粮食产量11.71亿kg，可饲养80.23万羊单位。合计理论载畜量165.74万羊单位（表2-8）。

表2-8 青海省各地区青贮饲料、农作物及秸秆的补饲量统计表

区域	补饲量/万kg 秸秆	青贮	粮食	占全省产量比例/% 秸秆	青贮	粮食
全省	64212.7	44250	117140	100	100	100
西宁市	18233	1200	27980	28.39	2.71	23.89
海东市	18175.9	41750	54670	28.31	94.35	46.67
海西州	6525.8	0	5890	10.16	0	5.03
海北州	3227.5	0	6860	5.03	0	5.86
海南州	13291.7	1300	17360	20.7	2.94	14.82
黄南州	2670.4	0	2460	4.16	0	2.10

续表

区域	补饲量/万kg			占全省产量比例/%		
	秸秆	青贮	粮食	秸秆	青贮	粮食
果洛州	122.5	0	100	0.19	0	0.09
玉树州	1965.9	0	1820	3.06	0	1.55

数据来源：青海省农牧厅统计（2016）[1]；表中个别数据因数值修约略有误差。

4. 各类牲畜饲养量统计

各类家畜幼畜折算比例依据：绵羊、山羊幼畜（1岁以下）占畜群总数比例的21.32%，每只幼畜折0.4个羊单位；马幼畜（2岁以下）占畜群总数的50%，每匹幼畜折合3个羊单位；牛（含牦牛、黄牛、奶牛）幼畜（2岁以下）占畜群总数的49%，每头幼畜折合2.8个羊单位。据统计，2016年末全省存栏各类牲畜1986.46万头（只、匹），折2907.45万个羊单位。2018年末全省存栏各类草食畜1863.69万（只、头），折2788.49万个羊单位。全年全省各类肉用畜出栏数884.76万（只、头）。2019年末全省存栏各类草食畜1856.14万（只、头），折2777.19万个羊单位[2]。全年全省各类肉用畜出栏数1549.45万（只、头）（表2-9和表2-10）。

表2-9　全省各地区各类牲畜存栏量统计表　[单位：万（头、匹、只、峰、羊单位）]

区域	黄牛	奶牛	牦牛	马	驴	骡	骆驼	山羊	绵羊	年末存栏	折羊单位
全省	36.1	25.07	479.84	18.68	4.83	8.42	0.69	164.91	1251.54	1986.46	2907.45
西宁市	12.51	13.93	9.89	1.63	0.45	0.85	0.00	3.1	93.7	136.06	152.15
海东市	12.88	7.09	10.75	0.63	2.83	3.53	0.00	21.79	153.7	213.2	231.64
海西州	0.04	0.13	2.62	3.52	0.82	3.53	0.69	62.11	162.09	231.43	225.88
海北州	2.76	1.59	45.81	3.34	0.04	0.07	0.00	3.54	269.81	326.97	404.22
海南州	3.06	1.87	65.47	2.71	0.38	0.02	0.00	56.06	354.67	484.23	572.78
黄南州	4.77	0.46	66.34	1.96	0.92	0.42	0.00	8.82	127.77	211.45	349.95
果洛州	0.00	0.00	90.27	2.15	0.00	0.00	0.00	0.08	38.83	131.33	312.71
玉树州	0.00	0.00	188.68	2.73	0.00	0.00	0.00	9.39	50.97	251.78	658.12

数据来源：《青海省农牧业统计手册》（2016）[3]；表中个别数据因数值修约略有误差。

表2-10　全省各地区各类牲畜比例统计　　　　　　　　　　　（单位：%）

区域	黄牛	奶牛	牦牛	马	驴	骡	骆驼	山羊	绵羊	各地区占全省比例
全省	18.98	14.71	216.03	8.25	2.27	2.50	0.30	59.97	476.99	100.00
西宁市	9.19	10.24	7.27	1.20	0.33	0.63	0.00	2.28	68.87	5.23
海东市	6.04	3.32	5.04	0.30	1.33	1.66	0.00	10.22	72.09	7.96

---

[1] 青海省农牧厅. 青海省农牧业统计 [M]. 2016.
[2] 青海省农业农村厅. 青海省农牧业统计手册 [S]. 2018, 2019.
[3] 青海省农牧厅. 青海省农牧业统计手册 [S]. 2016.

续表

区域	黄牛	奶牛	牦牛	马	驴	骡	骆驼	山羊	绵羊	各地区占全省比例
海西州	0.02	0.06	1.13	1.52	0.10	0.00	0.30	26.84	70.04	7.77
海北州	0.85	0.49	14.01	1.02	0.01	0.02	0.00	1.08	82.52	13.90
海南州	0.63	0.39	13.52	0.56	0.08	0.00	0.00	11.58	73.24	19.70
黄南州	2.25	0.22	31.37	0.93	0.43	0.20	0.00	4.17	60.42	12.04
果洛州	0.00	0.00	68.74	1.64	0.00	0.00	0.00	0.06	29.56	10.76
玉树州	0.00	0.00	74.94	1.09	0.00	0.00	0.00	3.73	20.24	22.64

注：全部折算羊单位计算（2016年数据）；数据来源：《青海省农牧业统计手册》（2016）[1]。

5. 畜牧业优势与问题分析

青海省是中国畜牧业传统大省，草地畜牧业是青海省牧区特别是三江源地区的支柱产业。青海省现有天然草场面积6.29亿亩，可利用天然草地面积5.80亿亩；全省天然草场鲜草平均亩产为200.35kg，可食鲜草亩产168.77kg。全省人工草地面积801.87万亩，其中：多年生草地572万亩，一年生草地229.87万亩，年产鲜草35.08亿kg。全省青贮饲料4.43万kg；秸秆理论资源利用量为6.42万kg；粮食产量11.71万kg，合计理论载畜量165.74万羊单位。

2018年末全省存栏各类草食畜1863.69万（只、头），折2788.49万羊单位。其中，大牲畜存栏527.62万头；牛存栏514.33万头；羊存栏1336.07万只；生猪存栏78.18万头。全年全省各类肉用畜出栏数884.76万（只、头）。其中，大牲畜出栏136.66万头；牛出栏135.59万头；羊出栏748.1万只；生猪出栏116.47万头。全年全省肉类产量36.53万t。2019年末全省存栏各类草食畜1856.14万（只、头），折2777.19万羊单位。其中，全省牛存栏494.61万头，比上年末下降3.8%；羊存栏1326.88万只，下降0.7%；生猪存栏34.65万头，下降55.7%；家禽存笼149.38万只，下降51.1%。全年全省各类肉用畜出栏数1549.45万（只、头）。其中，牛出栏148.06万头，比上年增长9.2%；羊出栏804.43万只，增长7.5%；生猪出栏98.77万头，下降15.2%；家禽出栏498.19万只，增长0.8%。全年全省肉类产量37.40万t，比上年增长2.4%。

目前青海省畜牧业发展存在现代化进程缓慢、草产品单位产量低、草原虫害、草原鼠害等诸多问题。其中，2019年全省草原虫害危害面积1912万亩，比上年度实际危害面积下降11.0%；草原毛虫危害面积约为681万亩，比上年度实际危害下降2.0%；草原蝗虫危害面积约为300万亩，比上年度实际危害下降39.9%；其他虫害危害面积约为193万亩，比上年度实际危害上升35.2%。2019年全省草原鼠害危害面积约10015万亩，严重危害面积8379万亩；高原鼠兔危害面积7441.05万亩，严重危害面积6323万亩，其危害区平均有效洞口数约为17个/亩；高原鼢鼠危害面积1827万亩，其平均危害程度约为每亩新鲜土丘数15个；其他鼠害（高原田鼠、根田鼠等）危害面积229.05万亩。

---

[1] 青海省农牧厅. 青海省农牧业统计手册［S］. 2016.

6. 现代生物技术在养殖业的应用

生物技术在动物营养与饲料资源开发方面的应用。 新型饲料蛋白质、引入含有理想氨基酸的新种子蛋白；通过引入多拷贝基因使现有种子蛋白过量表达；改写现存的贮藏蛋白质编码基因，提高理想氨基酸含量；对氨基酸的生物发生进行操作以增加特异氨基酸的产量。饲用酶制剂及微生物复合制剂的应用，如①颗粒饲料加工技术，将青稞、玉米、麸皮、油菜饼等农副产品粉碎、混合；依照配方比例混合麸皮、油菜饼等农副产品和青稞、玉米等原料，利用混合机充分搅拌均匀，根据营养配方所需加入添加剂；制粒：将搅拌好的原料通过提升机送入环膜颗粒机制粒，用于制粒的混合料水分一般不超过16%。②全价混合日粮（TMR）技术，精料（压扁谷物、油菜饼等）→辅料（添加剂、食盐等）→青干草（或青贮草）→搅拌（20%的粗饲料长度大于3.5cm，一般最后一种饲料加入后搅拌8～15min即可）→水分控制（水分45%～55%，冬季水分不宜高、以防结冰）→搅拌效果评价（粗饲料混合均匀、色泽均匀、无异味、不结块）→直接饲喂。③饲用谷物蒸煮压扁技术，谷类饲料混合→清水浸泡（6～10h）→传送带至蒸汽蒸煮锅→蒸汽蒸煮（1～1.5h）→传送带至压扁机→快速压扁（厚度0.2～0.3cm）→油菜饼添加（15%～18%）→食盐添加（1%）→混匀→晾凉（至30℃以下）→饲料添加剂添加（2%）→混匀→分装→饲喂。

生物技术在养殖方面的应用。 ①藏系绵羊舍饲育肥技术，以当地油菜饼、青稞、玉米等农副产品为原料，依照藏系绵羊羔羊营养需求特征进行科学搭配。缓解冷季营养匮乏，缩短饲养周期。利用油菜饼、青稞、食盐、复合预混料，以及玉米，依照藏系绵羊妊娠期营养需求特征进行科学搭配，并加工成易饲喂和运输的颗粒饲料；对藏系绵羊妊娠期母羊进行补饲。②牦牛舍饲育肥技术，首先检查整群放牧育肥牦牛健康状况，淘汰老龄化、有消化系统疾病的牛只，有效节省饲草料。同时防疫式进行注射、驱虫及药浴，选择安全、高效、低毒、低残留的药物；每月补充食盐及添加剂0.5～1kg，补充微量元素和矿物质；除精饲料和秸秆还要适当加喂鱼粉、骨粉及尿素来补充蛋白质。③藏羊高效养殖技术及畜牧业规模化、规范化、标准化生产技术。

生物技术在畜禽资源保护方面的应用。 以生物技术保存畜禽品种资源主要有两种途径。一是利用胚胎和生殖细胞的冷冻技术，这是静态保种技术。二是利用分子生物技术建立畜群、禽群的DNA基因文库。通过生物技术可以保存畜禽优良品种的性状，保护濒临灭绝的动物。

生物技术在动物遗传育种方面的应用。 在动物方面对卵细胞（胚胎）进行人工操作和改造而形成的胚胎技术、动物克隆技术。

生物技术在畜牧兽医方面的应用。 疾病一直是制约畜牧业发展的主要原因之一。随着现代生物技术的发展，生物技术在畜禽疾病诊断、预防和治疗方面已发挥越来越重要的作用。

2.2.3 水产养殖业发展现状与分析

2019年青海省水产总量1.85万t，较上年增加8.2%。2017年，青海省现有水产养殖面积64.32万亩，网箱养殖面积32.65万m²。其中，水产养殖面积中，水库养殖面积57.40万亩，湖泊养殖面积6.30万亩，池塘养殖面积0.62万亩。水产品总产量16088.04t，其中，网箱养殖产量13813.71t，占水产品总产量的85.9%；湖泊养殖产量90t；池塘养殖产量345.73t；水库养殖产量1838.6t（表2-11）。

表2-11 青海省水产养殖面积及产量统计表

指标	单位	数量
一、水产品总产量	t	16088.04
网箱养殖	t	13813.71
湖泊养殖	t	90
池塘养殖	t	345.73
水库养殖	t	1838.6
二、水产养殖面积	万亩	64.32
水库养殖	万亩	57.40
湖泊养殖	万亩	6.30
池塘养殖	万亩	0.62
网箱养殖	万m²	32.65
三、机动渔船	—	—
艘数	艘	1139
总吨位	t	1377.1
功率	kW	12977.8

注：农业部规定，水产养殖面积不包括网箱养殖面积；数据来源：农业农村厅渔业局（2017）。

1. 水产养殖产值

青海省的主要水产养殖区在海东市、海西州、海南州和黄南州。青海省总渔业产值35045.38万元，其中，海南州渔业产值25237.64万元，占全省渔业总产值72.01%；海东市渔业产值5293.91万元，占全省渔业总产值15.11%，主要以沿黄水库冷水鱼养殖为主（表2-12）。

表2-12 全省主要水产养殖区渔业产值统计表

区域	渔业产值/万元	占全省渔业总产值比例/%
全省	35045.38	—
海东市	5293.91	15.11

续表

区域	渔业产值/万元	占全省渔业总产值比例/%
其中：平安区	67	0.19
乐都区	137.77	0.39
互助县	126.14	0.36
化隆县	3013	8.60
循化县	1950	5.56
海西州	1306.83	3.73
其中：格尔木市	86.59	0.25
德令哈市	1220.24	3.48
海南州	25237.64	72.01
其中：共和县	24360.84	69.51
贵德县	824	2.35
贵南县	52.8	0.15
黄南州	3207	9.15
尖扎县	3207	9.15

数据来源：农业农村厅渔业局（2017）。

2. 水产养殖优势与问题分析

青海被誉为"中华水塔"，拥有丰富而充足的冷水资源，省内黄河干流龙羊峡至积石峡300km间多座大中型水电站的水库因水体洁净、水质优良，水温在2～22℃，常年不封冻，被国内外公认为网箱养殖冷水鱼条件最好的地区之一，为青海省发展冷水鱼网箱养殖提供有利条件。

青海省冷水鱼养殖虽然起步晚，但起点高，消化吸收一批国内外先进技术和养殖经验，凸显较强的后发优势，标准化深水大型网箱面积已占到总面积的65%；良种供应体系基本完善，三倍体虹鳟等良种覆盖率达到90%以上；自动投饵机、自动洗网机、网络在线监控、水质在线检测等现代渔业设施使用规模不断扩大；绿色产品优质高能环保饲料应用率已达到95%。先进的技术及装备应用，已为实现高原现代渔业奠定坚实的发展基础。从2007年开始，青海省借鉴并引进挪威成套冷水鱼网箱养殖装备技术和生态环保的养殖装备，从美国、挪威、丹麦引进鱼种，以鲑鳟为主推品种，以深水大网箱养殖为主推技术，推广覆盖到沿黄水库大水面，启动陆基渔业示范试点工作。

据调查统计，2019年中国对三文鱼的需求量约30万t，目前国内三文鱼产量约3万t，而且规格大都在0.5kg左右，3kg以上大规格三文鱼产量更少。2019年，青海省三文鱼产量1.5228万t，同比增长3.37%，产值8.37亿元，约占国内三文鱼网箱养殖产量的30%，虹鳟鱼良种率达到100%，在同行业中处于领先地位。因青海省独特的冷凉水体，适宜养殖生长速度快、形成大规格周期短的三文鱼三倍体虹鳟，加之各养殖场普遍强化绿色食品认证，青海三文鱼以无污染、绿色环保的优良品质，在国内市场已具有一定的知名度，显现出良好的发展潜力和市场前景。另外在"十三五"期间，随着国家生态文明战略的实施，渔业资源保护作为生态环境保护的重要组成部分，将会得到重视和支持，渔业资源保护大有作为。"十二五"期间，青海省已经制定和出台《青海省人民政府关于继续对青海湖实行封湖育鱼的通告》《青海省人民政府办公厅关于加快现代渔业发展的实施意见》等有利于青海省现代渔业发展的政策措施，具备良好的政策扶持机制，为渔业资源保护和养殖渔业发展提供了强有力的政策支持。

虽然，青海省具有发展冷水鱼养殖业得天独厚的资源条件，也具有一定的产业发展基础、良好的政策环境及广阔的市场前景，但是青海省发展冷水鱼养殖仍然存在一些制约因素：

（1）资源环境的刚性约束更加突出。青海省沿黄水库处于黄河上游，确保水体环境质量优良的责任重大。国家《水质较好湖泊生态环境保护总体规划（2013—2020年）》对青海省沿黄库区提出较高的水质保护指标，受库区周边城镇建设对水体环境质量的影响，统筹协调养殖渔业发展和保护水域环境质量的任务十分艰巨。

（2）支撑保障不足的局面更加凸显。国内渔业现代化装备研发和制造水平滞后，无法满足加快提升渔业现代化装备水平、改善生产条件、降低生产成本的需要。渔业产业发展中制种育种、疫苗研发等关键环节科研能力弱，无法满足产业稳步健康发展的需要。基层水产技术推广服务机构不健全、渔业科技人才缺乏、科研能力薄弱，无法全面系统深入地开展渔业基础研究工作。涉渔金融政策保障机制尚不健全，无法满足养殖渔业流动资金需求大的需要。

（3）产业升级拓展的要求更加紧迫。受养殖水域环境承载能力的限制，以消耗资源扩大规模增加产量的发展方式，与水域生态环境保护之间的矛盾日益突出，迫切需要加快冷水鱼养殖产业升级，走集约化、产业化的发展路子，提质增效。

3. 现代生物技术在水产养殖业的应用

养殖容量并非一个常数，随着环境的变化而发生变化，具有明显的动态性。也能随着养殖方式与养殖技术的改进而得到扩充，因此，养殖容量并不是固定不变的，通过改善养殖方式、优化养殖技术等手段可以提高养殖容量。

1）在冷水鱼良种繁育方面的应用

应用现代生物技术引进冷水鱼良种后，对生活习性、发眼卵、饲养管理及生长速度等方面进行改进和繁育。

2）在冷水鱼养殖方式方面的应用

在规模化养殖技术，现代生物技术在网箱设置，养鱼必需的水质、水温及溶解氧等方面的应用，扩大冷水鱼的规模化养殖，如水下监控、自动投饵、自动收鱼、水质监测和高压洗网机械等。深水大网箱养殖技术，通过现代生物技术的应用，在深水领域布置网箱养殖冷水鱼，扩大容纳量及养殖规模。人工饵料投饵技术，根据鱼种的大小及种类选择合适的饵料和投喂方式，大规格鱼种的日投饵率一般占鱼体重的5%左右，饵料系数：鲜饵为8，人工配合饵料1.5～1.8；投饵原则，成鱼养殖投喂次数一般每日1～3次。小潮水流平缓时多投，大潮水流急时多投；水温适宜时多投，水温低时少投或不投；拉网后和捕鱼上市前不投饵。鲑鳟鱼人工繁殖技术及日常管理技术，分箱养殖，定期检查，每日做好环境因子、投饵种类和数量、鱼类生长活动和摄食情况、患病和死亡情况、网箱安全情况等记录工作，定期测量鱼体长和体重调整投饵量。成鱼捕捞，使用捞海或自动吸鱼泵等进行。

3）在冷水鱼鱼病防治技术方面的应用

冷水鱼的常见疾病包括营养性疾病、细菌性疾病、寄生虫病、真菌性疾病和弧菌病等。其中常见营养性疾病包括肝脂肪变性病、维生素缺乏症。常见细菌性疾病包括细菌性鳃病、烂鳍病、细菌性疖疮病、细菌性败血症。常见病毒性疾病包括传染性胰脏坏死症、传染性造血器官坏死症、病毒性出血性败血症。常见寄生虫病包括三代虫病、小瓜虫病、六鞭毛虫病。常见真菌性疾病有水霉病、卵霉病等。冷水鱼养殖鲑鱼和鲟鱼两大类品种，其原有的生活环境为山区溪流和河流，天然水质量好，水的温度低。要选择泉水和清水河的水作冷水鱼养殖，水温10～18℃为宜。冷水鱼放养应保持在10～14kg/m的范围内，这样，可以使水的充分利用，同时也提高鱼类对疾病的抵抗力。健康的冷水鱼养殖鱼类疾病的预防和控制除了做好对症下药、剂量准确，应用正确的方法是非常重要的。鱼病防治剂分为在体外和在体内药物两大类药物，在体外药物应用方法有浸、泡，药物在体内的应用方法为投喂药饵。

4）在冷水鱼加工方面的应用

冷水鱼加工方面，通过冷水鱼的大小规格、鱼的不同部位及肉质情况，进行分类加工，根据规格的不同可以加工成冰鲜鱼、速冻鱼或者活鱼运输；根据鱼的不同部位，进行鱼骨鱼肉等部分的精深加工，并通过生物技术进行保鲜，还可以开发旅游渔业，完善产业体系。

2.3 青海农牧区生态生产功能评价体系构建

"十四五"时期，青海省发展农业现代化仍面临着诸多挑战和困难。转型升级难度大，现代化发展结构性矛盾突出。农村集体产权制度改革仍处在探索阶段，土地、草场流转面积仅占17.5%和14.1%，适度规模经营比重低。产业结构单一，产业链条短，附加值低，小生产和大市场矛盾突出。农畜产品加工业产值与农业总产值比为0.62，远低于2.2的全国平均水平。物质技术装备落后，农牧业生产力水平不高。全省近70%

的耕地缺乏有效灌溉设施，山旱地和中低产田多，高标准农田比重低，耕地质量差、土地碎片化严重、机械化程度低等问题突出。科技推广能力弱，持专业证书的农业劳动力占比不足5%。资源约束加剧，生态保护任务艰巨。草地生态局部好转，但整体恶化的趋势尚未根本扭转，草原综合植被盖度不足54%。农田灌溉用水有效利用系数不足0.5，面源污染问题凸显，化肥、农药、畜禽排泄物和农牧业废弃物污染未得到有效治理，保护生态环境、改善生产生活条件任重道远。农牧民增收渠道窄，持续增收难度加大。农产品价格接近"天花板"和生产成本"地板"不断攀升的"双重挤压"持续凸显，农牧业比较效益不断下降，经营性收入增长有限。转移就业增收空间收窄，工资性收入增速放缓。可支配的财产性资本不足，财产性增收手段匮乏。农牧民收入尚不足基本实现现代化程度的35%。因此，科学评价青海省农牧业的发展现状，实现青海农牧区生态功能与生产功能的双提升，对构建新的高质量大生态产业发展体系，提升竞争力至关重要。

2.3.1　构建农牧区生态生产功能指标体系的原则

评价指标的筛选，是指标体系构建的客观性、公正性和可操作性的重要保证和前提，应吸收前人研究成果中的优良指标，同时，根据评估对象的结构、功能以及区域特性，提出反映其本质内涵的指标，以便科学、公正地进行评估工作（尹剑慧和卢欣石，2009）。

可操作性原则。评价指标体系要做到科学合理、指标精练、含义明确、方法简洁、数据易得且可靠，具有实际价值和推广价值。

系统全面性原则。评价指标体系是一个多属性、多层次、多变化的体系，要体现草原生态系统与环境、社会、经济系统的整体性和协调性。同时，评价指标体系作为一个有机整体，要能够反映草原生态系统的主要特征和状况，既要有静态指标，又要有动态指标。

独立稳定性原则。指标要力求简洁、实用，指标间应尽可能独立，尽量选择那些有代表性的综合指标和主要指标，辅之以一些次要指标，并且指标体系内容不宜变动过多、过频，应保持相对稳定性。

可比性原则。指标要便于在不同区域，对同一类型草地效益计量评估的比较。

易接受性原则。应使指标体系中的各项指标能为大多数人所理解和接受。

2.3.2　农牧区生态生产功能指标体系建立

基于以上指标体系的构建原则结合青海地区现状，构建了青海农牧区生态生产功能评价体系内涵（表2-13）。

表 2-13　青海农牧区生态生产功能评价体系内涵

目标	功能指标	指标内涵
青海农牧区生态生产功能评价体系	水土保持（WSC）	防止土壤水力、风力侵蚀，进行土壤形成改良、固定沙土等生态功能
	涵养水源（WH）	草地不仅具有较高的渗透性，还能截留降水、保水
	固碳释氧（CFOR）	土壤固定CO_2、释放O_2，维持大气中碳氧动态平衡
	维持生物多样性（BDM）	草原、农业生态系统不仅为各类生物物种提供繁衍生息的场所，而且还能有效控制有害生物数量
	净化空气（AC）	吸收污染物质，阻滞粉尘，杀灭病菌和降低噪声等，提高环境质量
	生态旅游（ET）	草原、农业生态系统为人类提供了娱乐、美学、文化、教育等多方面价值
	废弃物处理（WD）	草原、农业生态系统在自然风化、淋滤以及微生物分解作用下，能够降解大量牲畜排泄物，避免其积存，并归还养分
	营养物质循环（NR）	主要是生物与土壤之间养分交换过程，尤其是N、P、K

2.4　基于现代生物技术的青海省高原农牧产业发展潜力

2.4.1　农牧区生态生产功能指标体系

1. 农牧产业潜力评估思路

农牧业潜力评估思路是从农业优势农作物，畜牧业牛羊补饲、饲草饲料及人工草地，冷水鱼养殖三个产业现状分析，结合现代生物技术，评估三大产业的发展潜力。

2. 农牧产业潜力评估结果

通过配股制、直却、以地养地、三区耦合等模式结合现代生物技术的应用，另外通过技术改进及改扩建后使牛羊的出栏率分别提高15%～20%。推广轻度退化草地自然修复技术、中度退化草地综合修复技术、重度退化草地改良技术、天然草场季节放牧优化配置模式、休牧期放牧家畜舍饲技术模式，预计全省存栏各类草食畜存栏3725万羊单位，可增加全省人均可支配收入1152～1204元。重点发展青海省油菜、马铃薯及青稞3大特色产业。现代生物技术支撑下，预计全省油菜总产量由28.88万t达到35.65万t，潜力产量增加23.44%；马铃薯总产量由现有的33.03万t增加到42.94万t左右，潜力产量增加30%；青稞总产量达到16.77万t，潜力产量增加16.38%，共计95.36万t，可增加全省人均可支配收入1021元，人均生活消费支出245元。沿黄水库养殖容量可达到3万t。目前，养殖容量仅达到30%，还有较大的发展空间。通过提升养殖容量、养殖技术及环境各方面的因素，全省冷水鱼潜力养殖面积共计530.25亩，产量潜力增加1826.92t。其中，全省冷水鱼网箱养殖潜力面积510.25亩，冷水鱼网箱养殖产量由原先的13813.71t增加到15000t，潜力产量增加8.59%；沿黄水库养殖潜力面积20亩，沿黄水库养殖产量由原先的1838.6t增加到2479.23t，潜力产量增加34.8%。水产良种覆盖率达到98%。

3. 气候潜力

青海省从农牧业土地利用的方向看，是以牧业为主，但从当前的农牧业产值所占比重分析，种植业稍大，所以在选取区划指标、确定阈值时，应该根据青海省的情况兼顾牧业。年日平均气温≥0℃积温既可反映农区，也可反映牧区总的热量状况。用此指标来确定区域的暖、凉、冷、寒热量特性。结合80年代青海省农业气候区划，以500mm、1500mm、2000mm、3000mm作为寒、冷、凉、暖一级气候区的阈值（表2-14）。以年降水量为指标划分干湿气候区存在3种：

年降水量＜200mm为干旱区，200～400mm为半干旱区；
年降水量＜200mm为干旱区，200～450mm为半干旱区；
年降水量＜250mm为干旱区，250～500mm为半干旱区。

表2-14　一级区划指标阈值及农业意义

区号	区划名称	＞0积温/℃	农业意义
5	暖温	≥3000	农业区，可复种，两年三熟
4	凉温	2000～3000	农业区，一熟，
3	冷温	1500～2000	农牧业过渡区
2	寒温	500～1500	牧业区
1	寒冷	≤500	无农牧业生产

上述三种意见中第一种较为广泛应用。结合青海省实际，将年降水量50mm、200mm、400mm、600mm定为极干旱、干旱、半干旱、半湿润、湿润二级气候区的阈值（表2-15）。

表2-15　二级气候区划指标及自然景观

区号	区划名称	年平均降水量/mm	自然景观
5	湿润	≥600	森林、草甸
4	半湿润	400～600	疏林、灌丛、草甸
3	半干旱	200～400	草原
2	干旱	50～200	半荒漠
1	极干旱	≤50	荒漠、戈壁

另外，根据青海省的实际情况，最暖月气温影响对农业生产的影响很显著，最暖月平均气温高的地方可有种植业，低的地区却只宜牧业，尤其是在农牧业过渡地带，在积温基本满足的情况下，能否种植何种作物取决于最暖月平均气温。

按照历史区划指标取6.0℃、11.5℃、13.5℃、18.0℃，作为种植青饲料、青稞或小油菜、春小麦、冬小麦三级气候区的阈值（表2-16）。

表2-16　三级气候区划指标及主要作物

区号	区划名称	7月平均气温/℃	主要作物
5	农业（瓜果蔬菜）	≥18	冬小麦、瓜果蔬菜，可复种
4	农业（作物）	13.5～18	春小麦、复种杂粮、青饲料和蔬菜
3	农牧业	11.5～13.5	青稞、小油菜，宜种青饲料，宜发展人工草场
2	牧林业	6～11.5	纯牧区，部分地区尚可种青饲料；局部地区可发展林业
1	寒漠	≤6	大部分地区为无人区

依据上述指标，得到青海省综合农牧业区划结果，如图2-2青海省综合农牧业气候区划图所示。青海省全省总共分39类气候区，主要气候区有12类。

（1）暖温半干旱农业（作物）气候区。该气候区主要处在青海东部的民和、乐都、循化、尖扎、贵德等的湟水谷地约在海拔2150m以下、黄河谷地约在海拔2250m以下的河谷地区。该区面积虽不大，但为青海省的精华所在，热量条件为全省最优越，夏季温热，冬季不太寒冷。该区内黄河谷地循化年平均气温可达8.7℃，最暖月平均气温在19.0℃以上，≥0℃的积温可高达3500℃；湟水谷地海拔2150m附近的地区年平均气温尚在6℃以上，≥0℃的积温尚在3000℃左右；但该区内降水量普遍较少：普遍在360mm以下，循化、贵德两地年降水量仅为250mm左右。年降水量虽不多，然而其绝大部分集中在作物生长季内，生长季的降水量占年降水量的96%以上，水热组合就全省而言尚属较好的一种类型。该气候区历史上开发较早，种植业比较发达，长期以来一直以种植业为主。因有湟水和黄河流经其间，灌溉尚属便利，农作物单产较高。从热量条件看，只要抓紧农时且合理搭配作物品种，可以两年三熟甚至一年两熟。总之，本区农业的自然条件较好，宜于继续以发展种植业为主，在不放松粮食生产的前提下，扩大瓜果和蔬菜的种植面积，同时应该把牧林业放在适当的地位。区内主要气象灾害是干旱和冰雹，干旱中尤其以春旱较为严重，应积极开展春季人工增雨和夏季人工防雹工作。

（2）凉温半干旱农业（作物）气候区。本区主要包括都兰县中北部、乌兰西南部和德令哈南部的部分柴达木盆地，贵南、贵德、化隆、尖扎、循化等地区的部分地区、沿湟水谷地的西宁大部、湟中、乐都、平安、民和等部分地区，以及大通南部、互助西南部低浅山地区、西起门源县东部的珠固乡以东的大通河谷地，兴海县境内部分黄河谷地、共和东南的黄河谷地及同仁的隆务河谷地也属于该气候区。区内的年平均气温均在3.0℃以上，最暖月平均气温15.0℃以上，≥0℃的积温2000～3000℃。但从降水资源来看，该气候区内年降水量普遍较少，除互助、大通、湟中外，年降水量均在370mm以下，贵德、循化两地年平均降水量仅在250mm左右，柴达木盆地的都兰、乌兰、德令哈三地的年平均降水量均不足200mm。生长季内的降水量占年降水总量的80%以上。热量条件能满足一熟春小麦、油菜、青饲料的正常生长，部分地区麦收后仍可种植蔬菜。区内作物以春小麦为主，青稞、油菜、蚕豆等也有种植，局地海拔较低的谷地尚能种植辣子、番茄等喜温作物。区内气象灾害频繁，尤其是春旱和冰雹，

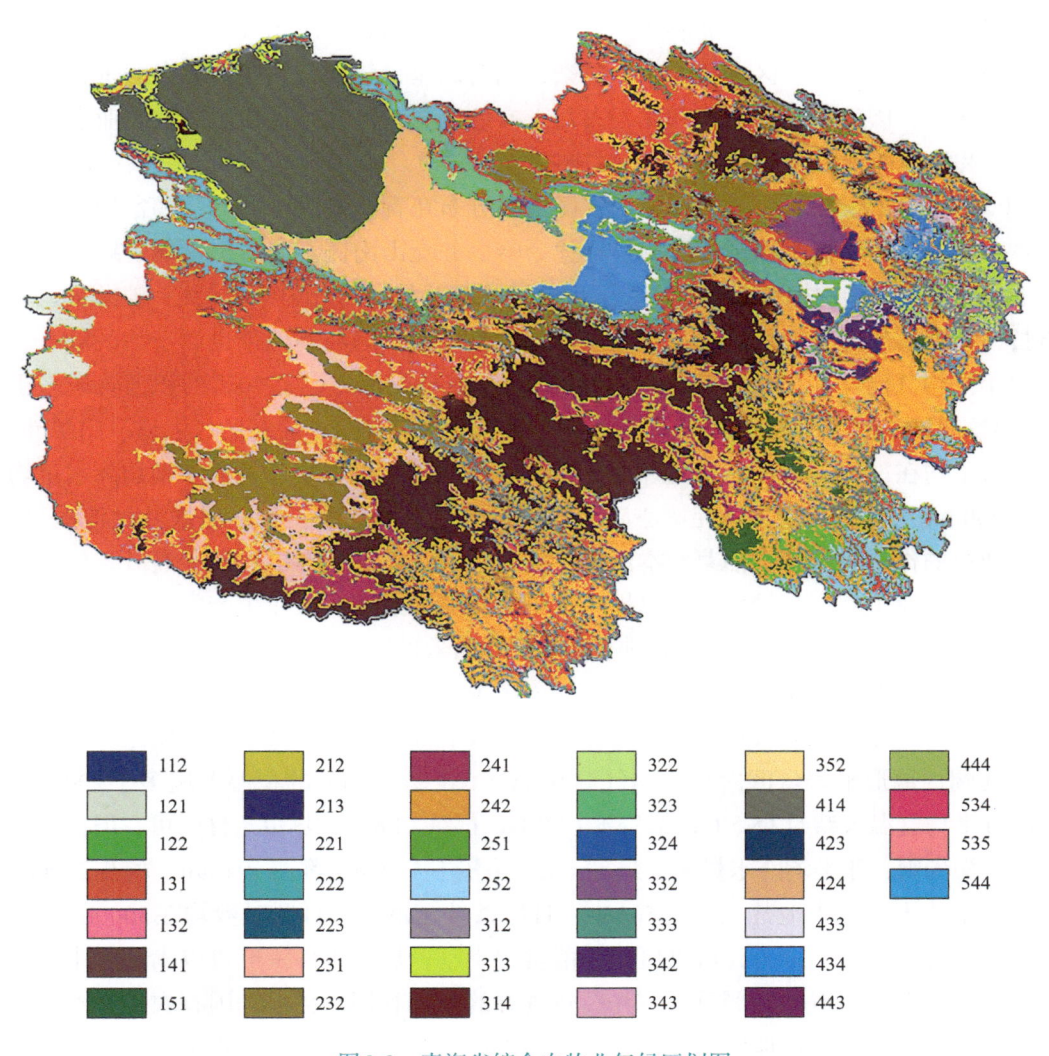

图 2-2　青海省综合农牧业气候区划图

112：寒冷极干旱牧林业气候区
121：寒冷干旱寒漠气候区
122：寒冷干旱牧林业气候区
131：寒冷半干旱寒漠气候区
132：寒冷半干旱牧林业气候区
141：寒冷半湿润寒漠气候区
151：寒冷湿润寒漠气候区
212：寒温极干旱牧林业气候区
213：寒温极干旱农牧业气候区
221：寒温干旱寒漠气候区
222：寒温干旱牧林业气候区
223：寒温干旱农牧业气候区
231：寒温半干旱寒漠气候区
232：寒温极干旱寒漠气候区
241：寒温半湿润寒漠气候区
242：寒温半湿润牧林业气候区
251：寒温湿润寒漠气候区
252：寒温湿润牧林业气候区
312：冷温极干旱牧林业气候区
313：冷温极干旱农牧业气候区
314：冷温极干旱农业气候区
322：冷温干旱牧林业气候区
323：冷温干旱农牧业气候区
324：冷温干旱农业气候区
332：冷温半干旱牧林业气候区
333：冷温半干旱农牧业气候区
342：冷温半湿润牧林业气候区
343：冷温半湿润农牧业气候区
352：冷温湿润牧林业气候区
414：凉温极干旱农业（作物）区
423：凉温干旱农牧业气候区
424：凉温干旱农业气候区
433：凉温干旱农牧业气候区
434：凉温半干旱农业气候区
443：凉温半湿润农牧业气候区
444：凉温半湿润农业气候区
534：暖温半干旱农业（作物）气候区
535：暖温半干旱农业（瓜果蔬菜）气候区
544：暖温半湿润农业（作物）气候区

所以提高抗旱防旱能力是发展农业生产的极其重要的措施，应积极开展春季人工增雨和夏季人工防雹工作。区内地形较为复杂，相对高差也较大，气候各要素的垂直变化也比较明显，因而，农业结构和作物布局上有些差异。因此，习惯上根据农业类型分为川水和浅山两种农业类型。

（3）凉温半干旱农牧业气候区。该区主要分布在青海南山南部的共和盆地的沙珠玉乡、塘格木镇、恰不恰镇、铁盖乡；德令哈宗务隆山南侧至柴达木盆地边缘和乌兰县沿青藏铁路线的柯柯镇、希里沟镇、铜普镇；都兰县境内109国道沿线；湟源县、大通县、互助县的部分中低山、丘陵地区及门源县东部浩门河谷地带也属于该区域。区内的年平均气温均在0.8~3.0℃、最暖月平均气温11.5℃以上，≥0℃的积温普遍多于2000℃。但从降水资源来看，该气候区内年降水量普遍较少，除互助、大通、门源外，年降水量均在370mm以下，柴达木盆地的都兰、乌兰、德令哈三地的年平均降水量均不足200mm。热量条件能满足一熟油菜、青饲料的正常生长。该区是农牧过渡地带，主要种植的作物为青稞、油菜。本区气象灾害频繁，尤其是春旱对没有灌溉条件的浅山地区的农业生产影响较大，所以提高抗旱防旱能力是发展农业生产的极其重要的措施。另外冰雹灾害也比较严重，各地应建立科学有效的防雹体系。

（4）凉温干旱农业（作物）气候区。该区主要分布在柴达木盆地，格尔木中东北部、都兰的西北部及大柴旦西南部和德令哈南部的部分地区均处在该气候区。本地区土地辽阔，地形平坦。区内年平均气温在2.0~5.0℃，≥0℃的积温普遍多于2000℃，最热月平均气温大柴旦15.5℃，格尔木17.9℃，都兰14.8℃，热量条件尚可，但该区内气候干燥少雨，年平均降水量大柴旦82mm，格尔木43mm，都兰194mm，均在200mm以下，柴达木盆地腹地甚至不足50mm。日照条件充足，年日照时数均在3000h以上，年日照百分率在70%以上，可见区内光能资源丰富，热量条件一般可以满足春小麦的正常生长，但水分奇缺，严重限制光、热资源的充分利用。目前，国有农场是本区农业生产的主要力量，耕地面积和粮食产量都占到75%左右，粮食作物中仍然以春小麦为主，由于该区东半部的热量稍优于西半部，而且交通又比较便利，同时可利用祁连山和昆仑山的冰雪融水来灌溉，因此国有农场主要分布在德令哈的南部、都兰西北部以及格尔木等地。本区不利的气候条件最突出的是干旱少雨，诺木洪、乌图美仁、察尔汗均在40mm以下。若有灌溉条件则适宜种植春小麦、油菜、青稞、马铃薯和蔬菜。如果没有灌溉本区就没有农业，水制约着本区农业的发展也制约着畜产品数量，限制了牧业产值的提高。另外本区霜冻危害比较严重，尤其是北部的德令哈农场等地，早霜冻危害相当普遍，这主要是这些地区纬度比较偏北，而且地形低洼，冷空气易于集聚，所以不宜多种晚熟的春小麦。枸杞是该地区的优势经济作物。

（5）凉温极干旱农业（作物）区。本区主要是柴达木盆地：格尔木北部大部、花土沟除西南山区和中部的山区外的大部、冷湖除东北山区的大部地区及大柴旦的西部盆地戈壁滩均处在该气候区。该气候区地势平坦，海拔2700~2900m。本区地处青藏高原北部，远离海洋，气候寒冷干燥，少雨多风，昼夜温差大，四季不分明，年平均气温 1.4～2.8℃，≥0℃的积温普遍多于 2000℃，无绝对无霜期。年降水稀少，冷湖的年降水量 17.1mm，年蒸发量 3137.3mm。冷湖也是全国日照时数最长、太阳辐射最大的地区，年平均日照时数为 3574.3h，辐射量高达 160～190kcal[①]/cm²，全年日照率为 79%；冷湖属多风和风力较大的地区之一，年大风日数达到 61d。总之本区热量条件尚可，水分资源严重匮乏，河湖平坦地区若有灌溉条件则适宜种植春小麦、油菜、青稞、马铃薯和蔬菜。

（6）冷温半湿润农牧业气候区。本区包括兴海、贵德、同德、尖扎、化隆、循化、同仁沿黄河河谷两侧山地；平安、乐都、民和、湟源、湟中沿湟水河的河谷两侧山地；门源大通河河谷两侧山地部分地区及大通东南及互助中部地区。该区主要在黄河、湟水河、大通河等分布的河谷两侧山地，海拔较各河谷谷地高，因此区内最热月平均气温较河谷谷地气温明显偏低，在 11.5～13.5℃左右，≥0℃的积温在 1500～2000℃。由于该区主要是山地，年平均降水量在 400mm 以上。该区农牧业生产的主要限制性气候因子是热量而不是水分，脑山地区经常多秋雨影响作物的成熟，甚至影响收割和打碾。本区也是青海省冰雹的主要危害区。总体上本区水分条件较好，但热量条件一般，基本能满足作物的需要，区内气候条件垂直变化十分明显，农业的"立体性"比较显著，农业类型多样，大部分地区热量能满足春小麦的正常生长，但青稞、豌豆、洋芋等杂粮所占的比重比较大。

（7）冷温半湿润牧林业气候区。本区自北向南包括门源县苏吉滩乡以东大通河谷地两侧的坡地；大通县各河流在 3100～3400m 的上游谷地及部分中山地区；互助县境内祁连山支脉达坂山中低山地区；海晏县东南部的河谷阶地丘陵及山地；湟源、乐都、平安、化隆、民和、尖扎、循化、同仁、贵德的少部、共和县东北部、贵南县的中部、兴海县中部及东北部的山地和台地；同德县东部的滩地及黄河谷地两侧高地、河南县黄河谷地两侧高地；班玛县玛柯河谷地；玉树的部分和囊谦县沿扎曲、吉曲、子曲河在县境的中下游河谷及其支流河谷大约包括海拔 3850～4300m 的部分地区。本区气候凉温半湿润，为青海省农牧业的过渡地区，年平均气温在 -1.5～4.0℃，纬度靠北的门源苏吉滩年平均气温在 -1.5℃，纬度靠南的囊谦县香达镇年平均气温在 4.1℃；区内最暖月平均气温在 6.0～11.5℃左右，≥0℃的积温在 1500～2000℃。年降水量一般在 400mm 以上。该区多属森林及草甸草原，其水热条件十分适宜喜凉耐寒的针阔叶乔木、灌木及牧草的生长。区内地形复杂，相对高差大，热量条件垂直变化十分明显。本区大部分地区降水量较多，热量条件尚不至于太差，适宜于发展林业。

（8）冷温半干旱农牧业气候区。本气候区主要包括共和县境内青海南山以南沿沙珠玉河河谷两侧及向西北延伸到乌兰境内的希赛盆地、都兰境内布尔汗布达山区北麓沿 109 国道的地区至格尔木以东地区、以德令哈市为中心海拔在 3000m 左右的德令哈南部地区、门源县东起浩门镇西至苏吉滩乡的海拔 2800～3150m 的浅脑山区，以及大通、

---

① 1cal≈4.186J，全书同。

湟中、湟源、祁连少部分地区也属于该气候区。区内年平均气温在0.5～4.0℃，最暖月平均气温在11.5～13.0℃左右，≥0℃的积温在1500～2000℃。年降水量一般在少于400mm。本区较冷温干旱农牧业（作物）气候区其海拔稍高，属于农牧业过渡区，农业主要分布在共和县的新哲农场、哇玉香卡农场、乌兰县的赛什克农场、查查香卡农场、都兰的香日德农场和诺木洪农场，门源县的浩门农场等，其余基本为山地草。本区热量资源及水分资源均一般。水热条件已不能满足小麦的生长，仅可种植青稞、小油菜。其中，海拔3000m以下的浅山地区，热量条件相对较好，适宜发展生育期较长的小油菜、青稞和洋芋等粮油作物；海拔3000m以上的闹市地区，热量条件较差，无霜期短，以种植耐寒、早熟的小油菜为主。

（9）冷温半干旱牧林气候区。该区主要包括共和北部、刚察南部、海晏西南部三个县接壤的青海湖湖滨平原地区，都兰中部、德令哈、格尔木、门源西部、祁连北部部分地区也属于该气候区。区内年平均气温在-2.0～4.0℃，最暖月平均气温在6.0～11.5℃左右，≥0℃的积温在1200～2000℃。年降水量一般在350～400mm，如海晏县三角城镇、刚察县沙流河镇、共和县恰不恰镇年均的降水量均接近400mm，但个别地区少于300mm，比如海晏县的甘子河乡年降水量仅有180mm左右。热量资源及水分资源均一般，从气候条件看，本区不适宜发展农业。因为大部分地区虽然降水量在350～400mm，对作物来说，一般年份热量往往不足，≥0℃的积温普遍在1500℃左右，最暖月平均气温多在11℃以下，虽在一些地区勉强种植青稞和小油菜，但频遭霜冻危害，产量普遍较低，因此本区已不适宜农耕生产。本区草场普遍退化，产草量普遍降低。青海湖东北的滨湖地区有大片沙丘和沙地，以前由于不注意防治，任其向东扩展，近年来采取一些措施已经得到初步控制，但仍不应疏忽。

（10）冷温干旱农牧业气候区。本气候区主要包括大柴旦大部地区（在大柴旦境内呈西北—东南的条形分布）及格尔木西部小部分地区，天峻西北、冷湖东北也有小部分。区内年平均气温在-1.0～4.0℃，最暖月平均气温在11.5～13.5℃左右，≥0℃的积温在1500～2000℃。年降水量除天峻西部外一般不足100mm。本区最不利的气候条件，最突出的是干旱少雨，因此农业全靠灌溉，没有灌溉就没有农业，水制约着本区农业的发展。由于热量条件一般，而水分资源的缺乏，大部分地区是草原与荒漠地带。

（11）寒温湿润牧林业气候区。本区位于青海省的东南部，包括久治、班玛两县的大部、河南南部大部，达日、甘德、泽库、循化部分地区。高寒、湿润是本区气候的基本特征。区内年平均气温-5.0～2.0℃，局部地区高于2.0℃。最暖月平均气温-6.0～12.0℃，≥0℃的积温在500～1200℃，牧草生长季大部100～160d，牧草返青期普遍在5月中旬以后；年平均降水量多在600mm以上，为青海省降水量最多的地区。区内地势高，海拔高度平均在4000m以上，地形自西北向东南倾斜，河流众多，高山深谷相间，自然条件复杂，水热状况垂直变化剧烈。区内以畜牧业为主体经济，班玛还分布有较大面积的天然森林。本区最不利的气候条件是热量差、温度低，因此，牧草返青晚，青草期短，枯草期长，造成畜草的季节不平衡；西北部地区冬季严寒，多大风雪，给牲畜越冬带来很多困难。但降水量多，一般没有干旱威胁，在牧草生长季内，牧草生长比较迅速，同时日照时间较长，气温日较差也比较大，所以牧草虽然低矮，但质量高，适口性强；另外，夏季温凉，牲畜啃食时间长，有利于长膘。

（12）寒温半湿润牧林业区。本区包括玉树、囊谦、杂多、河南、泽库、海晏、同德大部，刚察东北、祁连东南部分地区。门源、互助、大通、湟源、共和、乌兰、都兰、兴海、贵南等地也有分布。本区主要处在青海湖北部的祁连山中段及青海省东南部和南部海拔在3500m以上的山地。区内年平均温度在−4~0℃，最暖月平均气温在7~11℃左右，≥0℃的积温在500~1500℃。年降水量除天峻西部外一般在400mm以上。牧草生长季120~150d，本区地势高，气温低，暖季短暂、冷季漫长，无种植业主要以牧业经济为主，大部分作为夏季牧场放牧。区内地域辽阔，草场面积大，但热量资源贫乏，草场产草量低，造成草场季节不平衡，夏场面积大，冬场面积小。而因为夏场的气候条件差，在夏场面积大而放牧时间很短，一般在3~4个月，而冬场面积小反而利用时间很长，从而造成本区畜草季节间的矛盾。

4. 养殖业发展潜力评估

养殖业发展潜力评估技术路线如图2-3所示。

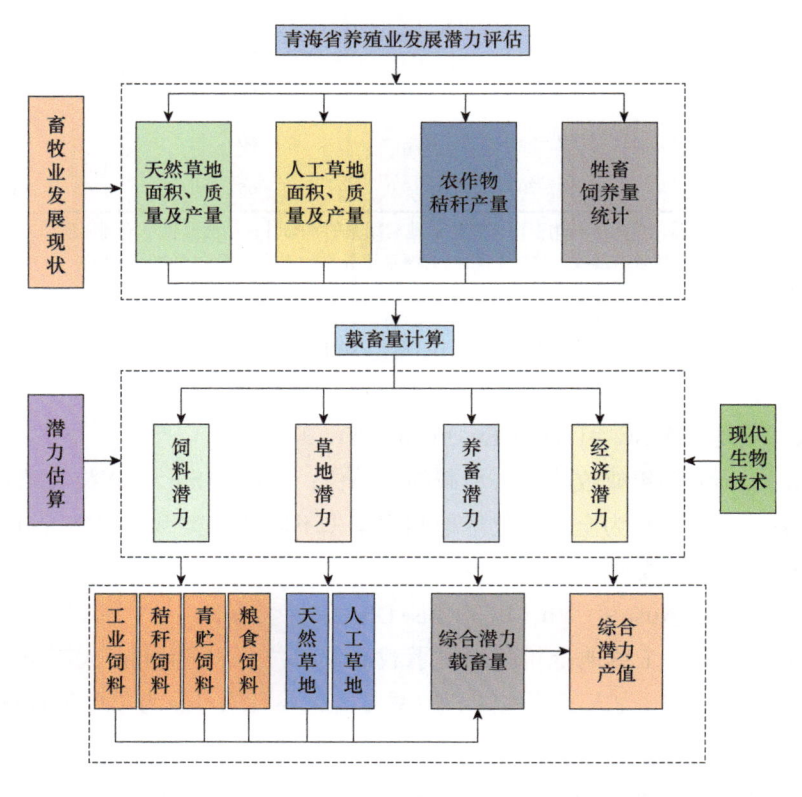

图2-3 青海省养殖业发展潜力评估技术路线图

1）草地载畜量计算方法

（1）羊单位日食量。本次草地资源调查载畜量计算中的羊单位日食量确定为可食鲜草4.0kg（或可食风干草1.38kg，天然草地牧草的干鲜比平均按1∶2.89折算），以全年365d计算，分别为可食鲜草1460kg/羊单位（或可食风干草503.7kg/羊单位）。

（2）青海天然草地利用率。青海天然草地不同放牧利用的草地利用率，主要依据中华人民共和国农业行业标准，即不同季节放牧草地的利用率及退化草地利用率的规定，但在实际测算中对个别指标根据青海实际，考虑到本次调查的方法手段、基础数据和信息源等作适当调整，并统一按全年放牧利用率的指标进行统计（详见表2-17）。

表2-17 青海省天然草地不同季节放牧利用率表 （单位：%）

草地类名称	暖季放牧利用率（夏秋草场）	冷季放牧利用率（冬春草场）	全年放牧利用率
温性草原类	65～70	65	65～70
温性荒漠草原类	65～70	65	65～70
高寒草甸草原类	65～70	65	65～70
高寒草原类	65～70	65	65～70
温性荒漠类	50～55	50	50～55
高寒荒漠类	25～30	25	25～30
低地草甸类	50～55	50	50～55
山地草甸类	60～65	60	60～65
高寒草甸类	65～70	65	65～70

注：按部颁标准，轻度退化草地的利用率以未退化草地利用率的80%计；中度退化草地利用率以未退化草地利用率的50%计；重度退化草地实行休牧或禁牧。数据来源：《青海草地资源》（青海省草原总站，2012）。

草地资源载畜量计算，采用家畜单位法，即1hm²草地上全年可承载的羊单位。其计算公式如下：

（1）天然草地：$A_{usw}=(Y_w \cdot E_w)/(I_{us} \cdot D_w)$ （2-1）

式中，A_{usw}为1hm²全年放牧草地可承载的羊单位；Y_w为1hm²全年放牧草地可食产草量（鲜草，kg/hm²）；E_w为全年放牧草地利用率（不同草地类型利用率）；I_{us}为羊单位日食量；D_w为全年放牧天数。

（2）人工草地：$A_{ush}=(Y_h \cdot E_f)/(I_{us} \cdot D_h)$ （2-2）

式中，A_{ush}为1hm²人工草地全年利用可承载的羊单位；Y_h为1hm²人工草地可食草产量（鲜草，kg/hm²）；E_f为人工草地的利用率（按90%计）；I_{us}为羊单位日食量；D_h为全年利用天数。

依据上述公式，某类放牧草地合理载畜量的计算，其公式如下：

（1）天然草地：Awk＝Snw/Susw (2-3)

式中，Awk为某类型放牧草地全年可承载放牧的羊单位；Snw为某类型放牧草地可利用面积，hm²；Susw为1羊单位全年需某类型放牧草地的可利用面积，hm²/（羊单位·a）。

（2）人工草地：Ahk＝Snh/Sush (2-4)

式中，Ahk为人工草地全年利用期内可承载的羊单位；Snh为人工草地可利用面积，hm²；Sush为1羊单位全年所需人工草地可利用面积，hm²/（羊单位·a）。

全省天然草地鲜草平均产量为2723.11kg/hm²，可食鲜草产量为2296.7kg/hm²，以全省草畜平衡面积1522.35万hm²计算，草地鲜草总产量425.17亿kg，其中，可食牧草鲜草总量356.7亿kg，全省天然载畜量为1710.21万羊单位（表2-18）。

表2-18 青海省各区域天然草地载畜量统计表

区域	可食产草量/（kg/hm²）	草畜平衡面积/万hm²	天然草地载畜量/万羊单位	（hm²/羊单位）/%
全省	2296.70	1522.35	1710.21	0.89
西宁市	2550.30	35.87	43.86	0.82
海东市	3011.51	74.07	106.95	0.69
海西州	1656.31	450.47	357.73	1.26
海北州	3486.50	159.93	267.34	0.60
海南州	2257.94	154.27	167.01	0.92
黄南州	5151.76	68.4	168.95	0.40
果洛州	1870.95	247.47	221.99	1.11
玉树州	2365.40	331.87	376.37	0.88

注：草畜平衡面积中未包括西宁市区和冷湖镇的草原可利用面积（2017年）。

依据前述公式，2017年青海省人工草地合理载畜量为627.46万羊单位，各地区（县、市）人工草地载畜量进行统计（详见表2-19）。

表2-19 全省各区域人工草地载畜量统计表

区域	面积/万亩	可利用饲草量/万kg	人工草地载畜量/万羊单位
全省	772.89	350805.47	627.46
西宁市	66.40	50068.54	89.46
海东市	115.46	49841.54	89.06
海西州	32.69	8721.86	15.58
海北州	48.22	54430.55	97.26
海南州	128.19	91985.32	164.36

续表

区域	面积/万亩	可利用饲草量/万kg	人工草地载畜量/万羊单位
黄南州	70.78	30889.61	55.19
果洛州	156.63	29713.04	53.73
玉树州	154.52	35155	62.81

注：产量、载畜量数据2017年，面积数据2018年。

2）青贮饲料、农作物及秸秆的载畜量计算

首先，按谷草比计算出某一地区（县、市、区）的农作物秸秆理论总产量，然后再确定该地区范围内农作物秸秆可收集率和可作为饲草料的利用率，再计算出该地区农作物秸秆的合理承载量[式（2-5）]。

$$A = (Y \cdot E \cdot H)/(Ius \cdot Dh) \qquad (2-5)$$

式中，A——某一地区农作物秸秆可承载羊单位量（羊单位）；

Y——某一地区各类农作物秸秆总产量（kg）；

H——某一地区各类农作物秸秆可收集率（按70%计）；

E——某一地区各类农作物秸秆可作饲草的利用率（按35.8%计）；

Ius——羊单位日食量[青干草，1.38kg/（羊单位·d）]；

Dh——全年利用天数，按365d计。

依据前述公式，青贮饲料、农作物及秸秆的可承载载畜量为165.75万羊单位，各地区（县、市）青贮饲料、农作物及秸秆载畜量统计（详见表2-20）。

表2-20 青海省各区域青贮饲料、农作物及秸秆载畜量统计表

（单位：万羊单位）

区域	秸秆	青贮	粮食	可承载载畜量
全省	59.16	26.35	80.23	165.75
西宁市	17.43	0.71	19.16	37.30
海东市	17.02	24.87	37.45	79.34
海西州	6.49	0.00	4.03	10.52
海北州	3.17	0.00	4.70	7.87
海南州	10.32	0.77	11.89	22.98
黄南州	2.66	0.00	1.68	4.34
果洛州	0.12	0.00	0.07	0.19
玉树州	1.96	0.00	1.25	3.21

从青海省各区载畜量统计表可以看出，全省超载率为13.90%，其中以黄南州、海南州、玉树州及果洛州四州超载较为严重，以海南州最为严重达到38.14%，其次为黄

南州和玉树州，超载率达到34.71%和32.78%（表2-21）。

表2-21 青海省各地区载畜量统计表

区域	2017年/万羊单位				超潜（+/-）载畜量/万羊单位	超潜（+/-）载畜率/%
	天然草地载畜量	人工草地载畜量	青贮饲料、农作物及秸秆	年初牲畜存栏		
全省	1710.21	627.46	165.75	2907.45	−404.05	−13.90
西宁市	43.86	89.46	37.30	152.15	18.47	12.14
海东市	106.95	89.06	79.34	231.64	43.71	18.87
海西州	357.73	15.58	10.52	225.88	157.95	69.93
海北州	267.34	97.26	7.87	404.22	−31.75	−7.85
海南州	167.01	164.36	22.98	572.78	−218.43	−38.14
黄南州	168.95	55.19	4.34	349.95	−121.47	−34.71
果洛州	221.99	53.73	0.19	312.71	−36.80	−11.77
玉树州	376.37	62.81	3.21	658.12	−215.73	−32.78

注：上述各州市数据：不包括舍饲、圈养、补饲等数据，因此超载率较高。

根据青海省第二次草地资源调查，现有天然草原可利用面积5.80亿亩，其中，禁牧3.42亿亩，草畜平衡2.38亿亩。草畜平衡区可提供天然草地潜力饲草479.01亿kg，潜力载畜量2296万羊单位。青海省草地退化经过一个长期的过程，同样，恢复退化草地生态功能也需要一个长期的过程。目前青海省草地环境仍处于局部好转、整体退化的趋势。黑土滩治理、中度退化草地补播改良、飞播牧草技术成熟，路线可行，成效显著，但由于管护工作相对滞后，成效巩固不尽如人意，增草潜力不大。"十四五"期间天然草地坚持生态优先、保护为主，促进生态良性循环，加快天然草原植被和生产力恢复，确保现有天然草地载畜量不下降，才能达到以草定畜、草畜动态平衡（表2-22）。

表2-22 青海省各区域天然草地草产量潜力分析表

区域	禁牧/亿亩	草畜平衡/亿亩	总产草量/（kg/亩）	草畜平衡区产草/亿kg
全省	3.42	2.38	201.26	479.01
西宁市	—	0.05	255.07	12.75
海东市	—	0.11	239.13	26.30
海西州	0.49	0.68	150.13	102.09
海北州	0.37	0.26	314.53	81.78
海南州	0.45	0.23	173.73	39.96

续表

区域	禁牧/亿亩	草畜平衡/亿亩	总产草量/(kg/亩)	草畜平衡区产草/亿kg
黄南州	0.28	0.12	402.13	48.26
果洛州	0.67	0.40	193.80	77.52
玉树州	1.16	0.53	170.48	90.35

调整种植业结构可扩大饲草料种植规模，充分利用74万亩弃耕地、29万亩退耕还草地、7.94万亩（新增复种面积）农区秋闲地、35.63万亩牧区粮食低产田扩大饲草种植面积，使全省人工草地面积达到815.57万亩，人工饲草料种植面积增加146.57万亩，年产饲草量由目前的49.60亿kg提高到75.13亿kg，年增加饲草25.53亿kg。推广优质高产牧草良种可提高单产水平，新增的146.57万亩人工草地如全部良种化，产草量可提高15%以上，可增草3.3亿kg。推广牧草混播技术可以提高土地产出率，采取两种以上牧草混播，牧草产量比单播提高15%～25%，若对新增的人工草地和一年生饲草地共计357.64万亩采取混播技术，年可增草4.40亿kg。预计年可增鲜草33.23亿kg，相当于204万羊单位的全年饲草量，累计可满足834.46万羊单位的全年饲草量（表2-23）。

表2-23 青海省各区域人工草地产量潜力分析表

| 区域 | 新增人工草地面积/万亩 |||| 合计人工草地面积/万亩 | 合计人工草地产量/亿kg |
	弃耕地	退耕还草地	农区秋闲地	牧区粮食低产田		
全省	74.00	29.00	7.94	35.63	815.57	75.13
西宁市	6.23	1.14	0.50	—	71.74	6.68
海东市	21.14	4.01	3.5	—	120.78	11.09
海西州	8.75	4.15	1.58	6.21	38.03	3.64
海北州	6.89	3.46	0.23	6.57	53.56	5.04
海南州	8.62	4.37	0.46	5.34	133.53	12.24
黄南州	8.53	4.22	1.67	5.73	76.12	7.06
果洛州	6.48	4.23		7.01	161.96	14.80
玉树州	7.36	3.42		4.77	159.86	14.61

注：表中个别数据因数值修约略有误差。

3）饲料潜力分析

青海省秸秆理论资源利用量由现有的6.42万kg增加15%，合计7.38万kg，可饲养68.01万羊单位；青贮由现有的4.43万kg增加20%，合计5.32万kg，可以饲养31.64万羊单位；粮食产量由现有的11.71万kg增加10%，合计12.08万kg，可饲养88.25万羊单位。合计理论载畜量由现有的165.74万羊单位增加到187.9万羊单位（表2-24）。

表 2-24　青海省各区域青贮饲料、农作物及秸秆利用潜力分析表

（单位：/万 kg）

区域	现有补饲量			增产后补饲量		
	秸秆	青贮	粮食	秸秆	青贮	粮食
全省	6.42	4.38	11.71	7.38	5.26	12.90
西宁市	1.82	0.12	2.80	2.09	0.14	3.08
海东市	1.82	4.13	5.47	2.09	4.96	6.02
海西州	0.65	0	0.59	0.75	0	0.65
海北州	0.32	0	0.69	0.37	0	0.76
海南州	1.33	0.13	1.74	1.53	0.16	1.91
黄南州	0.27	0	0.25	0.31	0	0.28
果洛州	0.01	0	0.01	0.012	0	0.01
玉树州	0.19	0	0.18	0.22	0	0.20

青海省现有饲料生产企业108家，年单班生产能力约为57.3万t，实际生产各类饲料35.2万t。预计到2020年底，青海省草食畜存栏3725万羊单位、其中牧区以放牧为主的草食畜达到2475万羊单位，其中母畜达到1885万羊单位，年繁活仔畜1375万羊单位，按每羊单位母畜补饲20kg、每羊单位仔畜头犊牛70kg计算，年需补饲用精料135万t以上。农区和半农半牧区舍饲半舍饲草食畜1250万羊单位，其中能繁母畜721万羊单位、年繁活仔畜599万羊单位，母畜舍饲年需精料70kg、仔畜育肥50kg，年需精料80万t以上，两项合计年需牛羊精料215万t以上。青海省饲料双班加工能力为115万t，通过改扩建使现有加工企业加工能力达到140万t以上，加工能力10万t以上饲料企业增加8家，合计加工产能80万t。通过技术改进后，全省的工业饲料生产能力为335万t，除去原有的实际产能35.2万t，则工业饲料的潜力为299.8万t，可满足3725万羊单位的精料需求量（表2-25）。

表 2-25　青海省各区域工业饲料生产潜力分析表

区域	现有产能			新增后产能			
	现有饲料生产企业/家	单班产能/万t	实际产能/万t	双班产能/万t	改扩建现有企业后产能/万t	新增产能10万t以上饲料生产企业/产能（家/万t）	合计产能/万t
全省	108	57.3	35.2	115	140	8/80	335
西宁市	35	18.6	11.4	37	45	2/20	102
海东市	73	38.7	23.8	78	95	6/60	233

4）养殖潜力分析

预计到2021年底，青海省天然草地，人工草地，青贮饲料、农作物及秸秆三项合计理论载畜量2687.9万羊单位，潜力产量537.02亿kg。通过现代生物技术的应用，预

计天然草地可提供潜力饲草479.01亿kg，潜力载畜量2296万羊单位；人工草地可提供潜力饲草鲜草33.23亿kg，潜力载畜量204万羊单位；青贮饲料潜力产量5.32万kg，潜力载畜量31.64万羊单位；农作物饲料潜力产量12.08万kg，潜力载畜量88.25万羊单位；秸秆饲料潜力产量7.38万kg，潜力载畜量68.01万羊单位。另外通过技术改进及改扩建后，全省的工业饲料生产能力为299.8万t，可满足3725万羊单位的精料需求量。其中，牛羊的出栏率分别在现有的基础上提高15%～20%。

5）经济潜力分析

根据罗增海等（2020）的研究实行高效养殖时，每只羔羊可产生500元的间接经济效益。

通过现代生物技术的实施，牛羊的出栏率在现有出栏率的基础上分别提高15%～20%，牛出栏数由148万头增加至170万～178万头；羊出栏数由804万只增加至925万～965万只，可增加全省人均可支配收入1152～1204元。

5. 种植业发展潜力评估

重点发展青海省油菜、马铃薯及青稞3大特色产业。其中，油菜产业大力发展油菜制种业，强力推进优良品种选育推广力度，培育和推广杂交油菜，推进油菜杂交化进程，主攻单产，确保油菜生产优质、高产、稳产。预计到2021年底，青海省油菜种植面积由现有的213.38万亩增加优质"双低"杂交油菜种植面积50万亩，总面积达到263.38万亩；平均单产由141kg/亩提高到145kg/亩，总产量由28.88万t达到35.65万t，潜力产量增加23.44%。另外，大力推进优质杂交油菜规范化生产，集中连片种植，加快特早熟甘蓝型杂交油菜品种选育推广步伐，使甘蓝型油菜向3000m左右的高海拔地区延伸。

大力实施马铃薯主粮化战略，加快推进马铃薯主粮化进程，优化脱毒种薯、菜用型和加工型商品薯产业布局，推进种薯先行，扩大区域范围和生产规模，重点推广加工型、高淀粉型、菜用型等优质专用品种，集中连片推进优质专用品种脱毒化和商品化生产。预计到2021年底，青海省马铃薯种植面积由现有的115.37万亩增加潜力种植面积34.63万亩达到150万亩；马铃薯鲜薯单产由1286kg/亩提高到1350kg/亩左右，总产量由现有的33.03万t增加到42.94万t左右，潜力产量增加30%。脱毒化率稳定在90%以上，马铃薯主产区全部实现脱毒化。浅山马铃薯种植面积占到全省马铃薯总面积的80%左右。

加快高产专用型优质新品种选育，大力推广粮饲兼用型青稞，提高青稞品质和单产。截至2021年底，青海省青稞种植面积稳定在95.80万亩，单产由150kg/亩提高到175kg/亩，总产量达到16.77万t，潜力产量增加16.38%（表2-26）。

表2-26 种植业潜力分析结果

项目	现有面积/万亩	潜力面积/万亩	现有产量/万t	潜力产量/万t	单产/(kg/亩)	总产量/万t
油菜	213.38	50	28.88	6.77	145	35.65
马铃薯	115.70	34.63	33.03	9.91	1350	42.94
青稞	95.80	95.80	14.41	2.36	175	16.77

在现代生物技术支持下,预计全省油菜总产量由29.73万t达到36.27万t,潜力产量增加22%;马铃薯总产量由现有的40.1万t增加到46.76万t左右,潜力产量增加16%;青稞总产量达到15.90万t,潜力产量增加5.3%,共计98.93万t,可增加全省人均可支配收入1021元,人均生活消费支出245元。沿黄水库养殖容量可达到3万t。目前,养殖容量仅达到30%,还有较大的发展空间。通过提升养殖容量、养殖技术及环境各方面的因素,全省冷水鱼潜力养殖面积共计530.25亩,产量潜力增加1826.92t。其中,全省冷水鱼网箱养殖潜力面积510.25亩,冷水鱼网箱养殖产量由原先的13813.71t达到15000t,潜力产量增加8.59%;沿黄水库养殖潜力面积20亩,沿黄水库养殖产量由原先的1838.6t达到2479.23t,潜力产量增加34.8%。水产良种覆盖率达到98%。

6. 水产养殖业发展潜力评估

1)养殖容量

容纳量是生态学上常用的术语,来源于种群生态学的方程:$dN/dt=rN(k-N)/k$。方程中N代表种群大小,t为时间,r为瞬时增长率,k为环境容纳量。该方程是具有密度效应的种群连续增长模型,其中r、k两个参数有着重要的生物学意义。r表示物种的潜在增值能力,k则表示环境容纳量,即物种在特定环境中的平衡密度。而最初容纳量是指种群瞬时增长率为零时的平衡密度(或环境容纳量)。

2)网箱养殖容量

养殖容量受多种因子的制约,随环境条件而变化,尤其是与养殖方式和养殖技术有关。由此可见,扩大网箱的养殖容量是可以操作的。

3)合理布局

良好的生态环境可以为网箱中养殖鱼类提供优越的生存和生长条件,从而在一定程度上可以提高养殖容量。如网箱设置应选择泥沙底质、四季水位较稳定、水流交换畅通、水体流动适中的区域。底泥中的污染物不会过分积累,可以保证网箱内的水质良好。网箱设置区域的水位变化不宜过于剧烈,水深不能太小,最好在3m以上,要保证箱底始终不接触底泥,以便箱内残饵及鱼的粪便能随时排出箱外;但是水不宜过深,过深的水层会形成温跃层,沉积于水底的残饵及粪便等因缺氧分解缓慢,一旦出现上下层水对流时会造成水质败坏,故适宜水深为7~9m,这主要针对内湾网箱养殖设置而言。网箱设置区的流速以0.75m/s上下为宜,有利于污染物输出,保持养殖水域的环境良好。

4)养殖种类

不同种类的生物有不同的生活习性和生态要求,网箱饲养的对象一般都选择生长快、饲养周期短、抗病力强的品种,但在放养结构上应重视发挥不同生物之间的互利性。

5)水质管理

网箱养殖区的水质对网箱养殖容量有很大的影响。水中溶氧(Dissolved Oxygen,DO)含量由表层向底层逐渐降低,可分为好氧区和厌氧区。网箱底层环境适宜于光合细菌的生存,光合细菌是一类以光作为能源,利用自然界中的有机物、硫化物、氨等作为供氢体而进行光合作用的微生物,添加光合细菌可以降低底质的生物耗氧量,使氧化层加厚,可提高网箱的放养密度,扩充养殖容量。

6)水产养殖业发展潜力分析

据测算,沿黄水库养殖容量可达到3万t。目前,养殖容量仅达到30%,还有较大的发展空间。2019年中国对冷水三文鱼的需求量约30万t,目前国内冷水三文鱼产量约3万t,而且规格大都在0.5kg左右,3kg以上大规格三文鱼产量更少。因此,综合养殖容量、养殖技术及环境各方面的因素,预计到2021年底,全省冷水鱼潜力养殖面积共计530.25亩,产量潜力增加1826.92t。其中,网箱养殖面积由原先的489.75亩达到1000亩,潜力面积510.25亩,冷水鱼网箱养殖产量由原先的13813.71t达到15000t,潜力产量增加8.59%,规格为1.2~1.5kg左右;沿黄水库养殖面积由原先的57.4亩达到77.40亩,潜力面积20亩;沿黄水库养殖产量由原先的1838.6t达到2479.23t,潜力产量增加34.8%(表2-27)。水产良种覆盖率达到98%。

表2-27 青海省冷水鱼养殖业潜力分析结果

项目	现有面积/亩	潜力面积/亩	现有产量/t	潜力产量/t	总产量/t
网箱养殖	489.75	510.25	13813.71	1186.29	15000
沿黄水库养殖	57.4	20.0	1838.6	640.63	2479.23
合计	547.15	530.25	15652.31	1826.92	17479.23

7)水产养殖业经济潜力分析

现代生物技术支撑下,预计青海省冷水鱼总产量17479.23t,产量潜力增加1826.92t。其中网箱养殖产量15000t,沿黄水库养殖产量2479.23t,共计17479.23t,可增加全省人均可支配收入90元。

2.4.2 高原现代农牧业产业潜力挖掘和发展模式

1. 生态农牧业发展模式

1)配股制模式

近年来,针对青海省三江源区果洛州实际问题,提出"政府扶持,群众入股,相互配股,整合资源,集中规模养殖,企业化管理,产业化发展"的具有果洛特色的生态畜牧业发展模式"配股模式"。

2)直却模式

直却模式是以生态畜牧业合作社形式运行产业化项目的一种模式,也就是将社员入股的草场、牲畜、基础设施、劳动力进行固定分红的形式运转合作社。

3)以地养地模式

饲草料产业是畜牧业发展的根本保证,是农牧民增收的重要渠道,也是草地生态畜牧业可持续发展的关键所在。青海高寒牧区通过对适度开发一定规模"黑土滩"种植当年生牧草，生产出大量优质饲草料供应给合作社牲畜及周边牧户，牺牲少量草场，使大量草场得到休养生息，既便于合作社发展得到保障，又保护了草原生态，这种模式的推行在促进畜牧业生产方式转变，提高综合生产能力，增加畜产品供给，牲畜越冬抗灾保畜中发挥出极大作用，是适合高寒牧区发展的模式。

2. 高寒牧区畜牧业发展新模式

通过对海南州的实地调研，针对当地畜牧业发展亟须解决的优良草种缺乏、饲草不足、养殖模式单一的瓶颈问题。大力发展以人工草地建设、高产饲料种植为核心的草产业，提高草资源转化利用率。凝练出的生态畜牧业发展组织和管理模式，逐步形成类型多样、功能完善、优势互补的生态保护模式及畜牧业跨越发展模式。加强优质高效的草产业发展，建设有机种植业基地，结合贵南县、同德县和兴海县河卡镇的耕地资源、气候条件，建立高原特色的有机黑青稞、优质燕麦、玉米和多年生牧草高产生产基地。结合种植业倒茬工作，建立100万亩人工饲草料生产基地，为有机饲草产品加工提供生产原料，同时也为高质量畜牧业养殖提供优质的饲草保证，践行"农牧结合、以农促牧、以种促养"的新理念，解决青海省畜牧业发展中的冬季补饲缺乏和掉膘严重的瓶颈问题，发展种草养畜产业。按照不同的生态畜牧业发展模式和海南州"三大"产业经济带，划分草地放牧型实验区、种草养畜型实验区、有机养殖型实验区和标准化羔犊健康养殖型实验区，各区明确发展重点，耦合各区生产链条，建设各具特色的生态畜牧业养殖基地，逐步形成类型多样、功能完善、优势互补的生态保护模式及畜牧业跨越发展模式。

3. 青海三区耦合模式

通过多年的总结和实践（赵新全等，2011；周华坤等，2016），发现三区耦合模式是青海省农牧业系统可持续发展的有效途径。由于草地牧草供给和家畜营养需求的季节性不平衡，降低物质和能量的转化效率，浪费大量的牧草资源。家畜饲养周期长、出栏率低是青海高寒牧区畜牧业发展的最大瓶颈。在基于草地饲草资源量、野生食草动物数量和需求、家畜需求量、季节性变化，以及季节性差异等参数的基础上，推行畜群优化管理，实行"返青期休牧"和"暖牧冷饲两段式养殖"新模式，加强良种培育和良种改良，在入冬前出售大批牲畜到农牧交错区和河谷农业区，以转移冬春草场放牧压力，为野生食草动物释放空间，充分利用农业区的饲草料资源进行育肥，实现饲草资源和家畜资源在时空上的补偿。在天然草地为主的牧业区实施畜群优化管理，推行"季节畜牧业"模式，加强良种培育及畜种改良，在入冬前出售大批牲畜到农牧交错区和河谷农业区，以转移冬春草场放牧压力，充分利用农业区的饲草料资源进行育肥，实现饲草资源与家畜资源在时空上的互补。农牧交错区进行大规模的饲草料基地建设和加工配套技术集成，为转移天然草场的放牧压力提供强大的物质基础，将部分饲草料输送到源区放牧畜牧业生产基地，为越冬家畜实施补饲及抵御雪灾提供饲料贮备。河谷农业区充分利用牧区当年繁殖的家畜，种草养畜进行农户小规模牛羊肥育，一部分饲草料进入牧区，农区、牧区的动植物资源产生互作效应，使其资源利用效益超出简单的相加价值，整体经营效益得以提高。

以饲草料建设为重点，切实加强畜牧业基础设施建设，大力推广舍饲半舍饲方式，加快推进畜牧业科技创新和应用，加大结构调整力度，促进产业优化升级，推进畜牧业产业化，提高畜牧业的综合效益。Zhao 等（2018）基于饲草料加工技术和藏系绵羊冬季补饲技术的集成示范，凝练出放牧家畜"暖牧冷饲两段式饲养"模式，仅就 2012～2014 年期间在海南州贵南地区累计完成冷季健康养殖牛羊规模达 8.0 万只羊单位以上。通过冷季舍饲养殖，加快出栏周期，按每只羊单位需求的高寒草甸草地面积平均为 1.11 hm²，可有效保护三江源 8.67 多万 hm² 的天然草地冷季草场，同时舍饲育肥新增经济利润达到 4000 万元；提高生态效益的同时经济效益也大幅提高。

4. 高寒农牧业可持续生态系统的维持机制和途径

高寒农牧业可持续生态系统的维持机制和途径，在青海三江源果洛、玉树等生态保育修复区（即纯牧区）和海南州、黄南州、海北州传统利用区（即农牧交错区）实践由"传统自然放牧"向"放牧＋饲草料基地建设＋冷季舍饲养畜"的"暖牧冷饲两段式饲养"生态畜牧业生产方式转变；同时将生态保育修复区（即纯牧区）的部分牲畜逐步迁移到传统利用区（即农牧交错区）和外围支撑区（即海东、西宁和海西等农区）进行"暖牧冷饲"。优化传统利用区的畜群结构，提高出栏率和经济效益，减少单位畜产品的碳排放；同时，缓解生态保育修复区和传统利用区的天然草地的放牧压力，使天然草地得到保护，有效地遏制草地退化，促进草地生态系统趋于良性循环，维持和提升天然草地生态功能（Zhao et al.，2018）。

5. 不同退化等级天然草地可持续利用技术模式

1）轻度退化草地自然修复技术

围栏封育＋鼠害防治＋返青期休牧＋毒杂草防治＋追肥技术配套实施。

2）中度退化草地改良技术

人工补播模式，对于秃斑镶嵌于草地且地块较小的中度退化草地，采用人工耙平＋撒播种子肥料＋人工耙平的措施治理。微耕机＋人工补播模式，对于秃斑较大且镶嵌于草地的小型中度退化草地，采用微耕机整地＋撒播种子肥料＋人工耙平的措施治理。微耕机补播模式，对于秃斑较大且坡度较缓的中度退化草地，采用微耕机整地＋撒播种子肥料＋微耕机耙平的措施治理。轻耙＋镇压改良模式，地形较缓且连片的中度退化草地，采用轻耙十字交叉整地，播种机播施肥料和种子，轻耙覆土和镇压的措施治理。免耕补播模式，缓坡中度退化草地采用免耕补播，分区十字交叉补播的措施治理。

3）重度退化草地综合修复技术

坡度小于 7°的黑土滩重度退化草地，采用人工种草的快速综合恢复技术模式（害鼠防控＋深翻＋耙平＋机播＋镇压＋围栏）。坡度在 7°～25°、土层厚度超过 15cm、集中连片且面积较大的重度退化草地，采用害鼠防控+深翻+十字耙平+机播+镇压+围栏；坡度在7°～25°、地形起伏不大且集中连片面积较大的重度退化草地，采用害鼠防控+十字免耕补播+围栏；坡度≥25°，土层厚度10cm以上重度退化草地，采用人工开沟+肥料+播种+人工覆土镇压+覆盖无纺布（周华坤等，2016）。

6. 天然草场季节放牧优化配置模式

基于高寒地区天然草地中度放牧利用原则，结合放牧家畜数量、天然草场面积和健康状况，制订高寒地区天然草地季节性放牧利用的配置方案：5～6月实施天然草地返青期休牧技术，休牧期内对放牧家畜进行圈养舍饲；暖季7～10月将放牧家畜转至夏秋草场进行合理放牧，冷季11月至翌年4月于冬春草场进行放牧补饲。方案已在三江源国家公园黄河源园区示范点实施。

7. 休牧期放牧家畜舍饲技术模式

使放牧家畜顺利度过返青期是实施返青期休牧技术的关键。通过设计5个日粮精粗比水平（0∶100、6.31%CP；15∶85、7.69%CP；30∶70、9.37%CP；55∶45、10.38%CP；60∶40、11.94% CP），系统研究不同日粮精粗比对藏系绵羊和牦牛的返青期生长性能和养殖收益的影响（表2-28、表2-29）。研究发现，采用15∶85（7.69%CP）的日粮精粗比可以使藏系绵羊和牦牛的休牧期舍饲达到收支平衡，采用45∶55（10.38%CP）的日粮精粗比可以获得较好的养殖收益。牧民可根据不同的生产目标来选择不同的日粮精粗比。

表2-28　日粮精粗比对藏系绵羊的返青期舍饲生长性能和养殖效益的影响

指标	0∶100	15∶85	30∶70	45∶55	60∶40	SEM	P
初始重/kg	21.31	22.13	21.25	19.88	22.19	0.34	0.196
期末重/kg	23.81d	26.44cd	28.38	29.75b	32.94a	0.65	<0.01
增重/kg	2.50d	4.31c	7.13b	9.88a	10.75a	0.57	<0.01
料重比	23.86a	13.94b	8.92b	6.67c	6.64c	1.27	<0.01
净收益/元	-14.17c	9.01c	54.15b	91.95a	92.93a	8.27	<0.01
收益指数	0.80c	1.15b	1.61a	1.85a	1.74a	0.08	<0.01

注：不同小写字母（a、b、c、d）表示组间差异显著（$P<0.05$），含有相同字母表示不具有显著差异（$P>0.05$），全书同。

表2-29　日粮精粗比对牦牛的返青期舍饲生长性能和养殖效益的影响

指标	0∶100	15∶85	30∶70	45∶55	60∶40	SEM	P
初始重/kg	107.82	107.62	108.11	109.04	108.24	2.09	1.000
期末重/kg	116.41c	120.43bc	127.66abc	136.02ab	138.87a	2.61	0.017
增重/kg	8.19c	12.81c	19.54b	26.98a	30.62a	1.47	<0.001
料重比	26.95a	18.91b	13.31c	8.92d	8.49d	1.18	<0.001

续表

指标	组别					SEM	*P*
	0∶100	15∶85	30∶70	45∶55	60∶40		
净收益/元	−29.6c	32.96bc	164.25b	308.77a	335.45a	30.22	<0.001
收益指数	0.89b	1.11b	1.44a	1.74a	1.65a	0.07	<0.001

草地资源的合理利用概括为"草地资源限量，时间机制调节，经济杠杆制约"的原理，其技术思路主要为：在基于草地饲草生产力（资源量）、家畜需求量、季节性变化，以及季节性差异等参数的基础上，确定草地可以放牧利用以及必须舍饲圈养的时间，建立以休牧时间为主要指标的可持续牧草生长的管理制度，其主要特点为：一是根据植物生长发育节律，在草地放牧敏感期设定舍饲休牧期，防止对草地的破坏，这是"时间机制"的基本含义；二是休牧期的家畜需草量为限制因子，督促生产者自觉贮草备料，这与原管理方式以面积为主要限制因子的思路有根本性的不同；三是依靠休牧期的长短，基于舍饲时购买饲草料花费、设施和劳动力成本等经济因子的制约，促使生产者主动规划生产规模，确定饲养数量，这是"经济杠杆制约"的基础。通过这样一种行政监督和经济调节相互结合的监管方法，可以形成能够有效防止草地过牧采食，保护天然草场。

2.5　基于现代生物技术的高原农牧业发展对策

1. 问题

在青海省的农牧交错区饲草料基地建设、草产品加工及青贮技术、舍饲育肥、有机养殖饲料配方选择等许多环节的技术服务没有完全到位，现场农牧民技术培训力度需加大。

青海省牧区和农牧交错区种草与养畜的有效配合模式尚需深入探讨，草产品的深加工与青贮利用尚需进一步加大力度，充分提高饲草的利用效率。

在高原农牧业综合发展潜力评估过程中，应考虑种草养畜与天然草场的减畜及草畜平衡等政策如何有机结合，准确评价高原农牧业综合发展潜力，从而更好地指导现代生物技术下农牧耦合型畜牧业的发展。

2. 对策

草地畜牧业是藏区牧民赖以生存发展的传统产业、基础产业和支柱产业。由于气候变化、人口增长、社会发展，青海牧区的自然生态环境以及传统的生产生活方式平衡逐渐被打破，传统畜牧业生产方式不能适应这种变化，草地畜牧业发展面临功能定位偏差，系统要素缺失，农牧民自我发展能力弱，创新能力不足等新的挑战。本研究围绕上述难题，开展系统研究，创建发展理论框架，指明发展方向，集成创新青海牧区本土文化支持、价值多元化、生态安全型全产业链技术支撑体系，构建看得见、摸得着、可复制的青海畜牧业发展模式与社区工作方法。

1）创建青海牧区畜牧业发展理论框架

青海牧区自然资源的独特性、有限性决定畜牧业生产应是基于草畜平衡条件下的计划导向；强调生态自然资本是青海牧区最大的财富，青海牧区脆弱的自然生态系统、独特的人文和生产方式难以承受过度资本化、市场化、工业化、规模化开发，以此提出青海牧区特色生态畜牧业"在地化、整体性、有限性"发展理念。因地制宜，发挥其资源稀缺、绿色、有机、物种多样性等本土特色优势，走小而精、小而优、小而美的发展方向，为青海牧区畜牧业发展提供理论支撑。

2）构建关键技术支撑体系

针对青藏高原草地生态保护和草地畜牧业发展技术途径单一、集成创新不足、技术适应性差等问题，提出本土文化支持的天然草地管理与适应性利用技术、本土草种支持的生态安全性饲草生产与利用技术、本土特色畜种资源保护与优势利用技术、本土特色畜产品加工工艺与提质增效技术，构建尊重自然、顺应自然的青藏高原社区畜牧业技术体系，为实现草地生态保护与农牧民增收双赢提供有效的技术支撑。

3）创建"青海牧区畜牧业"模式

针对青藏高原草地畜牧业农牧民主体意识弱、自我发展能力差、技能型人才缺、生产组织化程度低等问题。建议在现行的家庭经营、草地承包基础上，通过牧民自愿联合、共同约定、兼顾公平与效率，构建和完善社区畜牧业价值系统、结构体系、要素和机制，对原有的畜牧业要素资源重新组合、更新升级，激发内生动力。创建以牧民为主体，社区为单元，牧民合作组织为载体，政府扶持，科技支撑，能人带动，以培养和塑造新型牧民为核心，以草地生态环境保护为基础，绿色畜牧业为主线，精准选择最有特色优势的主导产业、主导畜种、主导草种、主导产品、主导品牌、主推技术。

4）加强对当地牧民的思想教育及相关方面的技术培训

如对牧民群众进行有机畜牧业生产方式和增长方式的宣传，进行有机畜牧业生产技术、科学种草养畜、羔羊育肥的培训，促使牧民群众按照技术规范化、程序化、标准化进行生产。

5）农牧业发展要注重四个结合

一是做到与三江源生态保护与建设相结合；二是做到与退牧还草工程相结合；三是做到与草原生态补偿机制相结合；四是做到与精准扶贫、产业扶贫相结合。

6）农牧业发展要注重六个统一

一是生态统一保护建设；二是资源统一整合开发；三是畜产品统一加工销售；四是畜疫防治统一进行；五是合作社的盈余统一分红；六是形成利益共享、风险共担的经营机制。

2.6 主要结论

针对青海省五大生态区独特的高原区位优势，系统评估现代技术支撑下农牧业综合发展的潜力和模式。主要结论如下：

通过配股制、直却、以地养地、三区功能耦合等模式，结合现代生物技术的应用，使牛羊出栏率提高15%～20%。

推广轻度退化草地近自然修复技术、中度退化草地改良技术、重度退化草地综合修复技术、天然草场季节放牧优化配置模式、休牧期放牧家畜舍饲技术模式，预计全省各类草食畜存栏3725万羊单位，全省人均可支配收入增加1152～1204元。

重点发展青海省油菜、马铃薯及青稞3大特色产业。现代生物技术支撑下，预计全省油菜产量总产量由28.88万t达到35.65万t，潜力产量增加23.44%；马铃薯总产量由现有的33.03万t增加到42.94万t左右，潜力产量增加30%；青稞总产量达到16.77万t，潜力产量增加16.38%，共计95.36万t，可增加全省人均可支配收入1021元，人均生活消费支出245元。

沿黄水库养殖容量可达到3万t。目前，养殖容量仅达到30%，还有较大的发展空间。通过提升养殖容量、养殖技术及环境各方面的因素，全省冷水鱼潜力养殖面积共计530.25亩，产量潜力增加1826.92t。其中，全省冷水鱼网箱养殖潜力面积510.25亩，冷水鱼网箱养殖产量由原先的13813.71t达到15000t，潜力产量增加8.59%；沿黄水库养殖潜力面积20亩，沿黄水库养殖产量由原先的1838.6t达到2479.23t，潜力产量增加34.8%。水产良种覆盖率达到98%。使渔民人均可支配收入增加5000元以上。

农牧民（含渔民）生态大农业人均可支配年增收值1000～1200元，生态大农业产值可达700.0亿元，对全省生产总值贡献率约为20%。

第3章 极端环境动植物资源潜力评估

3.1 引　　言

3.1.1 青海省极端环境动植物资源产业化发展背景和意义

青海地处号称地球第三极的青藏高原，被誉为"三江之源、中华水塔"，是国家重要的生态安全屏障。2016年8月24日，习近平总书记在青海视察时强调，生态环境保护和生态文明建设，是我国持续发展最为重要的基础。青海最大的价值在生态、最大的责任在生态、最大的潜力也在生态，必须把生态文明建设放在突出位置来抓，尊重自然、顺应自然、保护自然，筑牢国家生态安全屏障，实现经济效益、社会效益、生态效益相统一。青海的生态地位决定青海必须实施生态优先战略，这不仅是构筑青海河源区中下游地区可持续发展的生态屏障之根基所在，更是维护东南亚乃至全球生态安全的必要保障。生态优先战略的确立决定必须全面研究青海的生态价值、生态责任和生态潜力，以便从理论上、技术上和模式上为这一战略的顺利实施提供必要的科技支撑。科学评估青海的生态价值并准确厘定这一价值的来源、数量和变化动态，是合理判断青海生态地位的重要科学依据。

青海省位于青藏高原东北部，具有地域辽阔、地貌特征独特、气候环境多样、土壤类型丰富、生境变化复杂等特点，从而形成青海高原特有的生物资源，是世界上独具特色的生物资源库。多年来，青海省政府高度重视动植物资源优势特色产业的发展。大力落实生态产业化和产业生态化的战略决策，对提高全省动植物资源综合生产能力、促进农牧民增收和经济社会发展具有重要作用。习近平总书记在党的十九大报告中指出，要"实施健康中国战略""坚持中西医并重，传承发展中医药事业"。青海省独特的地理环境造就独特的药用动植物资源和诊疗技术，形成独具一格的中藏药产业。2020年青海省政府工作报告中明确提出要培育壮大生态经济。以产业生态化、生态产业化为目标，推动生态与农业、工业、文旅、康养等产业深度融合，做强做优生态旅游、生态畜牧、中藏医药、高原康养等产业，培育发展节能环保、清洁生产、清洁能源等产业，提升附加值与竞争力，拓宽生态产品价值实现路径。以发展大生态产业为目标，推动生态与农业、工业、文旅、康养等产业深度融合，做强做优生态旅游、生态畜牧、中藏医药、高原康养等产业，培育发展节能环保、清洁生产、清洁能源等产业，提升附加值与竞争力，拓宽生态产品价值实现路径。同时为回答习近平总书记指出的青海最大的潜力在生态，本章在总结近年来青海省动植物资源优势特色产业发展的基础上，重点对极端环境下青海省动植物资源价值、发展潜力、产业化发展等进行评估，阐述加快推进动植物资源产业化发展的重大意义，梳理现阶段推进动植物资源特色化发展的制约因素和有利条件，结合"一优两高"的发展战略，提出今后动植物资源特色化、生态化、产业化发展的指导思想、基本原则、总体目标、主要任务、规划布局、建设内容、建设重点、投资估算、效益分析、风险评估，以及确保相关策略顺利实施的保障措施。

3.1.2 本章内容概述

针对青海省独特的高原地理环境与区位优势，对极端环境条件下动植物资源（川贝母、羌活、冬虫夏草、鹿、麝香等）的数量、质量、种类、资源优势、资源开发的有利条件、制约因素和动植物资源潜力等方面进行科学地评估，结合"一优两高"的发展战略，提出极端环境条件下动植物资源保护与开发利用的目标及发展途径与模式。

3.1.3 极端环境动植物资源潜力评估路线

依据上述内容，极端环境动植物资源潜力评估路线如下（图3-1）。

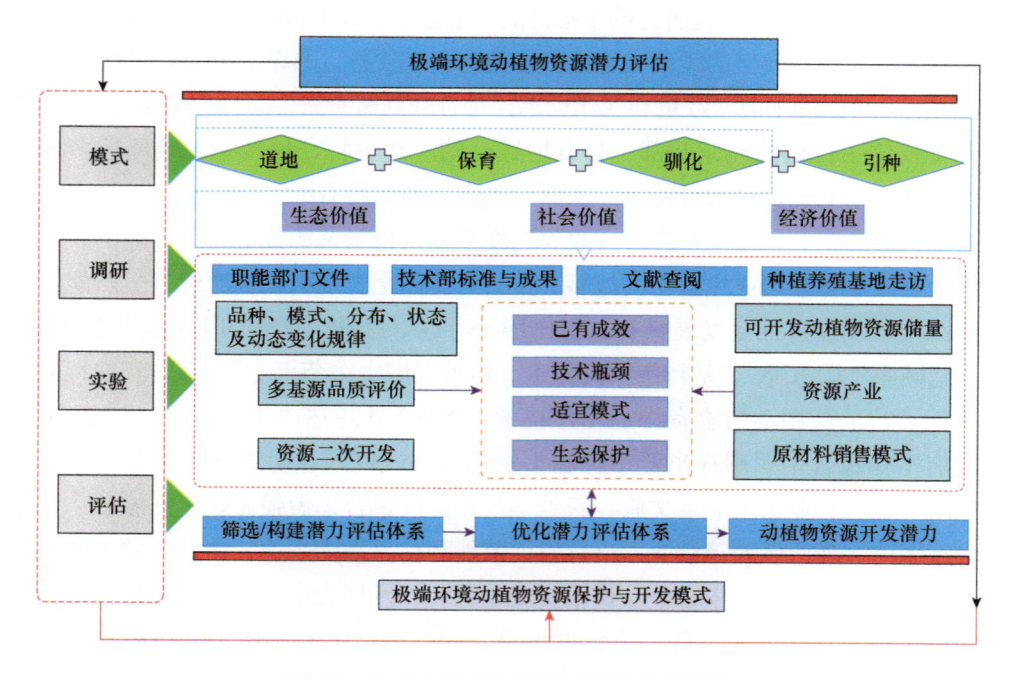

图3-1 极端环境动植物资源潜力评估路线

实施要点如下：

潜力调查：收集有关极端环境动植物资源的调查报告，有关极端环境动植物资源人工种植、加工技术、产业模式的文献，有关青海省动植物资源的统计年鉴和社会经济数据等。实地调查典型区动植物资源种类、数量、质量等，为潜力评估体系构建作支撑。

潜力指标体系构建：对收集资料归类整理、量化分析，根据青海省动植物资源实际情况构建切实、科学的评价指标体系。

潜力评估：按照构建的评估指标体系科学评价青海省极端环境动植物资源所具备的气候潜力（强辐照、高温差）、生产潜力（种植、加工）和发展潜力（现代生物技术支撑下的动植物资源深加工）。同时，梳理现阶段推进动植物资源特色化发展的制约因素和有利条件，结合"一优两高"的发展战略，提出今后动植物资源特色化、生态化、产业化发展的指导思想、基本原则、发展途径及保障措施等。

3.2 青海省极端环境动植物资源及产业现状与分析

3.2.1 自然资源概况

1. 地理特征

青海全省地势总体呈西高东低、南北高中部低的态势。西部地区海拔高峻，向东倾斜，呈梯形下降。东部地区为青藏高原向黄土高原过渡地带，地形复杂，地貌多样。各大山脉构成全省地貌的基本骨架。地区间差异大，垂直变化明显。最高海拔点位于布喀达坂峰，其海拔为6851m，最低点位于青海省最东端与甘肃交界处，其海拔为1644m。青海是农业区和牧区的分水岭，兼具青藏高原、内陆干旱盆地和黄土高原的三种地形地貌，汇聚大陆季风性气候、内陆干旱气候和青藏高原气候的三种气候形态，这里既有高原的博大、大漠的广袤，也有河谷的富庶和水乡的旖旎。高山大川间河流密布，是中国最著名的三大江河-黄河、长江和澜沧江的发源地。域内湖泊、沼泽众多，是国内海拔最高、湿地面积最大、分布最为集中的地区之一。拥有高原湖泊、河流湿地、沼泽化草甸湿地三种类型在内的天然湿地资源面积达313.45万hm^2，是仅次于西藏的国内第二大湿地资源分布区。全省草地面积4193.33万hm^2，其中可利用面积3866.67万hm^2，分为9个草地类，7个草地亚类，28个草地组，173个草地型。在各类草原中，高寒草甸为2366.16万hm^2，占全省草地面积的64.92%，是青海天然草地的主体。全省耕地面积58.57万hm^2，经济作物播种面积17.70万hm^2，蔬菜种植面积4.96万hm^2，枸杞2.96万hm^2（青海省统计局，2016）。

2. 气候特征

青海省深居内陆，海拔高，远离海洋，空气干燥、稀薄，太阳辐射较强，气温较低，属于高原大陆性气候。其气候特征是日照时间长、辐射强；冬季漫长、夏季凉爽；气温日较差大，年较差小；降水量少，地域差异大，东部雨水较多，西部干燥多风，缺氧、寒冷。青海省由于其地形的复杂和多变，气候也随地区的不同而变化很大。东部湟水谷地年平均气温2~9℃，无霜期为100~200d，年降雨量为250~550mm，主要集中于7~9月，热量和水分条件皆能满足一熟作物的要求。柴达木盆地年平均温度2~5℃，无霜期为70~120d，年降雨量近200mm，年日照长达3000h以上。东北部高山区和青南高原温度低，除祁连山、阿尔金山和江河源头以西的山地外，年降雨量一般在100~500mm。青海省地处中纬度地带，平均海拔高，太阳辐射强度大，平均年辐射总量可达5860~7400MJ/m^2，直接辐射量占辐射量的60%以上，年绝对值超过418.68kJ。太阳能资源丰富，光照时间长，年日照时数达2336~3341h，仅次于西藏高原，位居中国第二。

3.2.2 极端环境动植物资源状况

1. 极端环境动植物资源生态分布

1）动物资源生态分布

由于青海地域辽阔，动物赖以生存的自然景观复杂多样，依据植被、栖息地特点和动物组成，青海动物分布的生态景观有以下五个类型。

（1）森林灌丛类型。该生境主要是指长江、黄河、澜沧江、黑河四大水系的河谷地区，以及柴达木盆地东部林区。本区地形复杂、河谷切割强烈，气候比较温暖而湿润。森林一般分布于海拔2800~4200m的谷地和山地阴坡、半阴坡与局部的半阳坡，且生长茂盛。主要树种为针叶类云杉、圆柏、油松等，分布面积大，同时也分布一定面积的桦树、杨树等阔叶林。高山灌丛分布于东部、东南部和东北部，海拔相对较高，一般可达4300m，灌丛种类以杜鹃、绣线菊、金露梅、锦鸡儿、高山柳为主。本区是高原山地森林灌丛动物群的主要栖息场所，动物种类丰富，有白唇鹿、马鹿、麝、藏马鸡、蓝马鸡、石鸡、啄木鸟等。由于森林灌丛与高寒草原草甸、湿地、农田镶嵌分布，有一些其他生境类型的动物种类渗入。

（2）湿地类型。该生境主要分布在长江、黄河、澜沧江三大河流源头，柴达木盆地中部及青海湖和哈拉湖周边。青海省的湿地类型主要有湖泊、河流、沼泽和湿草甸等。该类型生境所处的海拔相对较高，分布集中，多为咸水湖，湿地植物和水生植物资源相对贫乏。适宜栖息水域动物群的湖泊和湿地较少，导致生长于该生境的动物种类较少。但其种群数量较丰富，尤其是迁徙鸟类较多，如青海湖、隆宝湖、扎陵湖、鄂陵湖湿地鸟类数量达20万只左右。主要的水禽鸟类有斑头雁、棕头鸥、鸬鹚、赤麻鸭等。分布于青海湿地中的鸟类，由于受自然条件的限制，以夏季鸟居多，也有少量的冬候鸟如大天鹅等。

（3）草甸类型。该生境广布于3500m以上的高山地区，占省域面积的60%以上。植被类型以高寒草原和高寒草甸为主，以苔草、蒿草，以及垫状植物为优势植物而形成的植物群落，是高寒草原、草甸动物群和高地寒漠动物群的主要栖息生境，栖息的动物以有蹄类藏原羚、藏羚、野牦牛、岩羊等为主，并伴有其他动物分布，如喜马拉雅旱獭、藏狐、狼、猞猁、蒙古百灵、雪鸡等。

（4）草原类型。该生境主要分布在海拔3500m以下的祁连山、大坂山、日月山、拉脊山、青沙山与森林相邻的地区和山地阴坡、宽谷等地。该区分布面积较小，约占省域面积的5%。海拔较低，气候较湿润，植物生长良好，种类以长芒草、针茅、蒿类为主。该区域内人为活动频繁，野生动物种类及数量相对较少，常见的有赤狐、狼、岩羊、旱獭、高原鼠兔等。

（5）荒漠、半荒漠类型。该生境主要指柴达木盆地、共和盆地和玛多黄河源区，约占省域面积的10%。由于光热资源丰富，冷热变化剧烈，降水量少，环境条件恶劣，生态系统结构比较简单和脆弱，因此植物生长极其稀疏，种类贫乏，分布不均匀，群落覆盖度极小。该区域分布的动物常因荒漠生态系统结构的破坏和植被的变化而被迫迁移。常见的食肉类动物有荒漠猫、沙狐，有蹄类动物有藏野驴、鹅喉羚等。鸟类贫乏，常见的有西藏毛腿沙鸡。

2）植物资源生态分布

根据《中国植被》，青海省植被地跨亚洲荒漠、中国-日本森林、中国-喜马拉雅和青藏高原四个植物大区。从植被类型划分，全省可分为东北部温带草原区、柴达木温带荒漠区、青南高原高寒草甸（草原）区三大区域。

（1）东北部温带草原区。该区主要包括黄土覆盖区、祁连山地和共和盆地，植被类群以旱生为主，多为中亚和蒙古草原成分。在本区周围和山地垂直带上分布着温性和寒温性森林及少数亚热带植物，区系成分较为混杂。从植被类型上看，构成本区的基带是由长芒草、蒿类等组成的草原植被。在大范围的山地东部有以云杉属、圆柏属为主构成的寒温性针叶林和以桦属、杨属等构成的阔叶林，最东部的少数地方分布有油松、华山松。山地森林带以上是以高山柳属、杜鹃属、蒿草属、苔草属等组成的高寒灌丛和高寒草甸。

（2）柴达木温带荒漠区。本区包括柴达木盆地及其周围的山地，是超旱生植被的集中分布地带。植被区系来自中亚，比较古老，具有很大的独立性。盆地中部分布有少量的胡杨，东缘山地分布着以祁连圆柏为主的原始林，其余地区分布着盐生、旱生或超旱生荒漠灌丛植被，种类有麻黄属、梭梭属、猪毛菜属、盐爪爪属、合头草属、驼绒黎属、白刺属、柽柳属等。荒漠草本植物有白麻属、盐角草属、骆驼蓬属、芦苇属等。

（3）青南高原高寒草甸（草原）区。本区是青藏高原主体的一部分，包括昆仑山-西倾山以南的广大地区。高原上的高寒植被是在特定的高原气候条件下产生的，具有特殊的植被组合和体系，其水平和垂直带谱均不同于同纬度的亚热带高山植被。由于高原脱离第四纪冰期的时间不长，植被演化时间较短，显得十分年轻。在本区东部各大江大河上游的高山峡谷地带，分布有冷杉属、落叶松属、圆柏属等寒温性针叶林。分布在本区域内的高寒灌丛是一种特殊的森林，主要种类有锦鸡儿、山生柳、金露梅等，且分布广泛。西部靠近羌塘高原地区，分布着以紫花针茅、羽状针茅、青藏苔草、扁穗茅等为建群种组成的高寒草原植被和以雪灵芝、垫状点地梅等组成的高山垫状植被。

2. 极端环境动植物资源分布及储藏量

1) 动物资源分布及储藏量状况

青藏高原地域辽阔，生态环境独特。丰富的植物资源为野生动物提供良好的栖息环境，现有陆生野生动物466种，其中鸟类292种，兽类103种，两栖爬行类16种，鱼类55种，分别占全国动物种数的24.6%、20.2%、3.2%和6.8%。有国家重点保护动物74种（类），其中一级保护动物21种，二级保护动物53种；青藏高原特有种30种，并有36种省级保护动物。目前已有15%～20%物种受到威胁。珍稀动物有野骆驼、野牦牛、野驴、藏羚羊、盘羊、白唇鹿、梅花鹿、麝、雪豹、黑颈鹤、藏雪鸡、天鹅等。皮毛、革、羽用、肉用动物主要有水獭、喜马拉雅旱獭、赤狐、猞猁、香鼬、兔狲、金猫、石貂、豹、岩羊、原羚、黄羊等。其中全世界只在青海湖分布的普氏原羚，属于世界濒危物种，现存数量不足300只，比国宝大熊猫的数量还少，已引起国际社会高度关注。药用动物主要有马鹿、水鹿、毛冠鹿、棕熊等。家畜家禽主要有互助黑猪、八眉猪、牦牛、藏系羊、玉树马、贵南黑紫羊、环湖改良细毛羊、骆驼、山羊、黄牛、犏牛、浩门马、河曲马、大通马、柴达木马等。其他有益动物主要有灰鹤、鸿雁、豆雁、大鸨、岩鸽、藏马鸡、金雕、啄木鸟、猫头鹰等。

青海河流、湖泊众多，全省水体总面积达1.36万 km^2，占全省总面积的19%，其中有鱼水体总面积达106.7万 km^2，相当于耕地总面积的两倍。省内各类水体中共有野生鱼类57种，隶属于3目、6科、25属。其中黄河流域30种，长江流域8种，澜沧江流域7种，青海湖水系8种，柴达木水系17种。拥有经济鱼类37种。

2) 植物资源分布及储藏量状况

青藏高原植被的纬向分布不同于全国的带谱，具有高寒地带性特点，但是这种地带性又叠加垂直带谱的影响，成为水平-垂直式的分布（表3-1）。青海省作为青藏高原重要的组成部分，全省维管束植物113科、600属、3023种，藻类1科、1属、2种，真菌类32科、77属、162种。约占全国种子植物种数（24500）的11%，其中有200个种以上的科仅有菊科和禾本科2科，有100～200个种的科有毛茛科、蔷薇科和豆科3科，有50～100个种的科有藜科、十字花科、虎耳草科、伞形科、龙胆科、唇形科、玄参科、莎草科和百合科等。在种子植物中，木本植物约550种，隶属于54科130属。涉及药用、纤维、淀粉、糖类、油料、化工原料、香油蜜源、野果野菜、观赏花卉等植物种类。

表 3-1　青海省海拔、土壤、植被及药材分布

土壤	海拔/m	植被	地区	药材
高山寒漠土	4000~5000	岩生地衣及矮小的垫状植物	青南高原、祁连山地	水母雪莲、多种凤毛菊、红景天、紫菫、虎耳草、雪鸡、大黄、雪豹、熊胆等
高山漠土	4100~4700	荒漠，垫状	柴达木盆地西南部	红景天、高山龙胆、点地梅、麻黄、雪莲、雪灵芝等
高山草甸土	3400~4700	高山草甸及高山灌丛	玉树、果洛、海北等州	冬虫夏草、秦艽、贝母、羌活、湿生扁蕾、藏茵陈、黄芪、党参、杜鹃、鹿茸、麝香等
高山草原土	4300~5200	高寒草原	玉树、果洛、海北等州	柴胡、秦艽、狼毒、羌活、沙参、棘豆、麻黄、铁棒锤、忍冬等
山地草甸土	2800~4000	亚高山草甸和灌丛	东部农业区脑山、青南高原东南部	秦艽、羌活、金露梅、杜鹃、黄芪、湿生扁蕾
灰褐土	2200~4500	森林	青南高原东南部、祁连山东段	鹿茸、麝香、熊胆、黄芪、金露梅、唐古特瑞香
黑钙土	2600~3300	人工植被、草甸草原	东部农业区及脑山地区	播娘蒿、车前草、唐古特山莨菪
栗钙土	2300~3300	半干旱草原	东部农业区的川水、浅山，以及脑山地区	黑柴胡、细叶百合、远志、狼毒、棘豆、甘草、麻黄、秦艽、黄芪
灰钙土	1650~2300	荒漠草原	河湟流域东部河谷丘陵区	甘草、花椒、款冬花、益母草、草红花、白蒿
棕钙土	3300~3500	草原荒漠	柴达木盆地东缘、共和盆地西部、茶卡盆地	驼绒藜、柽柳、白刺、麻黄、红砂
灌淤土	2000~2400	农作物	河湟流域低阶地	花椒、核桃、枸杞等
灰棕漠土	2800~3900	旱生、超旱生的灌木和小灌木	柴达木盆地中西部	锁阳、罗布麻、青盐、石膏
盐土	2700~3300	盐生	柴达木盆地、共和盆地	枸杞、罗布麻、白刺
沼泽土	2600~4000	湿生、沼生、水生	青南高原、祁连山中部	狼牙莱、花锚、水麦冬、杉叶藻
潮土	2060~2200	农作物	黄河北岸河漫滩和山前洼地等地下水较高地区	黑刺、青杨等
草甸土	2600~3200	草甸	河流两岸低阶地河漫滩、湖滨	黑果枸杞、罗布麻、柽柳、白刺
风沙土	2800~3300	沙生	柴达木盆地中西部、青海湖东部、北部及海南州局部地区	沙蒿、冷蒿、棘豆、沙棘

作为国家道地中药材的重要产地之一，青海省发展道地中药材产业不仅具有得天独厚的自然环境和资源条件优势，而且具有悠久的历史和一定的产业基础。在中藏药经典《晶珠本草》（帝玛尔·丹增彭措，2012）记载的2294种中藏药资源中，青海省的中藏药材有1294种，占比达56.5%，其中植物药1087种，动物药150种，矿物药57种，有198个品种是国家和青海确定的重点品种。目前确定的青海省具有的药用植

物1461种，其中有198个品种是国家和省内确定的重点品种，列入《中华人民共和国药典》的药材品种共有188种。现确定的青海省具有的药用植物中真菌植物门6科10属15种，地衣植物门2科2属2种，苔藓植物门4科4属4种，蕨类植物门7科11属18种，裸子植物门5科6属26种，被子植物门90科424属1396种。被子植物门中双子叶植物纲75科368属1258种，单子叶植物纲15科56属138种。在全国普查的363个重点药物品种中青海省共有151种，其中植物类药131种，蕴藏量1.03亿kg，动物类药11种，蕴藏量5.9万kg，矿物类药9种，蕴藏量236亿kg。道地药材23种、地产药材41种、地产中藏药材40种。其中冬虫夏草、枸杞、川贝母、红景天等著名中藏药材是青海省发展特色中藏药产业的基础和条件。另外，全国中药资源普查领导小组办公室指定9个青海省须普查的专项品种，即大黄、冬虫夏草、麝香、鹿茸、甘草、甘松、羌活、龙骨、贝母。青海省根据实际情况增定47个重点普查品种，分别是藏茵陈、湿生扁蕾、花锚、杜鹃、唐古特山莨菪、唐古特瑞香、牛属蒿、沙棘、雪莲、黄棘皮、麻黄根、车前草、车前子、败酱草、牵牛子、莱菔子、芥子、地骨皮、白茅根、蒲公英、大蓟、小蓟、青蒿、刺蒺藜、大麻仁等（表3-1）。目前，全省中药材种植和野生抚育面积近300万亩。表3-2列出青海省中藏药材主要分布区系。可以看出，青海省中藏药资源的分布呈现出规律性的地区差异，即从青海省的西北部逐渐向东北部和南部递增。这是由于青海省的东北部和南部地区海拔相对较低、降水量大、气候温暖湿润、人口密度大，所以植物生长茂盛，相应的药用植物资源较多、品种较丰富；而西北部地区海拔高、降水量少、干燥多风、寒冷缺氧、人口密度小，中藏药资源贫乏、品种少而单调。

表3-2　青海中藏药材的分布区系

区系名称	东北部药材区	青南高原药材区	柴达木盆地药材区
分布区域	青海省东北部 大通河、湟水河 黄河流域	青海省南部高原藏区 果洛、玉树	青海省西北部 柴达木盆地区域
种类	品种约1200种 药用植物资源较多	品种约450~600种 动植物资源较丰富	品种约250种 种类较贫乏

3.2.3　药用动植物资源产业状况

1. 药用资源开发现状

青海省医药工业是在20世纪60年代初、中期建立起来的。经过40年的发展，特别是"八五"时期的快速发展，医药工业已具一定规模，形成一个以生产化学原料药、各类制剂、天然药物、生化药品、中成药、中药饮片、卫生材料、医疗器械等门类较为齐全的医药工业体系和以西宁、海北、海南为基地的生产布局。目前，青海省特色生物资源与中藏药产业集群拥有规模以上企业41家，占高新区内规模以上企业总数的70%；拥有高新技术企业27家、科技型企业32家。青海省作为中藏药产业大省，随着藏医药的不断发展和省政府在政策、资金、人才、对外宣传等方面的大力支持，到"十三五"期间青海省中藏药企业从17家增长到了25家，年产值为37亿元左右，年增长速度在30%以上，年生产成药约为2000t。25家中藏药企业中中藏药生产企业占16家，比80年代初期产值翻了3倍。其中中藏药生产企业7家、化学药生产企业1家（青海制药厂）、药材生产企业1家（青海明胶厂），5家企业已经完成世界卫生组织规定的良好生产规范（Good Manufacturing Practice of Medical Products，GMP）认证。现拥有国家驰名商标8个、单品销售过亿元的产品4种；降糖新药"梓醇片"获得国家中药一类新药药物临床试验批件；建成中藏药新药开发企业国家重点实验室和国家藏医药产业技术创新服务平台；研发出"安儿宁颗粒""如意珍宝丸"等十余种中藏药新产品。截至2017年，已初步形成以西宁市为核心的藏医药产业集群，其中经济开发区的生物科技产业园已成功获批为国家高新技术产业开发区。截至2017年底，集群实现产值124.8亿元，其中23家企业工业产值过亿元，已成为青海省规模最大的以高原特色动植物资源为依托的保健品生产基地、中藏药生产基地和绿色食品生产基地。生物科技产业园区内的青海晶珠藏药高新技术产业股份有限公司、金诃藏药股份有限公司、青海久美藏药药业有限公司等为代表的藏医药领军企业已成为青海本土乃至西北的特色医药品牌企业。这些企业的一大批产品已走向全国，远销海外。其中，金诃藏药股份有限公司作为青海藏医药行业的龙头和支柱，是一家集中藏药研发、生产、营销于一体的藏医药企业，具备丸剂、胶囊剂、片剂、散剂、洗剂、膏剂、栓剂、颗粒8个剂型68个国药准字号中藏药产品的规模化生产能力，其药品已覆盖全国3000多家医院，该公司的"安儿宁颗粒"和"如意珍宝丸"已成为单品销售达亿元级别的重点品种。青海晶珠藏药高新技术产业股份有限公司作为国内知名中藏药企业，拥有200多种新型药品、15种独家专利医药产品、14个品种已进入国家医保目录和国家基本用药目录，其生产基地配有现代化的世界卫生组织规定的良好生产规范（GMP）生产车间，在生产工艺上广泛采用计算机中心控制、远红外线烘干等国际工艺，从生产到质量检验、软硬件设施等均已达到国内先进水平，现已开发出11个剂型的现代中藏药，成为现代中藏药的典范企业。

目前青海有708个国家药品生产批准文号，其中中藏药品种有435个，占62%。青海中藏药药品的销售已形成一定规模。全省药品批发企业78家，药品零售企业450家，其中129家联合起来办起10家连锁店，占零售药业的28.7%。另有不少中藏药企业的产品直接销往国外，也有的厂家药品全部销往省外，中藏药的市场前景十分乐观。青海省内中藏药产品涉及风湿类、胃肠类、肝胆类、呼吸类等多个系统。企业生产的产品大多剂型单一，在抽样调查注册的400种中藏药产品中，产品的剂型主要以丸剂、片剂、胶囊为主，注射液及其他剂型（口服液、颗粒剂、散剂等）所占比重较小，分别占比为30%、26%、18%、10%和16%，难以满足现在市场上消费者的多种需求及藏医药事业发展的实际需要。

21世纪初，青海中藏药材年需求量一般在2000～2500t，实际年收购量不足1000t，部分珍贵中藏药材因产量不足只能从省外或国外进口。青海省开展了特色生物资源普查，基本掌握资源的种类、分布、生物学特性和储量。在适宜的种植区域，建设规范化种植基地，不断优化种植技术，已形成适宜于青藏高原气候条件的种植技术规范，并开展生物资源的人工种养及推广示范工作。目前已成功栽培川贝母、暗紫贝母、藏茵陈、唐古特大黄、红景天、沙棘、枸杞等30余种。资料表明，2002年青海省耕地或退耕还林（草）地区改种中药材414.6hm^2，年增长94.6%，种植范围已从最初的东部农业区扩大到全省6个自治州，种植和野生抚育面积近300万亩，其中大黄和红黄芪的种植面积超过万亩，中藏药材生产基地初步建立。近几年来，青海省逐步建立规范化的中藏药种植基地，不断优化种植技术，种植面积达4000hm^2，已签订销售合同3189hm^2，订单种植比重达76.9%。同时，药材资源开发取得长足进步，正式注册的藏成药品种有290种。虽然青海省中藏药材种植逐渐发展起来，广大农牧民种植中藏药材有所收益，但青海省的中藏药种植业远未形成产业规模。从种植面积看，2002年青海省中藏药材的种植面积15万亩，2012年33万亩，增幅较小，且年际间波动较大，显示出农牧民种植药材的收益不理想、积极性不高，中藏药种植业发展不稳。

2. 青海省中藏药产业基地建设

1）种植基地建设

人工栽培和繁育已成为解决部分药材资源短缺问题的重要手段和主要途径，并会在今后一定时间内起主导作用。建立栽培、繁育基地应选择在原产地，这样可以保证具有相对一致的气候、土壤等环境条件，便于人工栽培、繁育植物的成活并保持良好的品质。因此，可以根据野生资源分布的特征，在相应的地区建立人工栽培、繁育基地。对于一些尚未掌握其生活习性的、又大量需要且资源供给出现明显不足的动植物种类，盲目建立繁育、栽培的基地是不可行的。应在充分研究资源地域分布规律基础上，根据资源普查的成果所划分的青海省中藏药材生产区划，即东部黄土高原野生兼家种植物药材区、青海湖环湖野生兼家种家养动植物药材区、柴达木盆地野生兼家种植物药材区、青南高原野生动植物药材区。同时，在其原生环境中，资源集中分布的区域内建立保护区。冬虫夏草自然保护区可建在玉树州，贝母自然保护区重点建在玉树州、海南州，锁阳、罗布麻自然保护区重点建在格尔木市，大黄自然保护区重点建在果洛州和玉树州，藏茵陈、麻黄、羌活自然保护区重点建在海南州，还可在海北州建立羌活保护区，花锚自然保护区重点建在黄南州，红景天自然保护区重点建在海西州，雪莲自然保护区重点建在海南州、海北州，麝香自然保护区重点建在海南州、果洛州和黄南州，黄芪自然保护区重点建在果洛州、海南州，枸杞自然保护区重点建在海西州，鹿茸自然保护区重点建在海北州和玉树州。现有人工栽培的中藏药资源物种中，约有1/3的物种可在青藏高原上进行引种栽培，具有形成巨大产业规模的潜在基础。根据青海省地道地产药材特点，结合中藏药产业发展的实际情况，以地道药材的主要产地和未来市场需求为原则，在84种地道地产药材中选择12种重点药材作为饮片开发，同时建设相应的地道药材规模化种植基地（表3-3）。

表3-3 12种地道地产药材饮片名录和基地建设规模

品种	生态环境	主要分布区	基地位置	基地面积/hm²	药材种植方式
大黄	草甸地带	各州	玉树、果洛和贵德	10000	栽培
冬虫夏草	草甸地带	大部分地区	共和、玉树、果洛、黄南和海南	—	科学采集
贝母	青藏高原	玉树、果洛等地	玉树和果洛	1333.3	栽培
秦艽	草甸地带	各州	海北、海南、黄南和果洛	3333.3	栽培
雪莲	高山、砾石带	各州	海南、海北和海西	—	科学采集
黄芪	丘陵山地	各州	共和、果洛和玉树	10000	栽培
锁阳	半干旱地区	都兰、共和、格尔木等地	格尔木和共和	1333.3	栽培
藏茵陈	山地、草原、灌丛、草甸	各州	贵德、化隆和黄南	1333.3	栽培
花锚	高山、灌丛、河滩	玉树、果洛等地	玉树和果洛	6666.7	栽培
甘松	高山草甸	黄南、果洛等地	黄南和果洛	3333.3	栽培
塞隆骨	高山草甸	玉树、果洛为主	玉树和果洛	—	—
红景天	4200~4800m山岩坡	祁连、玉树等地	祁连和玉树	6666.7	栽培

2）产品研究开发

藏医药历史悠久，源远流长，是我国传统医学的重要组成部分。经过多年的发展，目前列入《中华人民共和国药典》的藏成药有17种；列入国家卫生部部颁标准（中藏药第一册）1995年版的藏成药200种，中藏药材136种；列入青海省中藏药标准的藏成药170种，中藏药材150种。从列入《中华人民共和国药典》的17种药物分析，心脑血管疾病的药物占29.41%，消化系统疾病的药物29.41%，肝病系列药物占29.41%，风湿类疾病的药物占5.88%，妇科类（包括性病）疾病的药物占5.88%，这5类药物的总比例高达100%。肝病系列药物、消化系统疾病药物和心脑血管疾病药物的种类在《中华人民共和国药典》中占有的比例最高（表3-4）。从国家卫生部颁发标准的200种药物的功能看，心脑血管疾病的药物占4.50%，消化系统疾病的药物占30.00%，肝病系列药物占12.50%，风湿类疾病的药物占3.50%，妇科类（包括性病）疾病的药物占8.00%，这5类药物占的总比例高达58.50%（表3-4）。列入部颁和省颁标准的中藏药是符合现代医药学规范和质量的药物品种，具有生产和销售许可证。特别是列入《中华人民共和国药典》的中藏药更具有规范性。因此,在现有的列入《中华人民共和国药典》或符合部颁和省颁标准的药物品种基础上开发研制新的药物品种无疑是一种捷径。

表3-4 治疗5类疾病的主要中藏药在《中华人民共和国药典》和部颁中藏药中的比例

疾病	部颁数量/种	部颁百分比/%	药典数量/种	药典百分比/%	总数量/种	部颁药典总百分比/%
心脑血管疾病	9	4.50	5	29.41	14	6.45
消化系统疾病	60	30.00	5	29.41	65	29.95
肝病系列疾病	25	12.50	5	29.41	30	13.82
风湿类疾病	7	3.50	1	5.88	8	3.69
妇科类(包括性病)疾病	16	8.00	1	5.88	17	7.83
总计	117	58.50	17	100.00	134	61.75

注:在部颁和省颁中藏药的统计中,一些中藏药品种有1种以上的功能;表中个别数据因修约存在误差。

中藏药所具有的上述5类治疗优势的病种,正是当前人类所面临严重威胁的主要疾病。以肝炎为例,甲型、乙型、丙型、丁型、戊型及混合型的各类肝炎的发病率都很高。全世界乙肝病毒(HBV)携带者有2亿多人,其中我国有1亿多人。乙肝发病率高、病程长、易转为慢性肝炎,因此,乙肝与肝癌的发生有密切的相关性。在我国西北地区,肝炎病毒携带者35%以上,肝炎的发病率15%以上,各类肝炎的发病率大大高于全国平均值。因此,中藏药所具备的独特的功能优势与人类健康和疾病危害密切相关,符合主体患者人群对5大类疾病的治疗需求,具有明确的针对性和实用性。

青海省中藏药工业在近70年的发展过程中,规模渐大、技术越来越成熟,中藏药生产企业形成健全的生产体系。药材的采购、筛选、清洗、粉碎、炮制、提取、浓缩、喷雾、干燥等前处理工序和片剂、胶囊等制剂生产线与包装流水线均已达国内先进水平。青海省中藏药产业发展至今,有成药500余种,专利产业150多种,资产总量达30亿元。2013年以来,青海省中藏药材进入快速发展期,平均每年增长约4亿元(图3-2)。

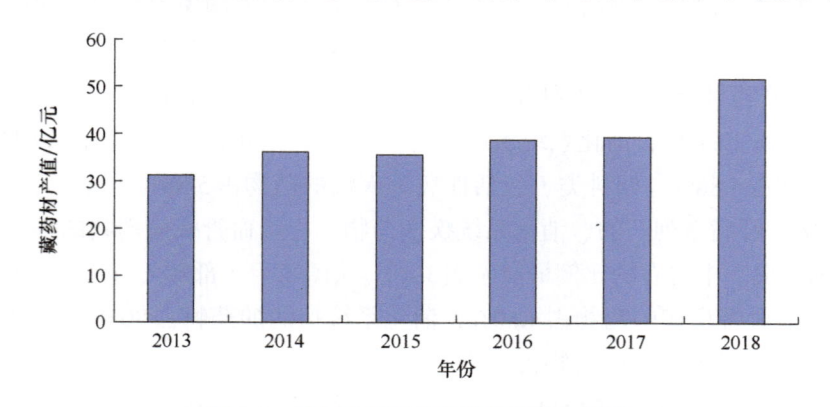

图3-2 近年来青海省中藏药材产出情况
数据来源:青海省统计局(以下图表数据若无特殊说明,均来自青海省统计年鉴)

3. 其他省区药用动植物资源开发的比较

1）云南省药用动植物资源开发情况

2018年，云南省医药工业总产值536.9亿元，同比增长15.46%；医药工业利润64.16亿元，同比增长2.85%。2019年，云南省立足省内药物资源优势，重点发展中药（民族药）产业，大力推进三七、灯盏花、滇重楼、石斛、天麻等中药材规模化种植，建设优质原料基地，引导建立中药材追溯平台体系。支持民族药、生物技术药、新型制剂、高端医疗器械等研发创新，以打造知名企业和知名品牌、引进大企业和大集团为重点。经2013年以来，平均每年加工中成药5.46万t，平均增长率8.43%（图3-3）。过几年发展，已经将云南省建设成为特色鲜明的生物医药和大健康产品研发生产基地。

图3-3　云南省中成药加工情况

云南省中药材种植养殖行业协会搭建的"云药质量追溯平台"已实现对中药材生产全过程关键质量节点的把控，建立了"来源可知、去向可知、质量可查、责任可究"的中药材流通体系，免费为会员搭建追溯体系28家，发展中药材品种15个，涉及的中药材种植面积达5万余亩。2018年，云南省的药材和食用菌种植已扩展到所有地州市（表3-5），中药材产量达40.77万t，食用菌产量达8.98万t。其中，中药材及中成药类产值达到86.05亿元。

表3-5　云南省药材和食用菌种植情况（2018年）　　　　（单位：万t）

州市	药材	食用菌	州市	药材	食用菌
昆明	2.31	0.41	楚雄	2.21	0.63
曲靖	10.57	3.78	红河	3.82	0.23
玉溪	1.76	0.07	文山	1.59	1.32
保山	1.26	0.31	西双版纳	0.40	0.62
昭通	1.88	0.14	大理	2.42	0.32

续表

州市	药材	食用菌	州市	药材	食用菌
丽江	3.93	0.02	怒江	0.42	0.02
普洱	1.44	0.21	迪庆	3.93	0.04
临沧	0.83	0.18	合计	40.66	8.98
德宏	1.89	0.68			

近年来，云南省先后制订天麻的地方标准和国家标准，为天麻产业的发展打下基础。继昆明理工大学牵头制定的ISO 22212: 2019《中医药—天麻药材》国际标准被国际标准化组织（International Organization for Standardization，ISO）正式发布后，昆明龙津药业股份有限公司的灯盏花素，以及云南盘龙云海药业有限公司的三七总皂苷也相继通过美国食品药品监督管理局（Food and Drug Administration，FDA）食品添加剂的安全性指标（Generally Recognized as Safe，GRAS）认证。2018年，云南医药产业快速发展。创新药13价肺炎球菌多糖结合疫苗完成技术审评，进入绿色通道；60个药品批准文号开展仿制药质量和疗效一致性评价工作；4个品种5个文号完成研究申报；阿法骨化醇胶囊被认定为国内参比制剂；修订中药材标准、中药饮片炮制规范30个，进一步完善标准体系。云南省工信厅遴选5家中药配方颗粒企业和2家破壁饮片企业开展试点研究工作，出台《云南省医疗机构应用传统工艺配制中药（民族药）制剂备案实施细则》，助力生物医药产业发展。

2）甘肃省药用动植物资源开发情况

甘肃省是中药材的主要产地之一，素有"千年药乡""天然药库"之称。甘肃省也是中国首个"国家中医药综合改革试点示范省区"的省份。近年来，甘肃省把中医药产业列为全省十大生态产业，给予高度重视。甘肃省从夯实产业，加快改革步伐入手，相继出台了《甘肃省加快发展中药材产业扶持办法》《关于加快陇药产业发展的意见》《国务院关于扶持和促进中医药事业发展的若干意见》《甘肃省"十三五"陇药产业发展规划》和《关于支持陇药产业发展政策措施的通知》，出台支持中医药产业发展的10条措施，制定《关于构建生态产业体系推动绿色发展崛起的决定》和《甘肃省中医中药产业发展专项行动计划》等一系列政策性文件。这些政策的出台，极大地促进道地中药材从种植向产业化方向发展，使之提质增效。近两年来建立完善中医药工作联席会议制度，出台一系列政策，对全省中医药产业发展起到积极促进作用。在产业种植方面，2018年全省中药材种植面积达到460万亩，产量超过120万t，面积和产量均居全国第一。2019年中药材种植面积保持在460万亩，其中标准化种植面积达到了180万亩，与2018年相比增加30万亩（表3-6）。

表3-6　甘肃省中药材产量及种植面积

年份	中药材产量/万t	增产/%	中药材种植面积/万hm²	面积增加/%
2014	108.20	8.89	26.87	1.29
2015	115.45	6.70	29.05	2.18
2016	123.26	6.80	30.10	1.06
2017	101.70	9.70	23.40	0.70
2018	113.20	11.10	27.10	3.70

甘肃省专门将当归、党参、黄芪这三个品种纳入到中药材省级保险补贴的范围，按照不同的品种，种植一亩药材有相应的保险补贴，使得全省补贴面积规模达到85万亩。在加工方面，甘肃省持续壮大精深加工企业规模，新增规模以上中医药生产企业19家，累计达到90家。建成中医药产业创新研发孵化园区6个，入驻企业146家，支持3家中医药企业研发中药配方颗粒，改进提升10个二次开发品种的工艺技术和质量标准，中医药精深加工企业核心竞争力整体提升。

3）加工业催生中医药产业园区建设

近年来，甘肃省立足中医药资源优势，在中药材种植加工、中医药研究开发、产业园区建设以及健康养生、健康旅游等方面同步发力。"互联网＋中药材"新业态也快速成长，线上中药材批发零售企业超100家，线上线下的交易体系、便捷可溯的物流通道、智慧化的仓储体系，助推"陇药"品牌走向全国。凭借优质中药材资源和大规模中药材交易，甘肃中医药产业初步形成以定西为核心，辐射带动陇南、河西等地区的中药原料生产基地，建成陇西、渭源、兰州新区等多个中医药产业园区。2017年甘肃获批建设全国首个国家级中医药产业发展综合试验区，中国（甘肃）中医药博览会逐渐成为中医药综合展示、交流合作的国际国内开放平台。目前千吨以上中药材仓储企业有25家，通过世界卫生组织规定的良好生产规范（GMP）认证中药材饮片加工企业104家。2019年全省规模以上中医药企业完成增加值47.8亿元，主营业务收入增长15.7%，实现利润总额增长43%，上缴税金增长24.2%。

4）品牌效应显现，制造企业效益提高

目前，甘肃省有8处中药材种植基地获得国家中药材生产质量管理规范（Good Agricultural Practice of Medicinal Plants and Animals，GAP）的认定，有7个基地通过农业农村部无公害基地认定。岷县、陇西县、渭源县、西和县和民乐县5个县，分别被农业农村部授予中国当归之乡、中国黄芪之乡、中国党参之乡、中国半夏之乡和中国板蓝根之乡。岷县当归、宕昌当归、渭源白条党参、陇西黄芪、陇西白条党参、礼县铨水大黄、西和半夏、文县纹党、华亭独活、华亭大黄、民勤甘草、武都红芪、米仓红芪、瓜州枸杞、靖远枸杞等18个道地中药材品种获得国家原产地标志认证。"岷县当归"被国家市场监督管理总局认定为中国驰名商标，岷县当归全国出口农产品质量安全示范区已通过国家进出口检验检疫局验收。通过品牌建设扩大陇药知名度,初步树立一批陇药"甘味"品牌。

4. 药用动植物资源产业化发展中存在的问题

1)中藏药种植成本较高

中藏药种子价格高于一般农作物水平,而且在后期田间管理中人工投入较多。虽然青海省中藏药资源丰富,但是野生中藏药材资源的天然储量及再生能力有限,随着近年来青海省中藏药产业的迅速发展,中藏药生产企业对中藏药资源的需求也越来越大。根据调研得知,由于种植成本过高,除青海晶珠藏药高新技术产业股份有限公司、青海久美藏药药业有限公司等大型中藏药企业设有中藏药种植基地外,其他多数中藏药企业没有建立自己专属的中藏药材种植基地。中藏药药材来源主要从当地的药材市场和农牧民手中收购。而大部分农牧民缺乏对中藏药自然资源的保护意识,只是在经济利益的驱使下,单纯地向大自然无度地索取以换取高额报酬。面对与日俱增的中藏药资源的需求,趋利式的破坏性开发虽然可以短暂地满足中藏药生产企业的需求,但是却会破坏中藏药资源的道地性,牺牲中藏药资源的自然生长环境,进而失去中藏药材的可持续再生能力。例如,有"软黄金"之称的冬虫夏草以及对化痰止咳有独到疗效的川贝母等名贵药材,因其药用价值高、需求量大,农牧民大量地采挖致使野生资源急剧下降,而野生资源的短缺在很大程度上会带动开发成本的增加,所以中藏药的价格也随之上涨。而价格的上涨又会进一步刺激农牧民掠夺式的开采,导致这些名贵的中藏药材日趋稀少,处于濒危状态。如此恶性循环连一些常用的中藏药材也未能幸免,中藏药资源的后续保障能力也大为削弱,部分企业不得不从尼泊尔、印度等国家进口来满足市场需求。

2)缺乏系统的科学技术指导

绝大多数农牧民基本不掌握中藏药材栽培管理、生长发育规律、病虫害防治、良种选育等方面的知识,而目前青海省的有关中藏药资源的人工种植、培育及相关技术仍然处于试验阶段,在缺乏系统的科学技术指导的情况下,农牧民不愿意冒险投资种植。

3)收购价格不稳定

中药材种植采收、加工生产、产销贮存、市场流通过程、终端配方、用药消费等各个环节相互脱节及时空的阻隔或不同步,造成中药材市场价格忽高忽低,供货量时多时少,产销及市场极不稳定。

4)生长周期长

青藏高原海拔高,气温低,降水量低,导致植物生长缓慢。药材是一种特殊作物,大部分药材不是一年生,生长周期较长,不能像其他农作物那样当年播种,当年收获见效低,影响种植户当年收益。

5)产销衔接不畅

中藏药种植业还没有形成产业规模,种植区域不集中,种植户不掌握需求信息;

缺乏统一的品种、栽培、管理、储藏、初加工等规范技术；没有稳定的收购场所，造成产销衔接不畅，很难保障广大种植户的根本收益。

6）中藏药产业资源分散，开发利用程度低

青海省中藏药材生产潜力很大，优势远未充分发挥。一方面，在已查明的1600多种中藏药材中，仅有7%左右分布相对集中的品种得到充分利用，90%以上资源分散的品种尚未开发。另一方面，由于长期掠夺式的开采，部分地产中藏药材品种资源蕴藏量剧减，已无法满足现有生产企业对原料的需求，迫使一些企业从省外或国外购买原料，由此将会失去地道药材的地域特性，直接影响产品质量和知名度，制约中藏药企业的持续健康发展。

7）企业间联系少，难以形成产业集聚效应

目前的西宁生物科技产业园内不少是迁入企业，这些企业综合实力虽然较强，但由于体制、机制和历史的原因，企业自我封闭明显，这些都明显影响产业集群效应的发挥和集群的形成。具体表现在：一是受企业所有制影响，企业内和企业间高端人才流动难；二是分属不同部门和企业的仪器设备、研发资料等使公用数据平台不畅通，导致信息资源阻塞，难以实现自主创新和集成创新。

8）产品结构不合理，二次开发不充分

目前青海省生产的中藏药药品，大多来源于藏医传统验方和藏医名著，执行《中华人民共和国药典》的多，自主研发的少。受中藏药生产和工艺影响，中藏药标准化、现代化升级进程缓慢，技术水平落后，结构不合理，剂型简单，生产技术基本上停留在丸剂、片剂等传统生产工艺阶段。缺乏中藏药基础研究，对药物成分、药理作用研究不透彻，影响药品的有效推广和科学应用，导致中藏药进入公费医疗目录品种少，临床应用不广。同时，非处方药品种少，患者自主选择机会不多。在435个批准生产的中藏药药号中，企业长期生产的品种130余种，真正有市场、有销路的药品只有50余种。

9）"青海中藏药"特色不突出，产品宣传和营销理念滞后

在长期宣传和推广过程中，由于缺乏对"青海中藏药"的宣传，以至于众多消费者认为中藏药就是产在西藏。在营销方面，企业普遍不重视运用现代营销手段，市场意识和品牌意识不强，营销体系管理松散，品种代理商只为得到短期暴利，肆意扩大宣传，放大产品疗效，破坏中藏药声誉，损坏企业的形象，影响中藏药生产和销售。虽然，近几年中藏药生产企业得到较大发展，有2户企业销售过亿，14户企业达到500万元以上，但总体规模仍然偏小，行业销售总额排在全国倒数第二位。

10）中藏药缺乏标准化体系

虽然目前有一些针对中藏药质量标准的研究，但仍然缺乏全面性和深入性。中藏药的配方复杂，复方用药是中藏药最大的特点，少则3~5种，多则100多种，中藏药在制作过程中炮制工艺简单，配用比例不严谨，个别差异较大，许多中藏药的化学成

分无法确定，这样就很难被国内市场和国际市场认可。由于地区差异，很多中藏药在翻译时出现同名不同种或同种不同名的情况，从而容易引起混乱。中藏药成品在成分测定中，由于对种属、品种、基原等基础工作研究的忽视，极大地影响中藏药的标准化建立。

3.2.4 药用动植物资源产业化发展的总体评价

青海省药用动植物资源品质优良，种类丰富，储藏量较大，特色鲜明，在大生态产业发展方面具有得天独厚的条件。本节对青海省药用动植物资源产业化发展进行多指标综合评价，为青海省实现生态产业化、高质量和可持续发展提供科学依据。

模糊综合评价中的具体指标一部分可以定量计算，一部分具有模糊或不确定性，难以用经典的数学方法处理。模糊数学是研究上述不确定性问题的定量处理方法，而层次分析法是用于进行定性和定量因素相结合的决策方法，所以我们将模糊数学和层次分析法相结合，用于进行青海省药用动植物资源产业化发展潜力的综合评价。权重的确立如下：

（1）递阶层次结构的建立。综合经济、社会、生态等指标构建药用动植物资源产业化发展潜力评价指标体系，建立如下递阶层次结构如图3-4。

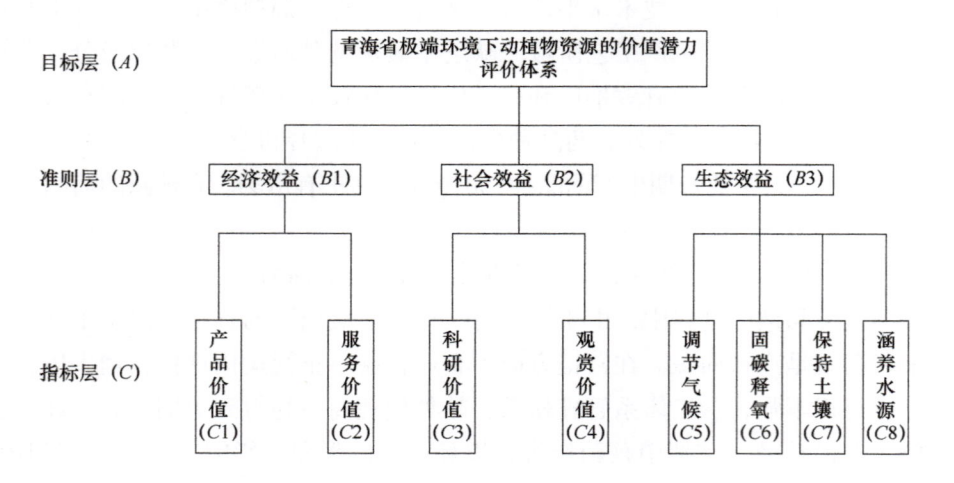

图3-4　青海省药用植物资源经济潜力综合效益评价递阶层次结构图

（2）构造两两判断矩阵

判断矩阵1：

A	$B1$	$B2$	$B3$	W
$B1$	1	6	4	0.682
$B2$	1/6	1	1/4	0.082
$B3$	1/4	4	1	0.236

判断矩阵2：

$B1$	$C1$	$C2$	W
$C1$	1	1	0.5
$C2$	1	1	0.5

判断矩阵3：

$B2$	$C3$	$C4$	W
$C3$	1	5	0.833
$C4$	1/5	1	0.167

判断矩阵4：

$B3$	$C5$	$C6$	$C7$	$C8$	W
$C5$	1	3	5	6	0.569
$C6$	1/3	1	3	3	0.243
$C7$	1/5	1/3	1	2	0.112
$C8$	1/6	1/3	1/2	1	0.075

（3）构建评价矩阵

矩阵1：

$\lambda\max 1 = 3.108$　$CI1 = 0.054$，$CR1 = 0.093 < 0.1$

矩阵1通过一致性检验。

矩阵2：

$\lambda\max 2 = 2$　$CI2 = 0$，$CR2 = 0 < 0.1$

矩阵2通过一致性检验。

矩阵3：

$\lambda\max 3 = 2$　$CI3 = 0$，$CR3 = 0 < 0.1$

矩阵3通过一致性检验。

矩阵4：

λmax4＝4.097　　CI4＝0.026，CR4＝0.029＜0.1

矩阵4通过一致性检验。

总体一致性检验

通过总体一致性检验。

（4）子准则层的总排序

指标	C1	C2	C3	C4	C5	C6	C7	C8
权值	0.341	0.341	0.068	0.014	0.135	0.058	0.026	0.018

（5）评价计算及结果分析。根据前面的分析与专家调查结果给出单因素评价集如表3-7。

表3-7　单因素评价集表

指标	极好	好	较好	一般	较差	差	很差
C1	0.2	0.2	0.6	0	0	0	0
C2	0.2	0.6	0.2	0	0	0	0
C3	0.2	0.4	0.4	0	0	0	0
C4	0.8	0.2	0	0	0	0	0
C5	0.4	0.6	0	0	0	0	0
C6	0.2	0.2	0.4	0.2	0	0	0
C7	0	0	0.8	0.2	0	0	0
C8	0	0	0.6	0.4	0	0	0

根据上述评价集作模糊评价矩阵：

$$R = \begin{vmatrix} R1 \\ R2 \\ \vdots \\ R8 \end{vmatrix} = \begin{vmatrix} 0.2 & 0.2 & 0.6 & 0 & 0 & 0 & 0 \\ 0.2 & 0.6 & 0.2 & 0 & 0 & 0 & 0 \\ 0.2 & 0.4 & 0.4 & 0 & 0 & 0 & 0 \\ 0.8 & 0.2 & 0 & 0 & 0 & 0 & 0 \\ 0.4 & 0.6 & 0 & 0 & 0 & 0 & 0 \\ 0.2 & 0.2 & 0.4 & 0.2 & 0 & 0 & 0 \\ 0 & 0 & 0.8 & 0.2 & 0 & 0 & 0 \\ 0 & 0 & 0.6 & 0.4 & 0 & 0 & 0 \end{vmatrix}$$

A＝(a1, a2, …, a8)(0.341, 0.341, 0.068, 0.041, 0.135, 0.058, 0.026, 0.018)

模糊综合评价B＝AOR

为保证R阵信息的充分利用，且保证A是有权向量性质，这里选用$M(\cdot, \oplus)$算子（即"O"算子为"乘"和"有界加"），进行模糊综合评价，得结果向量：

$B=(0.25, 0.39, 0.37, 0.02, 0, 0, 0)$

因为评价结果向量 B 中各元素均不大，较大的为0.39，较离散，故不宜用最大隶属度原则直接对结果作判断，现进行换算。

令 $D=(3, 2, 1, 0, -1, -2, -3)=$（极好，好，较好，一般，较差，差，很差），作向量积 $C=B \cdot D^T=1.88$。

评价结果介于"好"与"较好"之间，接近"好"。所以，青海省药用动植物资源经济潜力的最终评价结果为"好"。

通过对青海省药用动植物资源产业化发展进行多指标综合评价，评价结果表明，青海省药用植物资源开发在整个民族药业发展中具有举足轻重的作用，长远来看，在新一轮西部大开发战略下，青海省要特别重视药用动植物资源的开发，充分发挥品质优良、种类丰富、储藏量大、特色鲜明的优势，形成生态产业化和产业生态化发展的青海模式。

3.3 青海省药用动植物资源可利用价值评估

在新发展理念下，药用动植物资源产业发展应遵循"生态优先、有限目标、突出重点、发挥优势、集中发展"的方针，围绕优势资源开发、产业结构调整、生态环境保护与建设，以培育新兴产业、壮大支柱产业、推动传统产业的优化升级为主要目的，加快机制创新和资源整合，争取在中藏药、高原生物资源开发与保护、现代种植业等产业领域取得重大突破，构筑具有鲜明地域优势和高原特色的药用动植物资源产业结构，不断提高极端环境药用动植物资源产业规模和综合竞争力。

3.3.1 极端环境下药用动植物资源可利用价值综合评价指标体系

各指标系数的计算如下：

（1）名录现状系数（$C_名$）。表示目前该野生药用植物被《中国物种红色名录（第一卷 红色名录）》（汪松和解炎，2004）和《青海省重点保护野生植物名录》收录的程度。

公式为：$C_名=X_名/3$，式中 $X_名$ 为某药用植物资源被收录的实际得分，"3"为最高设置分值。3分：被国家收录为保护植物；2分：被青海省收录为保护植物；1分：未被收录为保护植物。

（2）蕴藏系数（$C_蕴$）。表示野生药用植物蕴藏量的评价指标。

公式为：$C_蕴=X_蕴/5$，式中 $X_蕴$ 为某药用植物资源在蕴藏量中的实际得分，"5"为蕴藏量中最高设置分值。5分：野生资源数量稀少（全省蕴藏总量低于5t）；4分：野生资源数量少（全省蕴藏总量在5～10t）；3分：野生资源数量较少（全省蕴藏总量在

10~20t）；2分：野生资源数量较多（全省蕴藏总量在20~30t）；1分：野生资源数量多（全省蕴藏总量在30t以上）。

（3）濒危系数（$C_濒$）。表示野生药用植物受威胁程度。

公式为：$C_濒 = X_濒/4$，式中$X_濒$为某药用植物资源濒危程度的实际得分，"4"为濒危程度中最高设置分值。4分：濒危种；3分：渐危种；2分：稀有种；1分：安全种。

（4）遗传价值系数（$C_遗$）。表示对动植物潜在遗传价值的定量评价。

主要考虑种型情况、特有情况及古老孑遗情况指标。公式为：$C_遗 = X_遗/12$，式中$X_遗$为某药用植物资源在遗传价值评估中的实际累积得分，"12"为最高设置分值。遗传价值评估包括：①种型情况：根据珍稀种所在科的种的数量来评分（不包括变种及其以下单位）。"5"为种型情况的最高设置分值，其中：5分：单型种科（所在科仅有1属1种）；4分：少型科种（所在科含2~3种）；3分：单型属种（所在属仅含1种）；2分：少型属种（所在属含2~3种）；1分：多型属种（所在属含4种以上）。②特有情况：根据特有种的特有分布程度而评分。"5"为特有情况的最高设置分值，其中5分：区特有；4分：省特有；3分：区域特有（2~4省连续分布）；2分：中国特有；1分：非中国特有。③古老孑遗情况：根据种的发生地质年代而评。"2"为古老孑遗情况的最高设置分值，其中2分：第三纪孑遗植物（如大黄、冬虫夏草、甘草等）；1分：非第三纪孑遗植物（第三纪以后出现的植物如雪莲、黄棘皮、麻黄根等）。

（5）利用价值系数（$C_利$）。表示野生药用植物被利用的情况及药用价值的大小。

公式为：$C_利 = X_利/3$，式中$X_利$为某药用植物资源利用评估中的实际得分，"3"为最高设置分值。3分：传统的重要中药；2分：《中华人民共和国药典》收录种；1分：民间草药。

（6）保护现状系数（$C_保$）。表示目前人类对受威胁野生药用植物资源进行保护的程度。

公式为：$C_保 = X_保/3$，式中$X_保$为某药用植物资源保护现状评估中的实际得分，"3"为最高设置分值。3分：未行保护；2分：已行保护；1分：保护成功。

（7）繁殖难易系数（$C_繁$）。表示珍稀濒危野生药用植物迁地保护繁殖的难易程度。

公式为：$C_繁 = X_繁/3$，式中$X_繁$为某药用植物资源繁殖的难易程度评估中的实际得分，"3"为最高设置分值。3分：难繁殖（主要指播种繁殖难，发芽率不超过50%。其中扦插、嫁接繁殖很难成活，但不亲和）；2分：繁殖难度中等（发芽率一般低于80%，扦插、嫁接难度中等）；1分：各种繁殖方法都较容易，成活率高。

（8）加工成本系数（$C_成$）。表示野生药用植物被利用的成本的大小。

公式为：$C_成 = X_成/3$，式中$X_成$为某药用植物资源利用成本评估中的实际得分，"3"为最高设置分值。3分：成本高；2分：成本中；1分：成本低。

以上八项指标体系可根据研究实际情况设立二级指标，亦可以进行修正和完善，力争使评价结论科学可靠。

通过专家论证得出以上各指标的权重分别为名录系数为10%，蕴藏系数为10%，濒危系数为20%，遗传价值系数为15%，利用价值系数为15%，保护现状系数为10%，繁殖难易系数为10%，成本系数10%。

依据可持续利用系数（V值）的大小确定需要保护，$V \geq 0.7$；有限开发，$0.7 > V \geq 0.6$；重点开发，$V < 0.6$。通过计算建立药用植物的保护和开发数据库，建立青海省极端环境药用植物动态管理系统。及时掌握每一个物种的变化。确定出受威胁物种的优先保护序列和有效开发模式，有效地保护好极端环境中的药用植物资源。

3.3.2 极端环境下药用动植物资源价值综合评价结果

本研究的评价体系是从考虑到保护药用动植物居群和基因型的角度出发，在吸收其他学者定量评价方法的基础上，增加蕴藏量等系数的评价，扩大评分信息量，调整各系数之间的权重比例，提高评价的准确性，增加在实际工作中的可操作性。

本研究起止日期为2019年11月至2020年11月，结合中国植物图像库和《青海经济植物志》（郭本兆，1987）、《青海经济动物志》（李德浩，1989）、《青海药用植物图谱》（周青平，2014；周青平，2015）和《中国中藏药材大全》（大丹增，2016）等资料，根据每个市、县的生态条件、植被特征及其自然环境等情况，采用典型选样，分别设置6～10个面积为10hm^{2}的样地，总计35个样地，每个样地选3～5个以上样方，进行了详细调查。同时还采访100多位当地有经验的药农和药材收购员，最后综合各方面的调查结果，重点对133种典型中藏药材进行评价，结果见表3-8。

表3-8 青海省极端环境下药用动植物资源价值综合评价结果

物种	名录系数	蕴藏系数	濒危系数	遗传价值系数	利用价值系数	保护现状系数	繁殖难易系数	加工成本系数	评价结果
手掌参	1	1	1	0.63	0.25	0.67	1	0.7805	急需保护
麻黄	1	1	1	0.52	0.25	0.67	1	0.7585	急需保护
雪莲	1	1	1	0.63	0.25	0.67	0.75	0.7555	急需保护
蕨麻	1	1	1	0.63	0.25	0.67	0.75	0.7555	急需保护
红景天	1	1	1	0.63	0.25	0.67	0.75	0.7555	急需保护
白芍	1	1	1	0.63	0.25	0.67	0.75	0.7555	急需保护
雪莲	1	1	1	0.52	0.33	0.67	0.75	0.7455	急需保护
麻黄	1	1	1	0.52	0.33	0.67	0.75	0.7455	急需保护
达乌里龙胆	1	1	1	0.52	0.33	0.67	0.75	0.7455	急需保护
射干	1	1	1	0.52	0.25	0.67	0.75	0.7335	急需保护
羌活	1	1	1	0.52	0.25	0.67	0.75	0.7335	急需保护

续表

物种	名录系数	蕴藏系数	濒危系数	遗传价值系数	利用价值系数	保护现状系数	繁殖难易系数	加工成本系数	评价结果
冬虫夏草	1	0.8	1	0.43	0.25	0.67	1	0.7205	急需保护
秦艽	1	1	1	0.43	0.25	0.67	0.75	0.7155	急需保护
冬青	1	1	1	0.43	0.25	0.67	0.75	0.7155	急需保护
党参	1	1	1	0.43	0.25	0.67	0.75	0.7155	急需保护
板蓝根	1	1	1	0.43	0.25	0.67	0.75	0.7155	急需保护
黄芪	1	1	1	0.43	0.23	0.67	0.75	0.7125	急需保护
藏茵陈	1	1	0.75	0.52	0.33	0.67	1	0.708	急需保护
露蜂房	1	1	0.67	0.57	0.37	0.67	1	0.704	急需保护
蟾酥	1	1	0.67	0.57	0.37	0.67	1	0.704	急需保护
唐古特山莨菪	0.67	1	1	0.33	0.62	0.67	0.58	0.701	急需保护
茶绒	0.67	1	1	0.33	0.62	0.67	0.58	0.701	急需保护
柴胡	1	0.75	0.75	0.63	0.25	0.67	1	0.693	需要保护
大黄	1	1	0.8	0.43	0.25	0.67	1	0.6905	需要保护
锁阳	1	1	0.75	0.52	0.33	0.67	0.75	0.683	需要保护
羌活	1	1	0.75	0.52	0.33	0.67	0.75	0.683	需要保护
列当	1	1	0.75	0.52	0.33	0.67	0.75	0.683	需要保护
贝母	1	1	0.75	0.52	0.33	0.67	0.75	0.683	需要保护
枸杞子	1	0.25	1	0.63	0.25	0.67	0.75	0.6805	需要保护
麝香	1	1	0.75	0.57	0.37	0.67	0.45	0.669	需要保护
鹿茸	1	1	0.75	0.57	0.37	0.67	0.45	0.669	需要保护
当归	1	1	0.8	0.43	0.25	0.67	0.75	0.6655	需要保护
石燕	1	1	0.67	0.33	0.37	0.67	1	0.656	需要保护
石蟹	1	1	0.67	0.33	0.37	0.67	1	0.656	需要保护
全蝎	1	1	0.67	0.57	0.37	0.67	0.45	0.649	需要保护
熊掌	1	1	0.33	0.66	0.43	0.67	1	0.646	需要保护
熊骨	1	1	0.33	0.66	0.43	0.67	1	0.646	需要保护
熊胆	1	1	0.33	0.66	0.43	0.67	1	0.646	需要保护
豹骨	1	1	0.33	0.66	0.43	0.67	1	0.646	需要保护
刀豆	0.67	1	0.75	0.57	0.42	0.67	0.45	0.6435	需要保护
五灵脂	0.67	1	0.75	0.57	0.37	0.67	0.45	0.636	需要保护
鹿肾	0.33	1	0.75	0.42	0.33	0.67	1	0.621	需要保护

第3章　极端环境动植物资源潜力评估

续表

物种	名录系数	蕴藏系数	濒危系数	遗传价值系数	利用价值系数	保护现状系数	繁殖难易系数	加工成本系数	评价结果
鹿角	0.33	1	0.75	0.42	0.33	0.67	1	0.621	需要保护
鹿鞭	0.33	1	0.75	0.42	0.33	0.67	1	0.621	需要保护
湿生扁蕾	0.67	1	0.67	0.33	0.62	0.67	0.58	0.6185	需要保护
花锚	0.67	1	0.67	0.33	0.62	0.67	0.58	0.6185	需要保护
杜鹃	0.67	1	0.67	0.33	0.62	0.67	0.58	0.6185	需要保护
甘草	1	1	0.35	0.36	0.58	0.67	1	0.6135	需要保护
益母草	1	1	0.75	0.25	0.42	0.67	0.45	0.6125	需要保护
狼毒	1	1	0.75	0.25	0.42	0.67	0.45	0.6125	需要保护
北柴胡	1	1	0.75	0.25	0.42	0.67	0.45	0.6125	需要保护
香薷	0.33	1	0.75	0.57	0.42	0.67	0.45	0.6095	需要保护
马尾莲	0.33	1	0.75	0.57	0.42	0.67	0.45	0.6095	需要保护
雪莲	1	1	0.5	0.33	0.62	0.67	0.58	0.609	需要保护
禹粮石	0.67	1	0.67	0.33	0.62	0.67	0.45	0.6055	需要保护
寒水石	0.67	1	0.67	0.33	0.62	0.67	0.45	0.6055	需要保护
甘松	0.67	1	0.75	0.25	0.58	0.67	0.45	0.6035	需要保护
天门冬	0.33	1	0.75	0.57	0.37	0.67	0.45	0.602	需要保护
茺蔚子	0.33	1	0.75	0.57	0.37	0.67	0.45	0.602	需要保护
侧柏叶	0.33	1	0.75	0.57	0.37	0.67	0.45	0.602	需要保护
朱砂	1	1	0.67	0.33	0.37	0.67	0.45	0.601	需要保护
雄黄	1	1	0.67	0.33	0.37	0.67	0.45	0.601	需要保护
石膏	1	1	0.67	0.33	0.37	0.67	0.45	0.601	需要保护
炉甘石	1	1	0.67	0.33	0.37	0.67	0.45	0.601	需要保护
蒲公英	1	1	0.25	0.66	0.43	0.67	0.58	0.584	一般保护
鸡内金	1	1	0.25	0.66	0.43	0.67	0.58	0.584	一般保护
火麻仁	1	1	0.25	0.66	0.43	0.67	0.58	0.584	一般保护
地骨皮	1	1	0.25	0.66	0.43	0.67	0.58	0.584	一般保护
大蓟	1	1	0.25	0.66	0.43	0.67	0.58	0.584	一般保护
沙棘	1	1	0.35	0.52	0.33	0.67	0.75	0.583	一般保护
南沙参	0.67	1	0.35	0.36	0.58	0.67	1	0.5805	一般保护
莱菔子	0.67	1	0.25	0.66	0.62	0.67	0.58	0.5795	一般保护
瓦松	0.67	1	0.75	0.25	0.42	0.67	0.45	0.5795	一般保护

续表

物种	名录系数	蕴藏系数	濒危系数	遗传价值系数	利用价值系数	保护现状系数	繁殖难易系数	加工成本系数	评价结果
木贼	0.67	1	0.75	0.25	0.42	0.67	0.45	0.5795	一般保护
急性子	0.67	1	0.75	0.25	0.42	0.67	0.45	0.5795	一般保护
葫芦巴	0.67	1	0.75	0.25	0.42	0.67	0.45	0.5795	一般保护
贯众	0.67	1	0.75	0.25	0.42	0.67	0.45	0.5795	一般保护
地榆	0.67	1	0.75	0.25	0.42	0.67	0.45	0.5795	一般保护
地肤子鹤虱	0.67	1	0.75	0.25	0.42	0.67	0.45	0.5795	一般保护
红花	1	1	0.35	0.52	0.33	0.67	0.56	0.564	一般保护
沙棘	1	1	0.3	0.33	0.62	0.67	0.58	0.559	一般保护
五加皮	1	1	0.35	0.36	0.58	0.67	0.45	0.5585	一般保护
透骨草	1	1	0.35	0.36	0.58	0.67	0.45	0.5585	一般保护
玛卡	1	1	0.35	0.36	0.58	0.67	0.45	0.5585	一般保护
黄精	1	1	0.35	0.36	0.58	0.67	0.45	0.5585	一般保护
苍耳子	1	1	0.35	0.36	0.58	0.67	0.45	0.5585	一般保护
薄黄	1	1	0.35	0.36	0.58	0.67	0.45	0.5585	一般保护
草乌	0.67	1	0.35	0.33	0.45	0.67	1	0.555	一般保护
芥子	0.67	1	0.25	0.66	0.43	0.67	0.58	0.551	一般保护
麻黄根	1	1	0.25	0.33	0.62	0.67	0.58	0.5465	一般保护
黄刺皮	1	1	0.25	0.33	0.62	0.67	0.58	0.5465	一般保护
仙鹤草	0.33	1	0.75	0.25	0.42	0.67	0.45	0.5455	一般保护
桃仁	1	1	0.35	0.33	0.45	0.67	0.56	0.544	一般保护
牛蒂子	1	1	0.35	0.33	0.45	0.67	0.56	0.544	一般保护
苦杏仁	1	1	0.35	0.33	0.45	0.67	0.56	0.544	一般保护
艾叶	1	1	0.35	0.33	0.45	0.67	0.56	0.544	一般保护
升麻	1	1	0.35	0.36	0.45	0.67	0.45	0.539	一般保护
薄荷	1	1	0.35	0.36	0.45	0.67	0.45	0.539	一般保护
枸杞子	1	1	0.35	0.33	0.33	0.67	0.56	0.526	一般保护
丹皮	1	1	0.35	0.33	0.33	0.67	0.56	0.526	一般保护
北沙参	1	1	0.35	0.33	0.33	0.67	0.56	0.526	一般保护
百合	1	1	0.35	0.33	0.33	0.67	0.56	0.526	一般保护
玉竹	0.67	1	0.35	0.36	0.58	0.67	0.45	0.5255	一般保护
龙骨	1	1	0.25	0.42	0.33	0.67	0.51	0.514	一般保护

续表

物种	名录系数	蕴藏系数	濒危系数	遗传价值系数	利用价值系数	保护现状系数	繁殖难易系数	加工成本系数	评价结果
牵牛子	0.67	1	0.25	0.33	0.62	0.67	0.58	0.5135	一般保护
败酱草	0.67	1	0.25	0.33	0.62	0.67	0.58	0.5135	一般保护
牛黄	0.33	1	0.25	0.66	0.43	0.67	0.51	0.51	一般保护
远志	0.67	1	0.35	0.36	0.45	0.67	0.45	0.506	一般保护
葶苈子	0.67	1	0.35	0.36	0.45	0.67	0.45	0.506	一般保护
赤芍	0.67	1	0.35	0.36	0.45	0.67	0.45	0.506	一般保护
水红花子	0.67	1	0.35	0.25	0.58	0.67	0.45	0.5035	一般保护
茜草	0.67	1	0.35	0.25	0.58	0.67	0.45	0.5035	一般保护
马勃	0.67	1	0.35	0.25	0.58	0.67	0.45	0.5035	一般保护
老鹳草	0.67	1	0.35	0.25	0.58	0.67	0.45	0.5035	一般保护
骨碎补	0.67	1	0.35	0.25	0.58	0.67	0.45	0.5035	一般保护
扁蓄	0.67	1	0.35	0.25	0.58	0.67	0.45	0.5035	一般保护
甜杏仁	0.67	1	0.35	0.33	0.33	0.67	0.56	0.493	一般保护
天仙子	0.67	1	0.35	0.33	0.33	0.67	0.56	0.493	一般保护
款冬花	0.67	1	0.35	0.33	0.33	0.67	0.56	0.493	一般保护
车前子	0.33	1	0.25	0.33	0.62	0.67	0.58	0.4795	一般保护
车前草	0.33	1	0.25	0.33	0.62	0.67	0.58	0.4795	一般保护
青川椒	0.33	1	0.35	0.33	0.45	0.67	0.56	0.477	一般保护
旋覆花	0.33	1	0.35	0.36	0.45	0.67	0.45	0.472	一般保护
萱草根	0.33	1	0.35	0.36	0.45	0.67	0.45	0.472	一般保护
瞿麦	0.33	1	0.35	0.36	0.45	0.67	0.45	0.472	一般保护
冬葵子	0.33	1	0.35	0.33	0.45	0.67	0.45	0.466	一般保护
柏子仁	0.33	1	0.35	0.33	0.45	0.67	0.45	0.466	一般保护
羊胆汁	0.33	1	0.25	0.42	0.43	0.67	0.51	0.462	一般保护
牛羊草结	0.33	1	0.25	0.42	0.43	0.67	0.51	0.462	一般保护
牛肾	0.33	1	0.25	0.42	0.43	0.67	0.51	0.462	一般保护
牛胆汁	0.33	1	0.25	0.42	0.43	0.67	0.51	0.462	一般保护
白扁豆	0.33	1	0.35	0.33	0.33	0.67	0.56	0.459	一般保护
磁石	0.33	1	0.25	0.42	0.33	0.67	0.51	0.447	一般保护

3.3.3 药用植物资源价值核算

根据青海省动植物资源现状，采用价值当量换算法核算药用植物资源价值，构建基于专家知识的药用植物资源价值量化方法。采用以研究区单位面积药用植物资源产量与全国单位面积药用植物资源产量之比确定青海省的修正系数，进而得到青海省单位面积药用植物资源价值当量（表3-9）。

表3-9 青海省单位面积药用植物资源价值当量

一级类型	二级类型	耕地	林地	草地	其他
经济价值	产品价值	1.56	0.36	1.37	1.53
	服务价值	0.67	0.38	0.61	0.87
社会价值	科研价值	1.12	2.17	1.97	0.77
	观赏价值	2.72	4.73	3.82	8.97
生态价值	调节气候	0.57	6.67	5.21	7.48
	固碳释氧	0.17	2.65	2.38	3.12
	保持土壤	0.21	0.33	1.67	2.34
	涵养水源	0.52	0.31	0.23	0.39

具体的修正系数与药用植物资源价值计算方法如下：

$$\alpha = \frac{f}{F} \tag{3-1}$$

$$EV = \sum_{i=1}^{n} A_i \times UV_i \tag{3-2}$$

式中，α 为修正系数；f 为青海省单位面积药用植物资源产量（kg/hm²）；F 为同期全国单位面积药用植物资源产量（kg/hm²），经测算修正系数为0.91；EV为研究区药用植物资源总价值（元）；i 表示用地类型；A_i 表示第 i 种用地类型的面积（hm²）；UV_i 表示第 i 种用地类型的单位面积价值（元）。分别求青海省2000年、2005年、2010年、2015年、2019年的药用植物资源价值（表3-10），根据青海省中药材种植规模和产业结构特点，估算各地区的中药材生产总值（表3-11）。根据各地区生产总值空间分布特征，将青海省中药材分为低产值区、较低产值区、中等产值区、较高产值区和高产值区五种类型。

表3-10 青海省极端环境药用植物资源价值时间演变特征 （单位：亿元）

一级价值	二级价值	2000年	2005年	2010年	2015年	2019年
经济价值	产品价值	30.87	36.53	38.11	39.45	36.23
	服务价值	10.2	11.2	11.8	12.4	12.9

续表

一级价值	二级价值	2000年	2005年	2010年	2015年	2019年
社会价值	科研价值	3.21	3.26	4.19	5.12	8.94
	观赏价值	5.6	6.8	8.9	11.4	10.3
生态价值	调节气候	6.12	6.33	6.91	7.62	7.38
	固碳释氧	5.75	7.29	8.11	8.93	9.12
	保持土壤	2.17	2.59	3.12	3.41	3.66
	涵养水源	3.89	5.66	6.67	5.61	5.49

表3-11　青海省中药材产值估值　　　　　　　　　（单位：亿元）

地区	2019年	2015年	2010年	2005年	2000年
西宁市	1.00	0.95	0.91	0.86	0.78
海东市	1.21	1.15	1.10	1.05	0.94
海北州	0.37	0.36	0.34	0.32	0.29
黄南州	0.34	0.32	0.30	0.29	0.26
海南州	0.57	0.54	0.52	0.49	0.44
果洛州	0.10	0.10	0.09	0.09	0.08
玉树州	0.39	0.37	0.35	0.34	0.30
海西州	0.60	0.57	0.54	0.52	0.47

以上结果表明，青海省药用植物资源价值还有很大的拓展空间，药用植物种植还没有实现规模化生产和经营，尤其是在黄南、果洛和玉树地区进行繁育和种植的潜力较大。

3.4　青海省药用动植物资源产业化发展策略

3.4.1　药用动植物资源产业化发展总体思路

1. 明确目标——技术进步、产品高效、模式创新、持续发展

围绕重点产品发展搞创新、抓推广、促服务，努力提高科技对动植物资源产业的保障能力、对生产基地发展研究的支撑能力、对产业化水平提升的引领能力。重点加强新品种、新技术应用推广，完善动植物资源产业科技支撑体系。提升动植物资源产业生产、加工、营销的关键技术，解决动植物资源产业发展的关键技术问题，夯实青

海动植物资源产业的物质和技术基础。提高特色中藏药产品的效益,对中藏药品生产流程进行严格监管,确保安全生产形成具有青海特色的地理标志和商标保护,实现特色中藏药资源绿色、高效、安全生产。引导农牧业生产者采用先进适用技术和现代生产要素,加快转变中藏药生产经营方式,构建适宜于农牧民合作组织的现代化营销体系和社会化服务体系,降低生产和营销成本,提高农牧民收入。同时,提升青海优势中藏药材产业的自我发展能力,探索并创新创业政策扶持和人才引进与培养制度,以及与二、三产业发展的协同发展水平,在县域经济层面构建以中藏药材产业为基础的产业集群,统筹动植物资源可持续发展。

2. 创新机制——政产学研用和教科经结合

解决青海中藏药材产业发展的"瓶颈"问题,重点要通过科学研究与示范,提升青海中藏药资源现代化水平。

1)实施"政产学研用"紧密结合的机制

要加强政府、企业、农户、高校、医药科研单位的协同,以用户需求为导向,以农牧民合作组织为主体,以技术任务为牵引,政府提供公共服务,重点建设中国青海中藏药研究中心、青藏高原特色生物资源国家工程研究中心等公共技术平台,重点开展中藏药研发、生物资源开发、生物工程领域的关键技术研究。强化生物产业创业中心和孵化基地建设,采取有效形式,集中建设专业性、功能性突出的孵化器,提高孵化效率。

2)实施"教科经"深度融合的机制

重点依靠人才培养、科学研究与综合示范,对青海现有中藏药产业进行改造升级,提高动植物资源经济效益。利用大学科教资源,探索建立大学社会化服务新模式,与企业、合作组织合作,共建多种模式共存、多方分工协作、市场化与公益性相结合的中藏药技术服务体系,使中藏药材的种植、加工、营销、物流等各环节更好地适应现代商业模式的需求。把传统农牧业生产方式与优良品种、现代农业高效技术结合起来,提升中藏药材产业的品质和生产水平。大力推进农田水利等基础设施建设,重点推广良种良法新设备,加快农特产品产业标准化生产体系建设。加强省属高校对口学科建设,培养大批中级技术人员。调整优化技术学院、职业技术中学的学科和专业设置,培养大量的技术工人。

3. 构建三类体系——多元化投入、农业科技服务、金融服务

1)建立多元化投入体系

青海农业基础薄弱,农业经济的弱质性决定生物资源产业发展必须建立以"企业为主体、政府引导、多方参与"的多元化投入体系。确保在政府资金投入持续增长的情况下进一步优化结构,落实激励龙头企业自主研发的财税优惠政策,积极鼓励个人、联合体、合作社,以及各种组织以承包、租赁、合作等形式进入中藏药生产领域的组织。加大政府投入力度,扶持生物产业加快发展。积极引导商业银行和政策性银行对

生物企业的信贷支持，为生物产业发展提供资金保障。建立多元化的风险投资和融资担保体系，培育风险投资主体。

2）建立完善的科技服务体系

完善的科技服务体系包括政府主导型（"政府＋企业＋合作社＋农户"模式）、企业带动型（"企业＋农户"或者"企业＋合作社＋农户"）、农民自组型（农民自主成立的各种合作组织）等产业链服务模式。其中，农民自组型模式不仅包括各种专业合作社和技术协会，还包括结合各产业特点所构建的生产、销售、技术、文化等特定环节服务模式，加强培育大学、科研院所、农民合作组织、农业龙头企业等服务主体。进一步整合服务资源，提高服务资源的利用效率，实现服务资源的合理、高效配置。创新服务手段，提高各类主体参与动植物资源产品开发科技服务的积极性，促进服务资源的有序流动。

3）构建灵活高效的金融服务体系

探索并创新农村金融发展模式，加强与金融机构合作，完善政银企会商制度，开展面向农特产品企业和农牧民合作组织的小型科技贷款平台试点。引导金融机构利用基金、贴息、担保等方式，支持农特产品企业和农牧民合作组织进行农特产品高新技术的开发和引进，确保各类项目融资渠道的拓展和配资效率的提升，为农特产品产业发展提供资金支持。发挥好现有风险投资和融资担保作用，同时安排专项发展资金，广泛吸收国内外资本入股，按照高起点、多元化、市场化、规范化的要求，在生物资源开发、出口农业等领域，建立专业化风险投资机构和担保机构。鼓励、引导境内外风险基金和创业投资公司到青海省开展业务。制订风险投资基金管理办法及优惠政策，鼓励上市公司、民间资本和个人出资成立风险投资机构。积极运用建设债券、可转换债券等金融工具筹集资金。支持有条件的高新技术企业上市融资，努力拓宽高新技术企业融资渠道。

4. 提升四项技术——良种选育与种苗生产、高效安全生产、产品加工与贮藏保鲜、产品市场营销

青海省极端环境动植物资源的开发利用、生产技术水平提升、产业发展壮大，以及增加农业生产效益、促进农民增收、保护牧区生态环境等需求迫切，特别是针对林果、经济林、中藏药材等特色产业的共性关键技术需求尤为突出，在中藏药材生产各环节，需要在技术方面加大投入，确保产品质量。

1）优良品种选育与种苗生产技术

对青海省特色动植物资源系统调查、收集、整理，重点开展种质资源的筛选、评价、保护、利用及种苗规模化生产技术，为"优质、高产"提供基础。

2）农作物高效安全生产技术

根据青藏高原生产实际，开展作物抗寒、抗旱、有害生物防控和水肥管控等技术研究，研发适宜于青藏高原生产实际的轻简化生产机具，构建与完善青海省特色农作

物现代栽培模式与种植制度，为"高效、安全"提供保障。

3）农特产品加工与贮藏保鲜技术

针对产地初加工、工厂精深加工、采后贮藏保鲜等不同需求，加强新型原料分选加工、贮藏保鲜、深加工和综合利用等技术研究，研发新产品及新型轻简包装制品，改变青海特色农产品生产加工方式落后的现状，为"增值增效、延伸链条"提供手段。

4）农特产品市场营销技术

针对生产、加工、仓储、运输、销售等环节信息化需求，利用物联网、物流信息、电子商务等技术，对各个环节进行信息化改造，构建高效的综合信息化平台，围绕农特产品营销，为农户、合作组织、供销者、消费者、政府监管部门和领域专家提供信息服务，为"产销对接、快捷物流"提供途径。在提升产业关键技术的同时，要注重示范应用，针对青海的生物资源产业，进行全产业链式安全、优质、高效关键生产技术集成与示范，全力打造和优化"产前-产中-产后"完整产业链。

5. 处理好四种关系

1）农业与其他产业之间的关系

农业产业的上游行业主要包括农药、化肥、农业机械等农资行业，这些行业主要为农业生产提供生产资料，是农业产品生产成本的重要组成部分。农业产业的下游行业主要包括产品物流、药品加工、饮料（酒、茶、果汁等）、造纸、纺织、建材等行业，农业为这些行业提供原料。大量研究表明，农业产业经济增长能影响旅游产业发展。同时，旅游产业的发展也能拉动农业产业经济，旅游产业发展与农业产业经济增长之间存在长期正向协整关系。

2）区域之间的分工和合作关系

在"全省一盘棋"和发挥地方积极性之间寻找平衡，加强协作区之间的分工协作。在每一个县的范围内不能够要求样样俱全，必须根据本地的资源条件和销路情况，在集中领导、全面规划和分工协作的前提下，充分发挥区域的比较优势，调动一切力量，自力更生地安排和发展本地的各类中藏药产业。促使不同市县之间商品的交换和生产要素的流动，形成区域分工，使不同区域之间结成一种互补竞争的关系。

3）中藏药资源开发与生态保护之间的关系

经济增长对资源的需求无限，而自然资源及环境生产力的供给是有限的。经济发展总会带来一定程度的环境污染，而治理环境总要占用一定的资源，又会在一定程度上影响经济发展。因此，中藏药资源开发与生态保护往往存在矛盾。青海具有强大的生态功能和巨大的社会价值，在经济发展的同时需要正确处理长远利益与当前利益、整体利益与局部利益的关系，协调中藏药资源开发与生态环境保护之间的关系。

4）市场主导与政府引导之间的关系

中藏药产业化是现代化进程中市场经济的自然结果，推进中藏药资源特色发展要尊重客观规律，但并不意味政府对其应无所作为。仅靠市场"无形之手"会造成市场失灵，即具有外部性的公共服务和基础设施等会达不到社会总体需求的水平。中藏药产业发展需要市场"无形之手"和政府"有形之手"的两手协同配合。

3.4.2 药用动植物资源产业化发展的SWOT分析

1. 优势分析（S）

1）有效成分含量高

青海省地处"世界屋脊"青藏高原的东部，面积辽阔、地势复杂，属于高原大陆性气候。其气候特征是自然条件复杂多变、日照时间长、辐射强、温差大。正是青海特殊的地理位置和独特的气候条件，才孕育出丰富的中藏药材资源，这是青海省发展中藏药产业的天然优势。青海省的高海拔、强紫外线及氧气稀薄等特殊的自然环境，使药用植物天生具备抗高寒、抗缺氧、抗疲劳的生物特性，同时也造就青海药用植物优于其他地区药用植物而具有活性强、药用成分含量高的特点。

2）生长环境优良

青海省蕴藏着极其丰富的药用植物资源，而且绝大多数种类分布并生长于海拔3000m以上的地区，具有环境高寒、空气清新、自然纯净等方面的特点，是国内为数甚少的、无污染的、相对纯净的"绿色"区域之一。特殊的自然环境条件造就众多药用资源种类的独特性，以及数量众多、品质优良的药用资源种类。

在当今国际社会普遍追求纯天然健康产品的流行趋势下，青海省无疑在培育和繁衍药用植物资源（特别是中藏药材资源）方面具有极为显著的地域优势，是国内的众多地区所无法比拟，也无法替代的。只要利用得当，就会使青海省自然环境条件差的相对劣势转变为明显的资源优势，进而转化为显著的地域优势。

3）资源特色

中藏药是中华民族的传统文化瑰宝，而青海高原是藏医药的发源地和各类中藏药材的天然宝库，生长在这一特殊环境下的药用植物具有很高的药用价值，对人类健康的保健作用日益被人们所接受。青海省出产的冬虫夏草、唐古特大黄、羌活、暗紫贝母、五脉绿绒蒿、藏茵陈等道地药材因其品质好、药效独特远近闻名。

青海省常用中藏药材资源的主治范围十分广泛，按照中藏药的主要功效进行分类，常用的药用资源具有清肝利胆、清肺止咳、健胃消食、调经和血、清热解毒、补益壮阳、止痛止血及其他功效等，可以被利用于众多的疾病治疗和防治领域，表现出较广的可利用范围和实际用途。

4）资源具有不可替代性

肩负着新时代国家战略使命的第四次中药资源普查表明，青海省共有药用植物1340种，种植药材34种，其中道地药材23种。青海省的许多种类的药用植物都是稀缺资源，具有不可替代性。如水母雪莲、桃儿七、唐古特马尿泡、冬虫夏草、乌奴龙胆、麻花艽、西南手参、矮紫堇、甘松、翼首花、裸茎金腰、烈香杜鹃、唐古特莨菪、麻黄、川西小黄菊、青海茄参、多刺绿绒蒿、暗紫贝母、狭叶红景天、甘松、藏茵陈、川西獐牙菜、短管兔耳草等。

5）产业链完整，名牌产品形成

近年来，青海省政府非常重视中藏药产业的发展，将其作为本省优势产业来发展，并在资金、政策、人才及宣传上逐年加大了支持力度，很多中藏药生产企业逐步发展起来，中藏药生产体系也日益健全。当前青海省中藏药产业在生产过程中已经由手工作坊炮制逐步转变为工业化生产，且已具备一定规模，很多中藏药企业依托生物产业园区发展起来，各类中藏药产品畅销国内外。青海省一些中藏药生产企业如青海大地药业有限公司、青海晶珠藏药集团、金诃藏药股份有限公司等，研发种类繁多的中藏药产品，如"三江源""晶珠"等知名品牌。

2. 产业发展劣势（W）

1）基础设施落后，配套体系不健全

农牧区市场流通渠道狭窄，市场体系发育程度低，给农畜产品的销售带来严重的"软瓶颈"。同时，农牧业社会化服务体系不健全，社会性中介服务组织发育滞后，尤其是信息技术、金融市场和中介组织机构等现代基础设施落后，难以适应青海中藏药资源转化为特色产业的发展需求。

2）缺乏龙头企业，战略品牌意识不强

目前青海省的中藏药资源由于受营销手段、科技含量低、深加工程度低等影响，缺乏骨干龙头企业。特色产品市场竞争力不强，缺乏品牌意识，具有农牧优势特色的高原资源还没有在国内外市场上形成品牌效应。

3）药用动植物资源多为野生资源，再生能力差

青藏高原恶劣的地理气候条件又决定药用植物资源赖以生存的环境十分脆弱。人类对动植物资源的需求每年以30%的速度增长，大大超出高原生物资源的恢复和再生速度。企业对药材资源的利用长期以来只采不种或多采少种，致使野生资源越来越少，在一定程度上制约中藏药产业的快速发展。

4）人力资源发展水平低

青海是全国劳动力欠发达的地区之一，现有的劳动力素质不能适应中藏药发展的要求，严重制约着中藏药产业的发展。农畜产品加工企业员工主体是先前集体制企业职工和合同制个人，劳动者的素质相对较低，劳动生产率低下，极大影响先进技术的应用，也制约着中藏药资源产业化进程。

5）产品质量检测标准体系不完善

企业还不能实现从原料到产品的整个中藏药生产全过程的全面质量监控，药理及成分也没有量化标准，加之对中藏药药品有效成分提纯的检测手段落后，药品的临床试验空间小，影响中藏药产业的发展。

3. 产业发展机遇（O）

1）特殊的治理政策

中央历来十分重视青海的发展，特别是十八大以来，党中央、国务院为推动青海经济的快速发展，制定一系列特殊政策和优惠措施，"三江之源，生态屏障，国家公园，资源能源"四张名片为青海经济社会的进一步发展提供良好的机遇和极为有利的外部环境。

2）"一带一路"倡议的推动

青海毗邻"一带一路"上的新疆、青海、四川、甘肃等省份，应抓住"一带一路"倡议构想提出的重要契机，实现交通、贸易、金融、能源和现代物流业等领域的跨越式升级，促进社会经济的快速发展。

3）资源量多质优

青海拥有丰富的自然资源，品种多，数量大，青海自然资源总丰度居于全国前列，综合优势度居于第三位。青海农牧业种质资源丰富，价值高。青稞、牦牛、藏系绵羊、绒山羊、林果、蔬菜、高原水稻、高原茶叶等一系列特色产品量多质优，为发展中藏药优势特色产业提供有力的资源保证。

4）群众基础好，开发积极性高

随着农牧业生产条件的改善，提高耕地和草地的生产能力，赢得当地农牧民的拥护，农牧民参与中藏药产业化的热情不断高涨，为中藏药材产业开发提供坚实的群众基础。

4. 产业发展威胁（T）

1）生态环境脆弱，自然灾害频繁

青海约有92%的国土面积处于寒冷、寒冻和冰雪作用极为强烈的高寒环境中，大部分地区干旱作用影响显著，适宜高效耕作的土地资源有限。农牧业生产受雪灾、风灾、低温、冰冻、霜冻、雹灾、旱灾、泥石流等自然灾害严重影响，受森林破坏、水土流失、草地退化、湿地退化等生态系统功能退化的严重威胁，农牧区经济社会的"跨越式"和"高质量"发展面临巨大挑战。

2）土地利用水平低下，规模化种植能力差

青海宜农地中一等地仅占6.03%，其中93.1%分布在三江源、青海湖流域；二等地占15.87%；三等地和四等地占绝大部分，占60%；剩下的五等地和六等地也几乎达到20%。在宜农地各类限制因素中，限制影响最大的是灌溉条件，占宜农地面积的28.21%；有机质低、质地粗、砾石多、土层薄合计占55.56%，使得青海土地利用率非常低，远低于全国的平均水平，中藏药材种植无法规模化。

3）中藏药产品相似性较大，区域间竞争加剧

由于地理气候环境和产品资源存在较大相似性，青海与西藏、四川、甘肃、云南等省在发展中藏药产业上具有较大交集，特色优势中藏药产品结构呈现一定相似性。

因而相似产品结构、相似产业，以及相邻兄弟省份之间也存在比较激烈竞争。

4）涉农服务机构少，社会化服务体系不健全

面向涉农企业服务机构少、服务范围小、服务水平低，没有形成完整的服务支持网络。由于服务不到位，难以形成对涉农企业发展有利的外部环境，不能满足企业发展的客观需要，制约农畜产品企业的发展。

中藏药材资源产业化是以市场为向导，以经济效益为中心，以主导产业、产品为重点，优化组合各种生产要素，实行区域化格局、专业化生产、规模化建设、系列化加工、社会化服务、企业化管理，形成种植、产供销、贸工农、农工商、农科教一体化经营体系，使农业走上自我发展、自我积累、自我约束、自我调节的良性发展轨道的现代化经营方式和产业组织形式。

依据上述分析，将各种因素按影响程度进行排序，构造SWOT矩阵。本着发挥优势因素，克服劣势因素，利用机会因素，化解威胁因素，考虑过去，立足当前，着眼未来的原则。运用系统分析的综合分析方法，将排列与考虑的各种因素相互匹配起来加以组合，得出下列提升青海中藏药资源产业竞争力的可选择的战略。

（1）SO组合。依托政府政策支持下的外部发展环境优势，充分利用外部机会，依靠产业优势的增长型发展战略。在现代农业产业技术的支撑下，发展产业集群战略；在"一带一路"倡议的带动下，积极创建品牌，开拓国内外市场；在农村信息化建设的机遇下，构建青海特色农业商务平台，发展中藏药材产业电子商务。提高医药自主创新能力为目标，大力推动具有自主知识产权和广阔市场前景的新型药物的研发和产业化。

（2）ST组合。依靠产业优势，回避外部风险的多样化经营战略。充分利用中藏药材科技创新能力，培育新品种，开发新产品，实施中藏药优势特色产业的可持续发展战略；优化产业基地，提高中藏药产品产量与质量，实施产品质量安全战略、产品多元化战略和产业合作战略。重点发展生物医药、中藏药、保健食品等。建设大黄、藏茵陈、秦艽等特色中藏药材国家中药材生产质量管理规范（GAP）种植基地，进行稀缺药材雪莲、麻黄、雪灵芝等的组织培养，实施国家中药材生产质量管理规范种植基地，实现国家三类以上新药产业化，形成中药特色药品产业链，发展多糖类、黄酮等生物保健制品的产业化。

（3）WO组合。减少产业劣势，利用外部机会的扭转型发展战略。当前首先要解决中藏药材产品的市场认可问题，寻找实现其价值的有效途径。充分利用中藏药材农村信息化这一机遇，加强中藏药材信息分析，建设青海中藏药材产品销售电子商务平台，打开中藏药产品网络市场。以大黄、藏茵陈、塞隆骨、冬虫夏草等特色中藏药材原料基地建设为重点，加快中藏药国家中药材生产质量管理规范种植基地建设，解决中藏药产业发展与原料供应之间的矛盾，为加工工业提供可持续利用的优质原料，更有效地保护野生资源和生态环境，保护生物的多样性，促进中藏药材的加工生产向规模化、标准化、商品化方向发展。加快特色生物资源的原料基地建设，重点建设沙棘、白刺、

枸杞、罗布麻等野生资源保护和发展国家中药材生产质量管理规范（GAP）人工种植基地的建设，以及加工型优良品种的选育、优质原料基地的建设。

（4）WT组合。减少产业劣势，回避外部威胁的防御型发展战略。根据青海省的特点，在初具规模的产业带上，扶持一批一定规模的涉农企业。采取"公司＋农户"形式扶持一批合作经济组织，引导企业和农户结成利益共同体，利益共享、风险共担，提高农民组织化程度，提高企业和农户抵御市场风险的能力。整合并激活现有各类涉农资金，加强中藏药材产业基础设施建设和社会化服务体系的完善，提高青海中藏药产业的综合生产能力和竞争力。重点开展特色生物制品下游产品的研发和生产，不断开发其终端产品。重点研发沙棘油抗癌产品、沙棘黄酮抗病毒新药、抗过敏保健食品、低聚果糖双歧杆菌活化颗粒、枸杞健脑乳、沙棘抗疲劳饮料、白刺果增力饮料、沙棘黄酮心绞痛胶囊、沙棘舒心通胶囊等下游产品，促进其发展壮大，推动青海特色食品制造业的发展，进一步延伸生物技术产业链。青海药用动植物资源产业化分析矩阵（表3-12）。

表3-12 青海药用动植物资源产业化分析矩阵

	优势（S）	劣势（W）	机会（O）	威胁（T）
外部因素	S_1中藏药材天然且疗效好 S_2政府政策支持与引导 S_3产业化规模初步形成 S_4研究平台逐步完善 S_5藏医药文化底蕴深	W_1企业经营规模小 W_2科研及管理能力弱 W_3新产品研发创新水平低 W_4文化差异的影响	O_1植物药天然药的兴起 O_2旅游产业大力发展 O_3国际交流与学术研讨	T_1西药等替代品的威胁 T_2其他省份同类产品的竞争 T_3假药带来的威胁 T_4医疗改革带来的威胁
内部因素	SO战略 紧抓住天然药的潮流与趋势，借助青海旅游业的发展宣传中藏药，努力打造品牌	WT战略 企业自身要不断努力增强自身的企业实力，警惕外部威胁，以研发创新打破企业的窘境	WO战略 明确企业发展目标，扩大资金、人才和技术的引进，加大对藏医药文化等宣传	ST战略 以"天然药品"为差异化优势创立品牌，树立品牌保护意识，突破假药医疗改革的威胁

3.4.3 药用动植物资源产业选择

1. 产业定位

1）功能定位

a.做优效益种植

积极引导龙头企业、专业合作社、家庭农场等农业组织流转农村土地实施规模经营，推进效益种植业规模化、产业化建设，实现特色效益种植业提质增效。

b.做强药品加工

大力发展农特产品加工，通过药品加工企业解决农牧民就业，消耗动植物资源，形成良性的生产、加工链状运行模式。

c.做活商贸服务

坚持建设、改造、规范同步，同步推进商业信息化和专业性市场建设，努力打造集美食餐饮、综合超市、品牌专卖、休闲娱乐于一体的区域性商贸中心。

d. 做靓生态旅游

着力提升农特产品品质，开发具有鲜明青海特色的旅游商品，大力发展文化旅游、生态旅游、城郊休闲观光旅游，促进生态旅游与农牧业协调发展。

2）市场定位

a. 产业市场定位

瞄准国内外游客离青时礼品消费需求和国内外对青海净土健康农畜产品消费需求为主，全力培育区内、国内和国外三个市场，着力打造青海高原特色中藏药产品。

b. 产品市场定位

突出青海农畜产品的绿色、有机特点，强调原材料和产品的"人无我有、人有我优、人优我特"特色，以科技创新为推动力，以提高产品品质为核心，突显产品唯一性，增强产品的核心竞争力，全力打造高端型青海农畜产品。产品市场定位包括四种类型。一是市场导向型，包括虫草、食用菌（松茸）、油菜。其特点是：虽然目前的发展已形成独特的市场优势，效益明显，但资源有限，只能适度规模地发展，且必须与基础工作相配套。发展的重点是加大基础资源的保护和建设、标准化生产的引导和培训、市场开拓和品牌开发。二是发展潜力型，包括牦牛、藏系绵羊、绒山羊、优质青稞、中藏药材。其特点是：资源丰富且有优势特色，市场潜力很大，具有市场优势，具备大规模的产业开发条件。三是区内市场主导型，包括奶牛、无公害蔬菜、林果、高原茶叶、高原水稻、马铃薯、青饲料。其特点是：新兴的城郊和农区畜牧业与阳光产业，区内市场有迫切需要，发展空间大。开发重点主要是满足区内市场发展要求。四是资源保护型，包括冷水鱼、卤虫、藏猪和藏鸡等。主要特点是资源独特，数量较少，开发难度大。开发重点是冷水鱼、卤虫、藏鸡以保护为主，藏猪已初具规模，具备适度开发的条件。

2. 选择标准

区域资源和生产条件较好，能发挥比较优势；产业可延伸性强，市场开发价值较高；产品品质具有特色，有一定认知度；产品市场需求量大，具有明显的竞争优势；产业基础扎实，技术比较成熟，生产经营组织化程度较高，有利于形成区域动植物资源产业体系和产业集群。具体来说，极端环境下动植物资源产业化发展的选择指标包括分布和利用范围、时间上的利用度、对农民增收的重要性、商贸便利性、发展成为一种商品的现实性和潜在可能性、利用价值大小、生态服务重要性等7个指标。

1）分布和利用范围

第一类：分布广泛，在大多数区县都有分布且被普遍利用（10分）；

第二类：分布广泛，在大多数区县都有分布但只有一般的利用，而且不太普遍（7分）；

第三类：局限分布于少数几个区县内（少于1/2），但利用较普遍（5分）；

第四类：分布局限，利用也只在少数地方（3分）；

第五类：分布局限，利用也局限（1分）。

2）时间上的利用度

第一类：全年经常要用的（10分）；

第二类：季节性要用的（7分）；

第三类：偶然要用的（5分）；

第四类：几乎不用的（1分）。

3）对农民增收的重要性

第一类：重要。与当地大多数人的生活具有相当的关系（10分）；

第二类：不太重要。与大多数人的生活关系不大，仅对部分人较为重要（5分）；

第三类：不重要。在人们的生活中，没有也可，在利用上逐渐变少乃至消灭（1分）。

4）商贸便利性

第一类：在国内甚至国际市场上广泛销售（10分）；

第二类：只在当地范围内销售和交换（7分）；

第三类：偶然在一些区域内销售或交换（5分）；

第四类：仅为自用，还未进行销售或交换（3分）。

5）发展成为一种商品的现实性和潜在可能性

第一类：已经发展成为当地重要的商品（10分）；

第二类：具有明显的发展潜力，但还未发展为商品（6分）；

第三类：潜力不大（3分）；

第四类：目前没有或还未弄清楚（1分）。

6）利用价值大小

第一类：具有多种用途（8种以上）（10分）；

第二类：用途较多（5~8种）（7分）；

第三类：少数几种用途（2~5种）（5分）；

第四类：只有1种用途（3分）。

7）生态服务重要性

第一类：重要。与当地气候调节、水土涵养、固碳释氧等具有相当的关系（10分）；

第二类：不太重要。与大多数地区的生态关系不大，仅对部分地区较为重要（5分）；

第三类：不重要。与普通植物一样，不具有生态服务功能（1分）。

根据问卷和专家打分来确定极端环境下的动植物资源的产业化发展潜力等级。

3. 产业筛选

根据青海农牧业发展状况，对种植业领域的10大类产业和畜牧养殖业领域内的5大类产业，按照上述指标筛选出十大产业作为青海省"十四五"期间发展的重点产业（表3-13）。

表3-13 青海动植物资源产业筛选

序号	产业类别	产业名称	资源优势	市场需求量	产业成长性	选择结果
1	种植业	青稞	明显	大	—	√
		油菜	一般	较大	—	—
		马铃薯	一般	较大	—	—
		林果	明显	大	—	√
		中藏药材	明显	很大	成长性好	√
		食用菌	一般	较大	—	—
		豌豆、蚕豆	明显	很大	成长性好	√
		高原茶叶	明显	很大	成长性好	√
		高原蔬菜	一般	大	成长性好	√
		青饲料	一般	较大	—	—
2	畜牧养殖业	牛	明显	很大	—	√
		羊	明显	很大	—	√
		藏鸡、肉鸡	明显	大	—	—
		藏猪、生猪	明显	很大	—	√
		高原冷水鱼	明显	很大	—	√

4. 立足动植物资源禀赋，调整产业布局

在现有中藏药材产业发展的基础上，结合国内外医药产业发展趋势，整合全省医药原料资源、能源、技术、人才、产品、市场、管理等产业链各环节关键要素，突出重点、优势互补，促进产业集聚发展。西宁地区以青海国家高新技术产业开发区为核心，依托区内中藏药品种占全国60%以上的产业优势和多项重大科研项目储备，充分发挥园区人才、技术、品牌、地域优势，重点打造国家特色浆果产业化基地、国家冬虫夏草菌丝体生产基地、国家中藏药产业化生产基地和集研发创新、健康养生保健产品加工、展示交易为一体的高原特色医药产业集群；重点发展医药产业高新技术孵化和服务业，建立科技创新和研发检测平台，完善现代物流和网络交易体系，引领和带动全省医药产业发展。海东地区依托青海中关村高新技术产业基地和海东科技园，紧紧抓住海东建设现代农业示范区的机遇，重点发展高原特色生物资源的原种抚育、育种、驯化、种植及药用动物驯养基地及其产品的精深加工产业。海西地区充分利用柴达木地区气候和特色生物资源优势，重点发展红枸杞、黑果枸杞、白刺、锁阳、甘草、罗布麻、玛卡等规范化种植基地及提取物、保健品加工产业，大力发展特色生物资源保健品产业。青南与环湖地区重点建设中藏药用植物资源野生抚育和保护基地，建成暗紫贝母、甘草、麻黄、唐古特大黄、羌活、秦艽、椭圆叶花锚、湿生扁蕾、红景天、手掌参等规范化种植基地及饮片加工基地。高原特色保健食品集群依托高新区、工业园区骨干企业，加快扩大沙棘、冬虫夏草、冬虫夏草菌丝体、菊芋、白刺、红景天、亚麻籽、牛羊骨血精深加工等特色健康养生保健产品的生产规模，打造集研发创新、生产加工、展示交易于一体的高原特色保健食品集群。

3.4.4 药用动植物资源经营策略

1. 建立中藏药药店或通过医院销售的模式

为让青海中藏药产品走出去，有必要在市场销售环节进行对外开放。例如，可以在各省建立体验店，实现医药结合的方式，建立独立的门诊，拓展市场空间，打造适应中藏药发展的商业模式。

2. 政府"搭桥"，积极帮助中藏药企业打开中藏药产品在省内外的市场

青海省中藏药产品在本省销量较好，外省居民也在逐步认识中藏药、接受中藏药、服用中藏药。青海省政府应通过旅游事业的文化发展，大力宣传中藏药产品，七十味珍珠丸、二十五味驴血丸、二十五味肺病丸等中藏药都是夏天旅游旺季的畅销产品。很多中藏药企业也可通过天猫、京东等网络途径销售。

3.4.5 可行性分析及风险防范策略

1. 效益分析

1）经济效益

据《青海省种植业"十二五"发展规划》显示，截至2010年，青海省中藏药材种植面积达24万亩。2012年青海省枸杞种植面积达21.08万亩，沙棘种植面积达150余万亩（不含天然林97万亩），枸杞产量达2.64万t，比2011年增长45.1%，大黄和红黄芪的种植面积超过万亩，中藏药材生产基地初步建立。仅2014年，西宁市新建了中藏药种植基地21处，种植面积1.65万亩，年产值约1500万元。截至2014年，推广中藏药材种植面积40万亩，中藏药材野生抚育面积260万亩，青海省中藏药产业种植和野生抚育面积稳步提升，成功栽培30余种中藏药材植株。2014年，青海省中藏药产业中藏药产品销售收入37亿元，其中中藏药保健品占到60%以上。芒交、二十五味松石丸、晶珠风湿胶囊和藏茵胶囊等中藏药单品种产值1000万~5000万元。

a.直接经济效益显著

动植物资源产业化发展通过产业关联引致的前向和后向波及效应间接拉动就业，就业增加，居民收入提高。收入的增加也意味着投资与消费的增加，通过乘数效应波及整个经济领域，使经济产生持续增长的良性循环。

b.产业规模不断扩大，辐射和带动作用增强

建设各类农畜产品基地、加工企业，培育扶持各级龙头企业，通过"公司＋农户""基地＋农户""中介＋农户""政府引导"等多种组织方式，种植业、养殖业、农畜产

品加工业的产值和增加值将稳步增长，带动更多农牧民群众取得稳定收入。

c. 产业结构进一步优化，空间布局更为合理

种植业结构发生重大变化，种植品种将得到大面积的推广应用，中藏药材供给率有较大提高。中藏药品种改良和推广工作取得重大进展。建成一批带动能力强、增收水平高的特色中藏药产品产业化生产基地，中藏药产品加工业发展基础更加牢固。

d. 龙头企业规模和质量提升，农牧民组织化程度提高

广大农牧区市场开拓能力、农牧业技术创新能力、基地生产与农牧户经营的组织和引导能力，"龙头"功能和作用将更加显著，更加有力地带动和促进生产基地和广大农牧户生产的专业化、区域化、组织化，产业链附加值和赢利空间更大。

e. 品牌建设取得实效

通过挖掘和突出高原品牌，将培育出一批具有青海特色、国内外知名的著名品牌。

2）社会效益

a. 提高青海农发部门管理项目能力和指导农牧业产业化水平

通过项目实施，引入了新的发展战略、经营管理理念、项目管理经验，大大提高农牧业产业化工作效能，有利于夯实新形势下党在农牧区的执政基础，提高领导干部管理项目运作的水平，增强服务广大农牧民、凝聚农牧民人心能力。

b. 提升农牧民群众综合素质

农牧业产业化建设通过大力推广科学生产方式，培养一批懂技术的新型农牧民，提高农牧民依靠科技增收致富的能力，把现代科技知识传播到农牧区，引进推广优良品种，推广新技术，将技术指导与示范带动有机结合，促进传统生产生活方式升级。这批新型农牧民将成为增收增产的先锋模范，反对分裂、维护稳定的带头人，维护团结、促进和谐的带头人。

c. 巩固社会稳定的大好局面

农牧区的稳定是青海全省稳定的基础，农牧业增效、农牧民增收工作关乎党的路线方针政策的贯彻落实，关乎党的执政地位的巩固和发展，关乎基层政权的稳定，关乎全省稳定大局。动植物资源综合开发扶持优势特色产业将为提高各产业生产水平和增加经济收入创造条件，扩大就业面，促进就业，维持社会稳定，为努力实现新时代经济社会各项目标做出应有贡献。

3）生态效益

动植物资源产业化发展进程中十分注重生态建设与环境保护，发展方向和建设项目须与青海主体功能区规划以及《青藏高原生态屏障区生态保护和修复重大工程建设规划（2021—2035年）》保持高度一致，在保护中开发，在开发中保护，坚决做好发展与保护的平衡，维护与重建湿地、森林、农田、草原等生态系统，使其获得良性发展。

发展特色草原畜牧业转变传统畜牧业生产方式，推进舍饲圈养，以草定畜，严格控制载畜量。加大退牧还草力度，草原植被增加。对主要沙尘源区、沙尘暴频发区有

力配合实行封禁管理，着力保护好草原这一重要的绿色生态屏障，促进江河水系的水源涵养功能的发挥。农区特色畜牧业发展利用农区和农牧交错带适宜土地资源，大力发展饲草种植业以提高草地生产力，减轻天然草地压力，加速草地植被恢复，解决好天然草原超载过牧问题。

产业基地建设将改善相关基础设施条件，加大山体滑坡、泥石流、崩塌等地质灾害防治力度，完善监测预警机制，增加农灾保险险种，增强防抗灾能力。在建设产业基地的同时加强场地绿化、道路绿化、渠道绿化、生态林带等生态建设，将形成大面积的绿色植被，改善区域土壤、气候等自然条件，将为野生动物、昆虫、鸟类提供生存空间，有利于丰富区域生物多样性。

2. 环境影响分析

1）环境影响因素识别

动植物资源产业化发展对周围环境的影响主要包含水环境、大气环境、固体废弃物、声环境和生态环境等的影响。

水环境：动植物资源开发过程中，对水环境影响因素主要有种植业、养殖业、农畜产品加工业中的施用化肥、农药及牛、猪、家禽等规模化养殖场地的冲洗污水、粪便处理不当对水体引起的污染等。

大气环境：动植物资源开发过程中，对大气环境影响因素主要包括与养殖区废气排放、能源消费、工业生产工艺等相关的 TSP、SO_2、NO_2、烃类、CO 等常规污染物排放。

固体废弃物：动植物资源开发过程中，固体废弃物环境影响因素主要有畜禽粪便、生活垃圾、病死猪和家禽等的尸体等。

声环境：主要是生产过程产生的设备噪声及原料和产品运输过程产生的交通噪声等。

生态环境：动植物资源开发过程中可能会引起土地利用变化、生态功能改变、景观与生活环境的改变；重大基础设施建设也可能对局部生态环境产生不利影响。

2）环境影响分析

动植物资源产业化发展对环境的影响，既存在诸多有利因素，也产生一些不利影响。

a. 有利条件

动植物资源开发要紧扣国家功能区发展战略，把高原生态保护放在突出位置，力求通过优势特色产业的开发建设，促进高原生态环境良性发展。着力加强农田防护林网、经济林木、草场草原保护等建设。到2021年全省林草覆盖率达到70%以上，受保护区域面积比例达到35%。加强土地综合治理，不断提高单位耕地面积综合生产能力，退化土地恢复率达到50%以上。同时，各类资源开发力求产业集群，实现集聚效应，有利于资源、资金等要素的聚集，有利于人口迁移、提高人口素质，有利于社会大生产的发展，有利于生产效率和资源利用效率的提高，有利于迁出地生态环境的恢复和保护，有利于污染物的处理，资源的综合利用及循环经济的发展。

b.各类生产场所建设期对环境的不利影响

扬尘是施工期最大的大气污染物,按起尘的原因可分为风力起尘和动力起尘。风力起尘主要是露天堆放一些建筑材料(如黄沙、水泥等)及裸露的施工区表层浮尘在刮风的情况下产生;动力起尘主要是在建材装卸、汽车运输、物料搅拌等过程中因外力作用使空气中有大量悬浮颗粒存在而产生。水利沟渠等土建工程的实施大都需要开挖地表、采石挖沙,同时各类施工物资、车辆和施工人员均要频繁进出施工区等施工过程均会产生大量扬尘。部分种养、加工环节实施过程中翻耕土地,在春季耕翻沙质土地,极易风蚀地表,引起扬尘和沙尘。

对水环境的影响分析:施工废水主要为建筑养护排水、设备清洗及进出车辆冲洗水等,废水产生的量和产生时间均不确定,主要污染因子为石油类、悬浮物。在施工场内修建临时沉淀池沉淀后,可回收用于施工工序或施工场地洒水降尘,不外排。另外废水主要来自于建筑施工人员的生活废水,主要污染物为化学需氧量(Chemical Oxygen Demand,COD)、NH_3-N、总磷、动植物油及悬浮物等。施工人员生活污水可通过统一收集后用于绿化降尘。施工人员产生的施工废水和生活污水,将随着施工的结束而消失。

对生态环境的影响分析:在规模化种养示范区地点所处区域的生态环境可能产生的影响主要表现在水土流失和工程占地对生态景观的影响。对生态影响是以土地利用格局改变和一定数量的植被损耗,以及带来短时期的水土流失为基本特征。由于土地利用格局的改变,区域自然体系的生态完整性将受到影响,即生产能力降低和稳定状况受到影响;由于基础设施建设,区域自然体系生物总量也要受到影响;由于短时期加重局部地区的水土流失,将造成局部土壤、植被等资源处于不平衡状况。一些项目在建设过程中产生的水土流失主要来自施工开挖造成地表扰动,导致开挖面土壤侵蚀加剧而增加的水土流失。项目建设过程将破坏原始地貌,对整体生态景观有一定的影响。总之,动植物资源产业化发展过程中,除施工期对景观的破坏外,对小范围内的自然景观造成一定程度的破坏;但对于较大范围的生态景观来说,影响面甚小。

c.运营期环境影响分析

人工种草对环境的影响:若草籽、苗木选择不当,施工作业中保护管理不力,往往会形成原生植被既已被破坏,而新的植被尚未覆盖的局面,反而造成新建植被区内植被盖度下降,形成新的风蚀和水蚀。

施用化肥和农药对水环境的影响:随着人工种草和退化草地治理规模的扩大,其化肥施用量也会增多,使用不当,极易造成面源污染。虫鼠兔害防治、毒杂草防治等均需使用大量的农药和毒饵,也会对当地环境产生一定的负面作用,控制不力,可能随地表径流流入河道,对区域内的水环境产生一定的污染。

固体废弃物的影响:动植物资源开发过程中存在一定量的病死畜禽产生,根据HJ/T81—2001《畜禽养殖业污染防治技术规范》,病死畜禽尸体处理应采用焚烧的方法,不具备焚烧条件的养殖场，应设置两个以上安全填埋井。

畜禽生病时产生的医疗固废：畜禽在生病时会产生针筒、药瓶等医疗固废，该部分固废量很小，无法定量。此类废物属于危险固废，相关项目应配备专门的暂时储存间，不得露天存放医疗固废，应按《医疗卫生机构医疗废物管理办法》并按照类别分置于防渗漏、防穿透的专用包装物或密闭容器内。医疗固废的暂时存放间的运行和管理应满足《危险废物储存污染控制标准》的相应要求。

3）市场风险与防范

农牧业生产组织形式以家庭小规模生产为主体，市场信息不畅通、初级产品需求的收入弹性较小，动植物资源产业开发项目在实施过程中可能存在的市场风险主要包括：一是农畜产品自身价格呈现年度间、季节间的波动性变化；二是农业生产资料价格出现波动；三是由于气候变化等不可抗拒因素农产品产量出现大幅度波动，波及下游加工业；四是产品市场和要素市场发育不完全，严重影响市场效率，提高了交易成本；五是农牧民、专业协会、中介组织、企业等主体小、散、弱，往往放大市场风险。以上市场物价变动的变化和某些不可预见因素的出现，对项目顺利实施、项目的实施效果、项目投入产出比等方面产生不利影响。

风险防范措施主要有：

（1）加强药材产品市场信息效劳，提高农牧民科学决策能力。针对药材产品市场信息不完全与不对称的现实，政府部门作为信息主要提供者，应强化对农牧民、企业和市场的信息效劳。搞好现代信息传播设施建立和利用，实现互联网络与传统信息传播载体的优势互补，充分利用中介组织的外延渠道，保障信息传播畅通。加强药材信息体系建立，建立高效、灵敏、快速的信息系统，尤其要加强药材产品市场供求与价格走势的分析预测，指导药材产品生产经营者的经济活动，提高农牧民生产科学决策的水平和能力，减少因信息匮乏、信息偏差、信息传播不畅导致的药材产品价格波动。

（2）加强农产品流通体系建立，降低流通环节本钱。药材产品从产地到消费者手里期间流通环节过长过繁，加大药材产品价格波动的概率，也加重药材市场风险的发生。加强药材产品流通体系建立，建立现代药材产品物流方式，减少不必要的流通。对于信息发布工程应在立项、研发和推广等方面给予适当补贴。

（3）加强期货市场的建立，躲避价格波动的风险。期货市场所形成的价格对各种价格因素反响极为灵敏，具有一定的权威性和预期性。同时，期货市场的套期保值功能将市场风险转嫁到投机者身上，确保农牧民和企业的根本利益。因此，要大力开展药材期货市场，提高期货市场在药材市场上的地位和作用，增加交易品种，鼓励药材企业和农牧民进入期货市场，发挥期货和期权市场信息的统一性和超前性优势，充分利用其价格发现和套期保值功能，有效控制转移药材价格风险。

（4）加强药材保护价和补贴制度的建立。保持药材价格的合理水平，完善药材价格形成机制和市场调控制度，完善药材种植业补贴制度。调整部分存量资金和新增补贴资金向各类适度规模经营的新型药材种植业经营主体倾斜，突出财政支持中藏药重点，持续增加对药材种植业基础设施建设、药材种植业综合开发投入，完善促进药材种植业科技进步、加强农牧民技能培训的投入机制，强化对药材种植业结构调整的支持，加大对药材种植业投入品、农机具购置等的支持力度。同时，健全药材种植主产区利益补偿机制，让种药材的农牧民和主产区不吃亏。

4）资金风险与防范

可能存在的资金风险主要包括中央财政扶持资金、省配套资金、自筹资金，存在的主要资金风险包括各资金总量达不到规划要求和资金使用不及时影响效益发挥。

风险防范措施主要有：

（1）加大动植物资源产业开发投入。进一步完善"国家引导、配套投入、民办公助、滚动开发"的投入机制，省政府和各地市要支持动植物资源产业开发工作，在足额完成配套产业开发资金的同时，不断加大动植物资源产业开发投入，确保资金不留缺口。

（2）加大发贷款力度。用好、用足、用活中央对青海的系列特殊优惠金融政策，放低门槛、放宽条件，加大动植物资源产业开发贴息贷款使用规模，加大动植物资源产业开发资金力度。

（3）加强宣传教育。动植物资源产业开发要始终坚持"从群众中来，到群众中去"的原则，遇事同群众"多商量，好商量"，广泛推行"一事一议"制度，充分发挥群众在动植物资源产业开发的主体作用，让农牧民广泛参与动植物资源产业开发，在开发中增长才能，学会技能，增加收入，不断提高生活质量。

5）社会风险与防范

可能存在的社会风险有以下四个方面。一是青海是少数民族集聚地区，社会稳定是经济发展的前提；二是传统农业向现代农业转型中出现的"三农"问题；三是安全生产问题；四是转移就业增加、就业结构性摩擦等带来的社会问题。

风险防范措施主要有：

（1）提高全民社会风险保障及其防范意识。建立健全社会保障风险预防与应对机制，使社会保障风险管理常态化，促进社会和谐发展。建立健全社会稳定风险评估机制，对有关政策法律法规、易引发矛盾冲突事项，在制订应急预案的基础上有针对性地做好群众工作。重大社会决策和重大工程项目制定出台与实施前，对其可能发生危害社会稳定的诸因素进行分析，评估发生危害的可能性。对不同的风险进行等级管理，做好危机预防工作，采取措施防范，力争降低消除风险，从源头上预防和减少社会矛盾。

（2）建立完善行政监督机制和协调管理措施。建立健全社会风险监督管理机构，依法对生产安全、资金管理和项目实施各环节进行全过程动态监督，增强社会防范风险的能力。

6）技术风险与防范

可能存在的技术风险如下。一是选择农业适用技术上可能存在不根据本地实际、盲目追求高精尖技术行为，致使对动植物资源产业发展迫切需要解决的难点、市场应用前景好、研发基础好、能力强的科学技术推广实施举步维艰；二是技术扩散线路选择上，基层政府财力十分有限，政府促进科技成果转化能力较弱，需要探索创新有利于科技成果转化的产业组织形式；三是农牧民文化素质整体偏低，推广普及和培训适用技术的难度大。

风险防范措施主要有以下五种。第一立足实际，开展技术咨询论证，对项目方案风险水平与收益水平进行比较预测；第二提高科技水平，健全农牧业综合服务体系，加速引进药材产品储藏保鲜和深加工技术，延伸产业链条，提高药材附加值；第三加大对农牧民的技术培训力度，努力提高劳动者素质；第四依托援青渠道，加大人才交流力度，有计划、有组织地派遣相关人员接受培训或挂职锻炼；第五建立健全有关技术管理的内部控制制度，加强对技术的监督管理。

3. 保障措施

1）组织保障

各乡镇、各有关部门务必统一思想、提高认识，把扶持和发展药材种植、加工产业发展列入重要议事日程抓紧、抓好、抓实，从组织领导政策保障措施等方面全力推动。成立相应的领导机构，安排专人负责具体工作。相关部门要认真履行规划指导、监督管理、协调服务职能，做好生产组织、技术推广等工作。同时，协调科技部门加大药材种植和加工生产实用技术在研发、推广、培训方面的支持力度；协调金融、保险、土地管理、水利、交通、电力等部门积极支持动植物资源开发种养业、加工业的产业化发展；协调新闻单位充分运用媒体，大力宣传相关政策措施，营造良好的宣传舆论氛围。各级发改、财政、农发、农牧部门要统筹安排扶持生产发展的资金，整合资金，形成合力，加强监管，保障实效。要鼓励引导养殖专业合作社充分发挥桥梁和纽带作用，组织社员积极开展药材种植生产，努力形成动植物资源综合开发产业化发展的良好局面。

2）政策保障

a.建立健全投入保障机制

积极争取国家、省和地市开发扶持特色优势产业的投资，出台优惠政策，制定激励机制，吸引外地企业、鼓励和扶持本地企业从事药材种植业生产经营，投资药材产业，形成多渠道、多元化投入保障体系，对其在收购、防抗灾、新产品研发、品牌宣传推荐等方面，采取以奖代补形式给予特殊补贴和奖励。设立新药开发基金，在财政、信贷等方面给予新药研究扶植，加快新药的产业化速度。在新药开发的资金使用中，应给予一定的政策支持，在税收、贷款利息等方面做出相应的政策倾斜。加强法规和法治建设，完善地方性法规、政策和制度，理顺管理体制，创造促进医药工业快速发展的环境,形成良好的、适合企业健康发展的外部环境。建立完善的市场体制,在省内建立与竞争性市场体制相适应的药品价格管理体制,实行新药优价。生态建设与基地建设并举,充分发挥财政资金对生物产业发展的支持和引导作用,加大财政资金支持力度。各级政府要根据财力增长情况,加大对生物技术研发及其产业化的投入,省级科技专项资金要对重要生物技术产品研发、产业化示范项目给予重点扶持。生物企业未开发新技术、新工艺、新产品发生的研发费用,未形成无形资产计入当期损益的,在按照规定据实扣除的基础上,再按照研发费用的50%加计扣除;形成无形资产的,按照无形资产成本的150%摊销。对被认定为高新技术企业生物企业,按照税法规定减按15%的税率征收企业所得税。土地供应、政府采购等要对药材产业予以倾斜。

b.形成企业集群

通过招商引资、资本联合等方式,引导龙头企业向药材种植、加工区集聚,形成企业集群,提升药材种植、加工转化能力,重点支持提高药材附加值的关键技术研发,支持精深加工装备改造升级,建设一批药材种植、加工技术集成基地;鼓励和支持科研院所和院校与企业共建农畜产品研发平台,对副产物进行梯次加工和全值高值利用。创新流通方式,积极推进"互联网+"现代药材生产销售行动,加速推动信息化和产业化的深度融合,利用"互联网+"载体,搭建"线上线下"电商营销平台和药材产品对内对外市场流通体系;鼓励药材种植业产业化龙头企业、农牧民合作社、家庭农牧场等新型药材经营主体在城镇建立专卖店,专柜专销、直供直销,建立稳定的销售渠道,鼓励药材批发市场、大型连锁零售企业、药材市场与农牧民合作社、药材种植生产基地形成长期稳定的产销关系。推进药材产品品牌建设,发挥"青海净土"产业优势,突出绿色、生态特色,编制高原特色优质药材产品品牌目录,培育和打造一批区域公用品牌和企业品牌,不断提高高原药材产品的知名度和影响力,推动特色药材种植业"接二连三"融合发展。积极创建现代药材种植业产业园、科技园、创业园,建立"生产+加工+科技",产加销一体化发展的全产业链开放模式。

c.加强药材安全和生态安全

全面加强动植物防检疫体系建设,有效防范外来生物入侵,切实保障药材种植业生产安全、动植物源性食品安全和生态安全。健全植物保护体系,提升农作物病虫害监测防控能力,大力推广绿色防控技术,推行专业化统防统治和联防联控;严格种质种苗引进审批管理,建立产地检疫和调运检疫的追溯体系。健全全链条兽医卫生风险管理机制和病死畜禽无害化处理机制,实施分病种、分区域、分阶段的动物疫病防治策略,着力构建边境动物防疫屏障,有计划地控制、净化和消灭严重危害畜牧业生产和人民群众身体健康的动物疫病。推进地(市)兽药(残留)检验检测能力建设,提高兽药质量监控能力。优化屠宰产业布局、完善屠宰准入退出机制,规范屠宰行业发展秩序。强化兽医科技创新能力,努力构建兽医卫生监管服务信息化体系。

d.加强药材质量安全监管体系建设，全面提升中藏药产品质量安全水平

将药材质量安全监管工作纳入各级政府绩效考核，将监管、检测、执法经费纳入各级政府财政预算。坚持"源头控制与产后监管并重、标准化生产与全程化监管同步"的原则，健全药材产品标准体系，加快开展特色药材地方标准体系的研究和构建。加快产地环境、农业投入品、生产技术、质量安全、检验方法、包装储运、农业设施等标准的制修订，推进高原特色药材生产有标可依、产品有标可检、执法有标可判。强化标准实施，推进药材种植标准园、标准化加工厂建设，加快药材绿色高产创建。建设一批地理标志产品和原产地保护基地，扩大绿色、有机药材产品和地理标志产品认证。创建一批省级以上的药材质量安全县（区）。加大农牧业投入品的执法监管力度，完善药材产品质量生产中、生产后监管机制，开展药材产地准出、市场准入、例行监测、风险评估试点，建立健药材产品质量安全追溯制度，逐步实现主要药材产品生产有记录、流向可追踪、信息可查询、质量可追溯。推行药材产品质量诚信体系建设，营造全社会共同关心、共同支持、共同参与的药材品质量安全社会共治氛围。开展突出问题专项治理，加大农资打假和重大药材产品质量安全案件的查处力度。

e.加大技术经济合作力度

围绕生物产业发展的需要，积极开展政府间的科技合作，为积极引进国外的资金、技术、人才创造条件。筛选生物产业发展中重大技术开发项目、重大科技成果产业化项目，开展国际合作攻关。以项目为纽带，积极推进优势生物技术企事业单位参与国际科学合作项目。进一步拓宽国际民间合作渠道，鼓励高校、科研院所和企业，多渠道、多层次、全方位地开展国际科技合作与交流。对部分影响大、促进作用强的科技合作和交流项目，省财政给予一定的资金支持。鼓励省内生物企业和东部的高校、研究所进行合作，扩大东部市场。加强与发达地区的经济技术交流与合作，进一步开拓合作领域和方式。通过国家和省级产业发展资金及风险投资的支持，集中谋划实施一批市场前景广阔、技术水平高、产业关联强、带动作用突出的重大生物技术产业化项目；努力争取国家高新技术产业化示范工程项目、国家创新基金项目、贷款贴息项目等国家项目；本着有限目标、集中扶持、突出重点的原则，实行重大专项制度，每年选择一批重大专项进行安排，滚动实施，减少项目数量，从根本上解决生物产业"小而散"的问题。建立生物产业项目储备制度，精选一批市场容量大、技术含量高、产业链条长、对经济发展有重大推动作用、经济效益好的项目进入项目储备库，做到储备一批、开发一批、投产一批，成为生物产业滚动发展的项目源。认真抓好在建重大生物产业项目，建立和完善各种管理制度，降低项目投资风险，保证项目建设质量，加快项目建设步伐。

f.加强药用资源的保护和开发

青海虽然是资源大省，但药用资源在产业化规模开发之后，其资源总量便严重不足。生态环境的保护与建设是医药产业长期保持可持续发展的基础和前提。为当代，

也为后代，生态建设与原料药基地建设应当同步进行，采取多种方式保护环境，维系生物多样性，获得生态优化和医药产业的双重效益。广泛开展科技交流与合作，采取请进来、走出去的办法，积极开展与发达省份科研单位和先进企业的广泛交流，实现科技优势互补。加强生物资源调查、评价工作，开展生物物种资源就地、迁地保护和离体设施建设。抢救性收集濒危、稀有生物资源，加快物种种质资源库（圃）及保护场（区）、大自然原生态自然环境保护点、实验基地、信息与管理体系和生物安全管理体系建设。加大生物物种资源的保护宣传力度，出台相关生物资源保护和开发的法律法规，促进生物资源的开发利用和可持续发展。

3）市场保障

重视市场培育、产销对接，建立专门的营销组织或经纪人队伍，组织药材产品上市，解决种植户远离市场、信息不畅、组织销售困难等问题。围绕优势产区发展布局，依托和大力培育加工型、流通型、生产型和市场交易型龙头企业，帮助龙头企业建立市场营销网络，全面开辟药材产品"绿色通道"，提升品牌建设能力，加快构建药材从生产、初加工、运输、仓储、深加工到消费一体化的流通体系。

推进青海省中藏药材国际交易平台建设，建立西宁市、黄南州、海西州、玉树州中藏药材产品交易市场和电子商务平台。充分利用"互联网+"，加快营销网络建设，鼓励各类市场主体在国内外重点城市、重点区域设立"青海中藏药材"展销窗口。指导出口中藏药材企业入驻国家"同线同标同质"公共信息服务平台。利用对口帮扶、科技援青机制，鼓励跨省建立中藏药材销售电商平台，构建中藏药材品牌销售网络体系。加强市场监管，建立中藏药材送检、公示、市场准入制度，健全产品质量安全追溯体系。对从事批发、零售、运销的企业严格进行资格审查和信用评价。强化对假冒伪劣、以次充好、价格欺诈、压价收购、恶意竞争等违法犯罪行为的打击力度，净化市场环境，推动中藏药材产业持续健康发展。

4）科技保障

a.加快龙头企业技术创新

重点支持药材产业化龙头企业产品研发、技术引进、标准与信息体系建设、人员培训，拉动龙头企业增加科研投入，与高等院校、科研院所和龙头企业合作共建研发机构，形成以企业为主体、产学研相结合的药材产业科技创新体系，开发具有自主知识产权的新技术和新产品，不断提升产业化龙头企业的原始创新能力和核心竞争力。

b.提高药材产品质量

鼓励龙头企业参照国际国内标准，制（修）订和健全药材产品加工制品的质量安全标准和技术规范，对生产基地、产品加工、包装销售各环节实行全过程质量控制，建立药材产品质检制度和生产记录等可追溯制度，完善质检手段，确保药材产品质量安全。

c.完善科技创新推广体系

加快推动西宁国家农业科技园区湟中核心区建设，发挥好其在药材产业创新驱动、现代药材科技成果转移转化、农村科技特派员创新创业及现代药材产业新兴产业孵化方面的作用。开展农技协同推广，加强与省内外科研单位的合作，强化药材绿色发展科技瓶颈问题攻关。依托基层农技推广体系改革与建设补助项目，加强基层农技推广体系建设，创新集成和推广一批农业可持续发展技术，为示范省建设提供智力支撑。推动用地与养地相结合，加快推广绿色生产、绿色治理技术模式。推进药材种植业有害生物监测站、网络平台和市县（区）乡（镇）三级植物疫病防控体系建设，提升药材种植业有害生物监测与绿色防控水平，不断提升药材种植业科技进步贡献率。

d. 实施良种工程建设

实施药材种质资源提纯复壮工程，依托良种资源，加大药材良种补贴力度，持续推广药材种质资源提纯复壮和药材高效种植技术，不断提升药材生产性能和质量。以新品种引进培育和技术推广为抓手，重点培育抗逆性强、产量高、活性含量高等品种，保护和推广道地药材种植，扩大道地药材推广面积及应用范围。支持药材特别是道地药材良种繁育基地建设，推动道地药材良种覆盖率，提高道地药材品质和生产效率，促进优良药材种质比例。

e. 发挥农业保险作用

发挥西宁市政策性农产品价格指数保险实施成效，拓宽与农业保险服务体系的对接通道，做到药材种植业保险增点扩面，增强不同资源平台的协同效应，提高药材规模种植经营者的生产积极性，保障药材种植业生产效益。

f. 推进节能减排和资源综合利用

按照发展循环经济的要求，鼓励、引导龙头企业间药用资源循环利用。积极开展药材初加工后的副产品及其有机废弃物的系列开发、深度开发，发展低碳经济，实现增值增效。

5）加强产业化能力建设

a. 建立和完善企业技术创新体系

加强龙头企业研究开发机构建设，培育工程化条件好、系统集成能力强的骨干企业，使其在生物资源产业化工作中发挥示范作用。鼓励通过产学研合作研究等形式，建立企业组织、高等院校和科研机构共同配合的产业化推进机制。

b. 创建国家药材绿色发展先行区，推进绿色生产方式

科学划定药材种植生产功能区，科学规划药材种植生产力空间布局，加快推进化肥农药减量增效行动，健全农药监管体系，严格农业投入品生产和使用管理，建立农业投入品电子追溯制度，广泛运用物理防治和生物防治技术，落实农机农艺相结合措施。开展饲料安全风险预警监测及饲料添加剂产品质量检测，规范使用饲料添加剂，减量使用兽用抗菌药物。做好耕地环境调查监测和耕地土壤质量类别划分，分区域开展退化耕地综合治理，推进污染耕地分类治理，加强耕地质量保护与提升，推动建立合理轮作制度，实施高标准农田建设，开展农田水利设施维护，推广设施药材水肥一

体化技术。持续开展面向绿色有机农业直通式气象服务，降低或避免灾害性天气对药材种植业生产造成的损失，确保药材种植业丰收和农牧民增收。扎实推进国家药材绿色发展先行区建设，土壤有机质含量保持在2.7%以上，高标准农田面积比重达到65%以上，天然草原草畜平衡率达到90%以上，秸秆综合利用率达95%以上，农膜回收利用率达到95%以上，畜禽养殖粪污综合利用率达到80%，农村生活垃圾处理率达到95%，农村生活污水处理率达到60%，农村居民人均可支配收入年增长率达到10%，打造药材产业绿色发展"青海模式"。

c. 建设药材科技园

充分发挥药材科技园、现代药材种植科技试验示范基地作用科研技术优势，与青海省高校和科学院共建"国家大道地药材产业技术体系西宁综合试验站"，引领极端环境药用植物科研和技术推广应用，增强科技示范带动作用，加快推进药材产业高质量发展，为青藏高原药材产业循环优质、高效特色产业化发展奠定良好基础。

d. 建设药用资源生产基地

巩固提升有机中藏药材种植基地，在三县加快发展规模化、标准化和带动力强的绿色有机中藏药材种植基地及同仁堂"定制药园"，扶持一批中藏药材专业合作社和龙头企业，充分利用生物园区制药企业平台，提高优质中藏药材生产加工能力，把青海打造成西北乃至全国高品质的有机中藏药原药（料）重要生产基地。

e. 打造高端有机专用肥生产中心

健全畜禽粪便资源综合利用长效机制，培育壮大有机肥加工企业和社会化服务组织，形成机械化、产业化运营的畜禽粪污及农业生产废弃物处理利用全产业链，提升加工转化能力，加快生产高品质、高质量、高效能的高端有机专用肥系列产品，实现有机肥生产质量和技术创新，提升有机肥市场竞争力，助推绿色有机药材示范基地建设。

6）加强服务体系建设

切实加强社会化服务体系建设，在搞好品种改良的基础上，从良种选择、管理措施、初加工、深加工、技术培训等环节上搞好系列服务，形成上下衔接、互相配套的协作网络。抓紧建立优质药材良种繁育体系、药材种质资源监理监测体系和加工销售体系。建立健全各级药材质量监督体系，装备必要设备，完善检测手段，进一步规范药材市场质量监督工作。对于动物性药材，建设"无规定动物疫病区"，严把生产场地、运输流通及产品的消毒检疫关，降低畜禽主要传染病、常见病的发生率，确保消费者的食用安全。严格执行法律法规，强化质量管理，提高各类药材质量，杜绝劣质药材上市。

按照社会化、专业化、网络化、市场化、规范化的要求，推进生物产业服务机构的产业化发展。在生物科技产业园区建设高新技术产业发展综合服务区，形成生物产业发展的综合服务中心。重点支持技术评估机构、管理咨询机构、技术交易及产权交易机构、资本运营中介机构等智力型中介服务组织的发展。发展有利于创新发展的技术标准体系、知识产权评估体系和中小型高新技术企业服务体系。建立高新技术专家咨询队伍，帮助企业进行技术咨询、技术诊断，发展技术经纪事务。建立和完善系统反映生物产业发展状况的统计指标和评价体系。

a. 建立健全药材可追溯体系

完善药材产品质量安全追溯体系。完善市、县、乡三级农产品质量安全追溯管理信息平台，支持将药材产品追溯与农业项目安排、药材品牌建设、药材产品认证和药材展会"四挂钩"，调动企业实施追溯的积极性。加快推进药材行业标准制定步伐，实现主要绿色有机药材在药材产地、生产过程、检验检测、包装标识等方面有标可依。加强基层监管机构能力建设，整合发挥药材质量安全检测机构的技术支撑能力，充实基层监管机构专业技术人员，不断织密编牢药材质量安全监管网。实施好药材领域生态标签制度，开展药材合格证试点，逐步实现规模生产经营主体的药材进入批发、零售市场或生产加工企业附带合格证。

建设药材信息平台。按照统一追溯模式、统一追溯标识、统一业务流程、统一编码规则、统一信息采集的要求，推进药材原产地可追溯体系建设。依托重点药材种植、加工企业，强化市县信息与省级对接，建设药材可追溯市、县级管理平台，实现药材种植、初加工、仓储、运输、深加工、销售全产业链信息可追溯。建立健全高品质有机药材产销可对接、信息可查询、源头可追溯、生产消费互信互认机制。

b. 实施药材品牌提升行动

创建药材产品品牌。立足道地中藏药材等优势主导特色产业，创建西宁市药材区域公用品牌，做强县域药材区域公用品牌和企业品牌。加大绿色、有机农产品认证和地理标志登记保护力度，创新培育手段、强化政策引导，激发生产经营主体认证绿色有机药材的积极性。

加强品牌营销推介。以市场消费需求为导向，以优质优价为目标，创新品牌营销推介和传播宣传方式，深入挖掘西宁药材产品的地域特色、品质特性，加大品牌宣传力度，讲好品牌故事，提升市场认知度和美誉度。充分利用中国青海结构调整暨投资贸易洽谈会（简称青洽会）、西宁城市发展投资洽谈会（简称城洽会）、中国国际农产品交易会（简称农交会）、中国农民丰收节（简称丰收节）等省内外营销促销平台，加强全媒体宣传推介，全方位、多渠道推动市内市外、展示展销、线上线下营销，推动传统营销和现代营销相融合，并借助大数据、云计算、电子商务等现代信息技术，拓宽品牌流通渠道，提升市场占有率和影响力，推进优质优价机制的形成。加大商标注册保护力度，严厉打击伪劣假冒产品，规范市场秩序，切实发展好、保护好绿色有机这块"金字"招牌，努力打造一批在全国具有影响力的特色品牌。

7）推进农业废弃物资源化利用

a. 构建绿色循环体系

强化农业生态环境保护，推行药材生产、加工废弃物无害化处理和资源化利用，形成可复制、可推广的农业绿色循环发展新模式。推进药材废弃物绿色循环。利用整县制建设，利用丰富的有机肥资源，促进有机肥加工，加快构建种养结合、农牧循环的可持续发展新格局。建立网络化的收储网点，推广秸秆肥料化、饲料化、基料化、燃料化、原料化综合利用模式。推进畜禽养殖废弃物处理和综合利用，采取"堆积发酵还田、有机肥加工、加工燃料"等方式，有效处置利用畜禽规模养殖场废弃物，推进绿色循环畜牧业建设。

b.深化废弃物资源化利用

支持有机肥生产企业，利用畜禽粪污资源，引进先进生产工艺和菌种，加大生物有机肥等高端专用有机肥生产，提升加工转化能力，推动畜禽粪污废弃物肥料化利用。以省级规模养殖场为重点，加快粪污资源化利用设施设备提升改造，建立收集加工配套和牲畜粪污循环利用机制，促进农牧结合循环发展，转变农业发展方式。推行规模养殖和屠宰加工畜禽废弃物无害化处理，建设无害化处理场和隔离观察场。完善废旧地膜和包装废弃物等回收处理制度，建立"政府主导、部门分工、协同共管、社会化运营"的农兽药包装废弃物等回收处理体系，严格农兽药生产者、经营者和使用者对废弃物回收处理的责任义务。

c.创新动植物资源流通增值体系

以批发市场建设为重点，加快推进市场主体建设和企业化管理，形成药材产品的产地市场为基础、销地市场为引导、集散市场为枢纽、农企对接等多种对接方式为创新，多元主体参与，多层次的区域药材产品市场流通体系。积极提高药材产品商品率和优质率，构筑具有较强市场竞争能力、适合青海省情、产销平衡的农畜产品供给体系，实现农牧业特色经济的加快发展。

加快主要药材产品流通基础设施建设。依托交通要道、经济核心区、农牧业重点产业布局、边境县，注重地区平衡，统筹考虑各市县的交通、区位、经济状况和产业布局等情况，重点加强集散地和销地药材批发市场，形成药材产品流通骨干网络。

加强公益性强的药材市场建设。积极推动出台并落实公益性强的药材市场规划和建设，加快新建或改造一批具有公益性质的药材批发市场、农贸市场，加快推进位于流通节点区域的药材公共物流配送设施建设。

强化产销衔接促进体系。积极推动药材产品流通创新，加快构建以农批对接为主体、农企对接为方向、直供直销为补充、电子商务为探索的农批零对接等产销衔接模式，形成"农企对接、农校对接、农批对接、农消费对接"为基础的药材企业产销增值体系。积极培育和引进大型、综合性、核心型药材批发企业。

建设流通技术保障体系。大力发展药材产品物流业，支持批发市场建设大型综合性加工配送中心和冷链物流。支持批发市场和流通企业实行电子结算、标准化销售和开展电子商务等流通模式创新。探索建立冬虫夏草等特色药材拍卖市场。

加快农牧区经济合作组织和农村经纪人队伍建设。加快主要药材产区农牧经济合作组织建设，积极培育农牧区农村经纪人，提升农牧民专业合作社物流配送能力和营销服务水平。创新发展依托驻村工作站点形成药材产销信息交流点和商品汇聚点，重点解决药材不对称、商品化率低、交易量小散等瓶颈问题。建设高原特色药材产地市场。以新建和改旧相结合，加快构建优势突出、特色鲜明的药材产销功能区。加快冬虫夏草等特色中藏药材产品及其深加工产品的产地市场建设，提高特色药材产品储藏能力。加快销地市场建设，满足居民消费需求。

3.5 主要结论

重点对典型中藏药材进行综合潜力评价。认为其劣势在于基础设施落后、配套体系不健全、缺乏龙头企业、战略品牌意识弱、产品关联度弱、产业链延伸不足、人力资源发展水平低等。产业发展的主要威胁有生态环境脆弱、自然灾害频繁、土地利用水平低、规模化种植能力差、中藏药产品相似性大、区域间竞争加剧、涉农服务机构少、社会化服务体系不健全等。但青海省药用动植物资源产业化发展具有得天独厚、独一无二的优势。长期适应生长于高光照、高紫外线、高海拔、缺氧、寒冷、干旱、多盐碱等特点的极端环境中的动植物资源先天具有有效成分含量高、有效成分独特、生长环境优良等优势。青海省极端环境动植物资源鲜明的特色和不可替代性使其具有广阔的发展前景。同时，极端环境动植物资源产业发展也符合习近平总书记对青海省建设生态文明做出的全面部署。总体来讲，青海省现代生物技术支持下的极端环境"天然生产—人工种植"一体化发展的绿色高原中藏药产业潜力较大。

青海药用资源丰富。在中藏药经典《晶珠本草》记载的2294种中藏药资源中，青海省有植物药1087种，动物药150种，矿物药57种。全国中药资源普查办指定9个青海省须普查的专项品种，即大黄、冬虫夏草、麝香、鹿茸、甘草、甘松、羌活、龙骨、贝母。青海省根据实际情况增订了47个重点普查品种，包括急需保护冬虫夏草、手掌参等22种，需保护的柴胡、大黄等42种，一般保护的蒲公英、地骨皮等69种，药用植物资源价值近100亿元。

青海药用特色经济发展前景广阔，可重点打造国家级特色浆果产业基地、冬虫夏草菌丝体生产基地、中藏药产业生产基地和集研发创新、健康养生保健品加工、展示交易为一体的绿色高原特色中藏医药产业集群。参照目前云南省发展的云药产业，青海省发展绿色高原中藏药产业的潜在产值可达500亿元（云南省医药工业总产值536.9亿元，2018年），对全省生产总值贡献率约为17%。

西宁地区以青海国家高新技术产业开发区为核心，依托区内中藏药品种占全国60%以上的产业优势和多项重大科研项目储备，充分发挥园区人才、技术、品牌、地域优势，重点打造国家特色浆果产业化基地、国家冬虫夏草菌丝体生产基地、国家中藏药产业化生产基地和集研发创新、健康养生保健产品加工、展示交易于一体的高原特色医药产业集群；重点发展医药产业高新技术孵化和服务业，建立科技创新和研发检测平台，完善现代物流和网络交易体系，引领和带动全省医药产业发展。

海东地区依托青海中关村高新技术产业基地和海东科技园，紧紧抓住海东建设现代农业示范区的机遇，重点发展高原特色生物资源的原种抚育、育种、驯化、种植，以及药用动物驯养基地及其产品的精深加工产业。

海西地区充分利用柴达木地区气候和特色生物资源优势，重点发展红枸杞、黑果枸杞、白刺、锁阳、甘草、罗布麻、玛卡等规范化种植基地以及提取物、保健品加工产业，大力发展特色生物资源保健品产业。

青南与环湖地区重点建设中藏药用植物资源野生抚育和保护基地，建成暗紫贝母、甘草、麻黄、唐古特大黄、羌活、秦艽、椭圆叶花锚、湿生扁蕾、红景天、手掌参等规范化种植基地以及饮片加工基地。

高原特色保健食品集群依托高新区、工业园区骨干企业，加快扩大沙棘、冬虫夏草、冬虫夏草菌丝体、菊芋、白刺、红景天、亚麻籽、牛羊骨血精深加工等特色健康养生保健产品的生产规模，打造集研发创新、生产加工、展示交易于一体的高原特色保健食品集群。

第4章 青海高原生态观光与体验产业发展潜力评估

4.1 引　　言

4.1.1 发展青海高原生态观光与体验产业的背景和意义

1. 背景

随着当今世界经济、科学技术的飞速发展，旅游业成为全球经济增长最快的行业之一，世界各国旅游业发展进入一个较为稳定的持续增长期，旅游业发展带动社会各行业的全面发展，但其背后仍然存在着一些问题。一方面，物质生活得到较大满足的背后是生活环境质量的日渐下降，在此情形下，渴望亲近自然、渴望回归自然成为众多民众的重要心理诉求；另一方面，旅游业的过度开发和不太成熟的旅游景点管理体系，导致旅游区的环境污染和生态破坏，致使旅游业可持续发展面临巨大挑战。在此背景下，环境保护的呼声越来越高，可持续旅游成为世界各国旅游业发展的正确选择。

"生态旅游"是尊重自然和文化的异质性，实现自然保护、旅游业发展，以及区域振兴等多重目标的有效手段，旨在促进人与自然的和谐共生。国家有关部门也出台相关政策文件以推动生态旅游的发展，2016年出台的"十三五"规划提出支持生态旅游发展，并且发布了《全国生态旅游发展规划（2016—2025年）》，为各省发展生态旅游业指引方向。作为全国的生态大省，青海省也积极响应国家号召，于2018年8月顺利通过全域旅游规划项目《青海省全域旅游发展规划》，标志着青海省的旅游产业发展迈入一个更高质量、更品质化、更与时俱进的发展时代。规划提出要充分挖掘青海省的生态、文化资源，发挥青海"大"文化、"美"生态、"贵"融合、"特"地脉的四大资源优势，打造"大美青海"旅游目的地品牌。优质的生态旅游资源和国家与全省的政策支持为青海发展生态观光与教育体验产业提供较好的条件与强大的动力。

2. 意义

1）理论意义

旅游产业发展潜力评价研究一直是旅游地理学研究的热点之一。本章从生态旅游产业供给潜力、生态旅游市场需求潜力、生态旅游产业保障潜力、生态环境潜力等因素出发，为青海省生态旅游的可持续发展建立科学合理的评价模型。评价青海省生态旅游发展潜力，进一步丰富青海省生态旅游研究的理论内涵，对于促进青海省生态旅游的开发、建立科学合理的旅游业发展体系和出台相关政策具有重要的理论意义。

2）现实意义

对青藏高原生态观光与体验产业的发展潜力进行评估对于游客、当地居民等利益主体来讲具有重大现实意义。首先，依托品位优、价值高的旅游资源特色，在进行产业评估的基础上适度开展小众化、精品化、专业化的旅游活动，在限制游客数量、限制旅游活动种类的原则上，开展徒步、科普、野生动植物观察、探险、低空旅游等多样化的活动；其次，对游客进行环境教育和环境解说以提高游客的环境保护意识，让游客尊重自然，对自然负有责任；最后，通过提供食宿和担任向导的方式，加强社区居民的参与度，提高当地人的生计，协调各利益相关者，实现互惠共赢。

为回答习近平总书记指出的青海最大的潜力在生态，本书针对青海省生态旅游发展特征，系统分析青海高原生态观光与体验产业发展现状，评价生态观光与体验产业的潜力，制定生态环境保护与生态旅游可持续发展双赢目标，提出适合青海高原不同潜力地区的生态保护、生态观光与体验产业发展的建议及社区共生共管模式，明确各利益相关者应承担的生态保护与大生态产业发展责任，为全面发展青海省生态观光与体验产业提供科学支撑。

4.1.2 本章内容概述

分析青藏高原生态观光与体验产业的资源禀赋、市场、经济发展水平、基础设施等；提出青藏高原生态观光与体验产业发展潜力的分析模型和指标体系；对青海省生态观光与体验产业发展潜力展开定量的测评；提出促进青海省生态观光与体验产业发展的模式。

4.1.3 青海高原生态观光与体验产业发展潜力评估路线

青海高原生态观光与体验产业发展潜力评估路线如图4-1，实施要点如图4-2。

第4章 青海高原生态观光与体验产业发展潜力评估

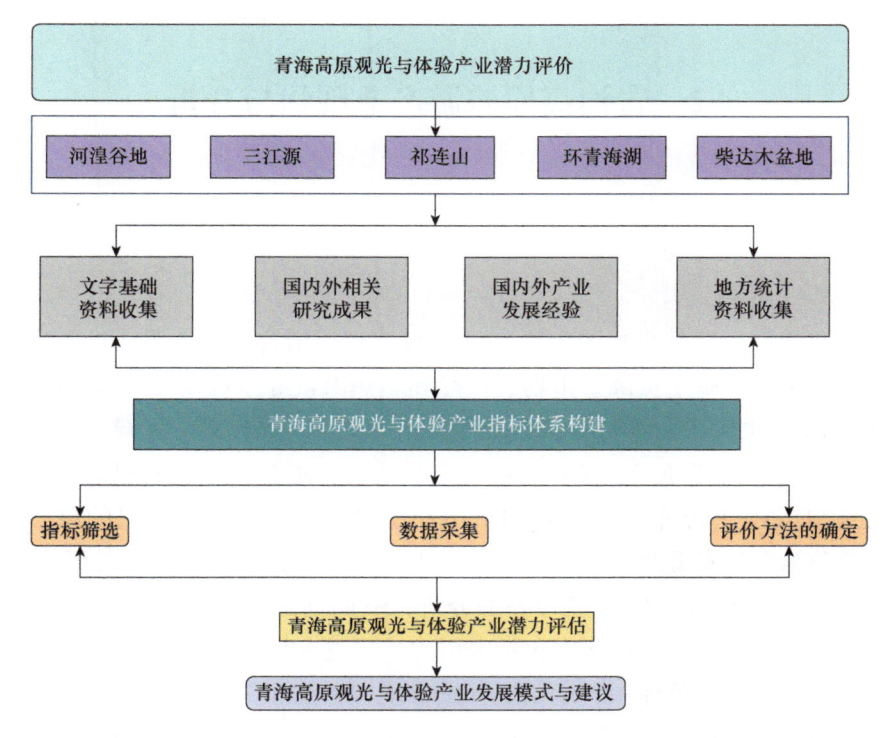

图4-1 青海高原生态观光与体验产业发展潜力评估路线

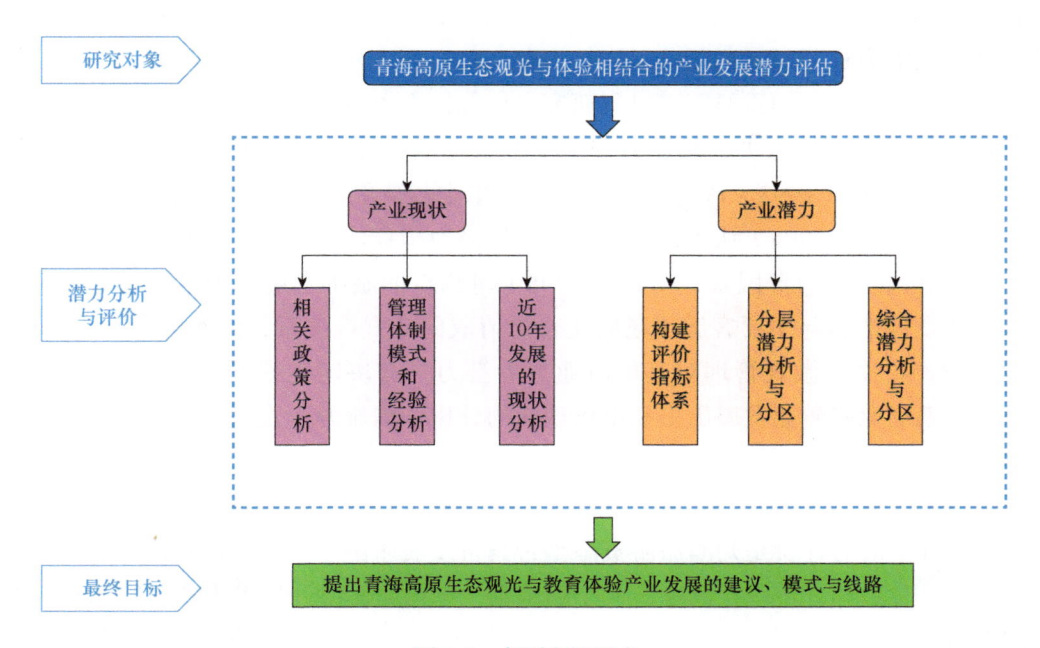

图4-2 专题实施要点

4.2 青海高原旅游产业现状与分析

4.2.1 国内外研究现状

1. 国外研究现状

从已有文献看，国外直接关于生态观光与体验相结合的产业潜力的研究并不多，而且国外学者主要着眼于资源、市场、产品和影响因素等微观领域，有关国家或区域层面的相关研究比较少。如Gunn和Mcmillen（1979）从水文、气候、历史、民俗、交通等方面评价得克萨斯州旅游资源的发展潜力，并通过Synmap计算机制图系统制成旅游资源开发潜力分布图；Gunn和Larsen（1993）在伊利诺伊州的旅游规划中，将旅游资源分为自然资源和人文资源两大类别，分别对其开发潜力进行评价，并通过Arcinfo系统对二者的评价结果进行叠加分析，从而划分出不同地区旅游资源开发潜力的等级；Priskin（2001）构建了包括吸引力、可进入性、旅游设施、环境质量等方面的自然旅游资源的评价体系，运用矩阵法对澳大利亚西部中央海滨地区的旅游资源开发潜力进行评价；Langlois等（1999）通过英国游客波兰之旅的行程安排和对波兰之旅的感知印象，对波兰的英国客源市场潜力进行评估；Samsudin等（1997）从技术和经济的角度评估马来西亚温泉旅游发展潜力；Edwards等（1996）对工业遗址旅游产品发展潜力进行过专门研究；Arturo和Juan（2003）以西班牙加那利岛为例，将旅游潜力作为竞争力的重要因素进行研究；Hunter（1997）明确提出旅游业的发展潜力与社区发展、生活水平、旅游者安全需要、环境资源保护和文化建设等因素密切相关；Mckercher（1993）认为社会、环境因素对旅游可持续发展潜力有着重要影响；Henry和Jackson（1995）认为，旅游产业发展潜力指标体系中应包括政治、经济、社会、生态和风土人情等因素；Kelly（1998）对约旦的旅游发展潜力进行了研究，认为旅游业发展潜力与主要客源市场的文化价值取向有直接关系，而本国的政治环境、产业政策、税率、微观管理对其旅游业发展潜力具有决定性影响；Wade等（2001）通过对坦桑尼亚旅游业发展历史和市场现状的分析该国旅游业发展的未来趋势和发展潜力。

2. 国内研究现状

旅游开发潜力评价是判断旅游资源是否具备发展旅游业的条件，并进一步衡量其获取经济、社会和环境效益的能力大小的基础。中国对旅游开发潜力的研究起步于20世纪70年代，学者们针对不同类型的旅游资源开展了广泛研究，成果颇丰。任宣羽等（2007）以工业旅游为研究对象，对中国180家工业企业的旅游开发潜力进行定性分析。陈梅花和石培基（2009）对南阳玉文化旅游资源开发潜力进行研究，为有效开发文化旅游资源奠定了基础。钟林生等（2009）采取典型样本调查与区域综合分析相结合的方法，构建西藏温泉旅游资源的开发潜力评价体系，并将西藏划分为高、中、低3个潜力区。吴文庆等（2012）采用德尔菲法构建水利生态旅游开发潜力评价体系。刁进宇（2014）分析安徽省淮北市五年的旅游投资效率以及旅游竞争力，论证对于资源枯竭型城市开发旅游的可行性。罗谷松等（2016）研究具有独特性和资源稀缺性的红层沙漠，认为其具有很高的开发价值和很强的开发可行性。刘立波等（2016）以张家口草原天路景区为研究对象，对景区生态资源进行定量评价，并对如何规划和开发生态休闲旅游提出了建议。

其次，从评价指标的选取来看，彭小舟和尹华光（2009）建立包含利益相关者、旅游产品开发、遗产价值和遗产承载力的评价指标体系，对非物质文化遗产桑植民歌开发潜力进行了研究。李泽等（2011）从开发现状、资源价值、区位交通、经济效益和环境容量五个方面构建开发潜力评价体系，并以中国的12个海岛县作为评价对象，将评价结果划分为Ⅰ类和Ⅱ类旅游开发潜力区。吕建树等（2011）构建的鲁北滨海湿地生态旅游开发潜力评价指标体系由旅游开发、生态环境、资源禀赋和客源市场四个维度构成。余进等（2014）则以乌拉山国家森林公园为研究对象，从旅游资源、基础条件和区域特性三个方面构建指标体系，对公园旅游资源开发潜力进行定量评价，以此提出对乌拉山国家森林公园开发的建议。马冉（2016）在对秦皇岛健康旅游产业发展现状的定性SWOT理论分析基础上，从资源开发、产业效益、政策作用、产业支撑要素等方面对秦皇岛发展健康旅游产业进行综合评估和趋势预测。

此外，研究方法比较丰富，主要有层析分析法、模糊综合评价法、因子分析法等。汪侠等（2007）以老子山风景区为研究对象，运用层次分析法和灰色理论法对其旅游资源开发潜力进行评价，解决层次分析法信息不完备和不确切的问题，使评价结果更加客观可信；张志斌和樊芳卉（2009）基于模糊聚类的方法对甘肃省平凉市旅游资源开发潜力进行了评价，并提出开发策略；张广海和刘佳（2010）采用多目标线性加权法构建中国滨海城市旅游开发潜力评价模型，并将14个滨海城市的各项潜力指数和综合潜力指数得分进行聚类分析，将其划分为四类开发潜力类型；王润等（2014）利用GIS空间分析的方法，从资源到旅游产品的转化能力、可进入条件、基础客源市场和遗产城市依托等方面对45处世界遗产旅游开发潜力进行了分析评价；贾真真等（2015）运用灰色系统理论对贵州黔东南苗岭国家地质公园的9个景区进行开发潜力评价，认为开发潜力综合评价有一定的时效性。王琦（2016）对我国山地养生旅游开发潜力做研究，通过因子分析法得出自然养生资源是山地养生旅游开发的主要影响因子，并总结归纳了我国山地自然养生旅游的开发特征，进而提出相应的开发策略。

综合国内外旅游开发潜力研究分析得出，区域发展潜力、经济发展潜力，以及投资地潜力等研究逐步趋向定量化,对旅游产业发展潜力定量分析有一定的借鉴意义。旅游发展潜力研究以区域旅游资源的开发潜力分析为主,旅游产业发展潜力的研究相对较少,现有研究立脚点仍以资源为导向,缺乏全局性和系统性。

4.2.2 生态保护与发展的相关政策和国外经验分析

党的十八大首次将生态文明建设写进中国特色社会主义总体布局中,这既是国家全面发展的系统目标,也是生态建设的现实需求。随后习近平总书记在党的十八届五中全会提出了创新、协调、绿色、开放、共享的新发展理念,其中绿色发展就强调了生态文明建设的重要性。走向生态文明新时代,建设美丽中国,是实现中华民族伟大复兴中国梦的重要内容。习近平总书记对生态环境和经济发展的关系进行了解读,"我们既要绿水青山,也要金山银山。宁要绿水青山,不要金山银山,而且绿水青山就是金山银山。"在中国特色社会主义建设中要充分挖掘生态潜力,将生态优势转化为经济优势,以期实现经济的可持续发展。

青海省地处长江、黄河、澜沧江源头,是中华水塔,承担着维护国家乃至北半球生态安全的崇高使命(青海省社会科学院生态环境研究中心,2016)。青海湖区域是抵挡荒漠化的重要屏障,青海省可可西里地区被列为世界遗产名录,是生态保护重点区域,青海祁连山地区是西部重要的生态安全屏障。党和政府对青海生态发展有着战略性的指示和高度关注。2016年8月24日,习近平总书记在青海考察时强调指出,"青海最大的价值在生态、最大的责任在生态、最大的潜力也在生态"。青海省也立足于自身发展,早在2008年提出"生态立省"战略。同年5月,青海省第十一次党代会提出将青海省建设成为高原旅游名省的战略目标。为此,2018年7月青海省委十三届四次全会做出"一优两高"战略部署,加快推进富裕文明和谐美丽新青海建设。随后青海于2019年率先启动国家公园示范省建设,力争形成以国家公园为主体、自然保护区为基础、各类自然公园为补充的自然保护地管理体系。在正确认识国情和省情的基础上,我们要结合习近平生态文明思想和青海生态实际探索出一条具有青海特色的生态实践之路。新时代青海生态文明建设需要国家、社会、个人的共同努力,构建多元共治的生态建设体系(表4-1)。

表4-1 近年来国家与青海省关于生态保护相关文件政策

	文件名称	主要相关内容
国家层面	《中共中央关于全面深化改革若干重大问题的决定》(2013年)	提出建立国家公园体制,并加快生态文明制度建设,建立空间规划体系,划定生产、生活、生态空间开发管制界限,落实用途管制,健全能源、水、土地节约集约使用制度
	《中共中央 国务院关于加快推进生态文明建设的意见》(2015年)	建立国家公园体制,保护自然生态和自然文化遗产原真性、完整性。依托乡村生态资源,在保护生态环境的前提下,加快发展乡村旅游休闲业

续表

	文件名称	主要相关内容
国家层面	《生态文明体制改革总体方案》（2015年）	国家公园实行更严格保护，除不损害生态系统的原住民生活生产设施改造和自然观光科研教育旅游外，禁止其他开发建设，保护自然生态和自然文化遗产原真性、完整性
	《建立国家公园体制试点方案》（2015年）	突出生态保护、统一规范管理、明晰资源权属、创新经营管理和促进社区发展
	《建立国家公园体制总体方案》（2017年）	坚持全民公益性。国家公园坚持全民共享，着眼于提升生态系统服务功能，开展自然环境教育，为公众提供亲近自然、体验自然、了解自然以及作为国民福利的游憩机会鼓励公众参与，调动全民积极性，激发自然保护意识，着力维持生态服务功能，提高生态产品供给能力 严格规划建设管控，除不损害生态系统的原住民生产生活设施改造和自然观光、科研、教育、旅游外，禁止其他开发建设活动 构建社区协调发展制度，建立社区共管机制，引导当地政府在国家公园周边合理规划建设入口社区和特色小镇。鼓励设立生态管护公益岗位，吸收当地居民参与国家公园保护管理和自然环境教育等 完善社会参与机制，引导当地居民、专家学者、企业、社会组织等积极参与，鼓励当地居民或其举办的企业参与国家公园内特许经营项目
	《关于建立以国家公园为主体的自然保护地体系指导意见》（2019年）	坚持生态为民，科学利用，探索自然保护和资源利用新模式，发展以生态产业化和产业生态化为主体的生态经济体系，不断满足人民群众对优美生态环境、优良生态产品、优质生态服务的需要 制定自然保护地控制区经营性项目特许经营管理办法，建立健全特许经营制度，鼓励原住居民参与特许经营活动，探索自然资源所有者参与特许经营收益分配机制 探索全民共享机制，在自然保护地控制区内划定适当区域开展生态教育、自然体验、生态旅游等活动，构建高品质、多样化的生态产品体系。完善公共服务设施，提升公共服务功能。扶持和规范原住居民从事环境友好型经营活动，践行公民生态环境行为规范，支持和传承传统文化及人地和谐的生态产业模式 建立分类科学、布局合理、保护有力、管理有效的以国家公园为主体的自然保护地体系，确保重要自然生态系统、自然遗迹、自然景观和生物多样性得到系统性保护，提升生态产品供给能力，维护国家生态安全，为建设美丽中国、实现中华民族永续发展提供生态支撑
	《建立市场化、多元化生态保护补偿机制行动计划》（2019年）	发展生态产业，在生态功能重要、生态资源富集的贫困地区，加大投入力度，提高投资比重，积极稳妥发展生态产业，将生态优势转化为经济优势 以生态产品产出能力为基础，健全生态保护补偿标准体系、绩效评估体系、统计指标体系和信息发布制度
	《关于统筹推进自然资源资产产权制度改革的指导意见》（2019年）	健全自然保护地内自然资源资产特许经营权等制度，构建以产业生态化和生态产业化为主体的生态经济体系，实现资源开发利用与生态保护相结合的改革初衷
青海省	《"四个发展"：青海省科学发展模式创新》（2012年）	基于青海的基本省情和实际情况，认为青海作为西部欠发达省份，要想实现较快、协调和可持续的发展，要想尽快改变经济文化落后的面貌，就必须着力推动跨越发展、绿色发展、和谐发展和统筹发展，主要在生态农牧业以及新能源、新材料、旅游业等新兴产业等领域着重发力
	习近平总书记青海考察时提出的"四个扎扎实实"（2016年）	"扎扎实实推进经济持续健康发展，扎扎实实推进生态环境保护，扎扎实实保障和改善民生、加强社会治理，扎扎实实加强和规范党内政治生活"的要求，即关于推进经济发展、生态环境保护、改善民生和规范党内生活的重大要求

续表

	文件名称	主要相关内容
青海省	"四个转变"(中共青海省委第十二届十三次全体会议)	努力实现从经济小省向生态大省、生态强省的转变;从人口小省向民族团结进步大省的转变;从研究地方发展战略向融入国家战略的转变;从农牧民单一的种植、养殖、生态看护向生态生产生活良性循环的转变;建设生态大省、生态强省和全国可持续发展的典型示范区,发挥青海生态战略的关键作用
	"一优两高"的战略部署(中共青海省委第十三届四次全体会议)	"生态保护优先"是重要前提,"高质量发展"是基本路径,要以新发展理念统领全省发展全局,充分发挥地区资源优势,着力推进绿色增长、转换增长动能、调整经济结构、转变发展方式。"最高品质生活"是根本目标,高品质生活不仅包括充裕的物质生活、丰富的精神生活,还要有包括蓝天、白云、青山、绿水等在内的优美生活环境和生态环境
	《青海以国家公园为主体的自然保护地体系示范省建设白皮书(2019)》	统筹推进三江源、祁连山国家公园体制试点,制定国家公园示范省建设总体方案,编制实施三江源国家公园5个专项规划,生态管护员实现"一户一岗",确定以生态农牧业、文化旅游业和新能源为主的绿色产业架构,建立青藏高原经济高质量发展的新引擎 探索建立了规划、政策、制度、标准、机构运行、人力资源、多元投入、科技支撑、监测评估考核、项目、生态保护、宣传教育、公众参与、合作交流、社区共管等15个国家公园建设管理体系
	《青海省生态文明先行示范区建设2019年度工作要点》	发展文化生态产业。加快国家藏羌彝文化产业走廊、丝绸之路文化产业带等项目建设,集中力量打造青海之窗文旅城、循化撒拉尔水镇等一批精品线路和景点 探索建立生态产品价值实现机制。围绕科学评估核算生态产品价值、培育生态产品交易市场、创新生态产品资本化运作模式、建立政策制度保障体系等方面加强研究、实践,探索生态产品价值转化途径
	《青海省湿地保护条例》(2013年)	以保护湿地生态系统、合理利用湿地、开展湿地宣传教育和科学研究为目的,开展生态旅游等活动的湿地,可以建立湿地公园 县级以上人民政府旅游主管部门应当编制湿地旅游专项规划,指导湿地旅游资源的保护和合理开发利用。旅游专项规划应当征求同级林业主管部门的意见 在湿地从事生态旅游项目经营的单位和个人,应当制定湿地保护方案,报县级以上人民政府林业主管部门同意
	《青海三江源自然保护区生态保护和建设总体规划》(2005年)	三江源国家公园科研科普、生态管护公益岗位、特许经营、预算管理、项目投资、社会捐赠、志愿者管理、访客管理、国际合作交流、草原生态保护补助奖励政策实施方案等10个管理办法,形成了"1+N"制度体系
	《三江源国家公园条例(试行)》(2017年)	实行严格保护,除生态保护修复工程和不损害生态系统的居民生活生产设施改造,以及自然观光、科研教育、生态体验外,禁止其他开发建设 建立特许经营制度,明确特许经营内容和项目,国家公园管理机构的特许经营收入仅限用于生态保护和民生改善。国家公园管理机构应当会同所在地人民政府组织和引导园区内居民发展乡村旅游服务业、民族传统手工业等特色产业,开发具有当地特色的绿色产品,实现居民收入持续增长 国家公园管理机构应当科学合理设置生态体验区域和线路,形成空地一体的生态体验网络,完善自助服务等生态体验服务体系。任何生态体验活动都不得破坏公园内的生态环境、自然资源和人文资源
	《祁连山国家公园体制试点方案》(2017年)	开展祁连山国家公园体制试点,要抓住体制机制这个重点,突出生态系统整体保护和系统修复,以探索解决跨地区、跨部门体制性问题为着力点,按照山水林田湖是一个生命共同体的理念,在系统保护和综合治理、生态保护和民生改善协调发展、健全资源开发管控和有序退出等方面积极作为,依法实行更加严格的保护。要抓紧清理关停违法违规项目,强化对开发利用活动的监管

续表

	文件名称	主要相关内容
青海省	《祁连山国家公园体制试点（青海片区）实施方案》（2018年）	开展环境教育展示，按照绿色、循环、低碳理念，设计生态体验和环境教育项目，完善科研、教学实习基地，完善科普宣教设施设备，建设宣教点、宣传网站，打造自然生态体验区和环境教育展示平台，增强公众珍爱自然、保护自然意识 依托周边城镇、村庄、林场和牧场设立公共服务中心，根据环境容量确定访客承载数量，实现园内体验园外服务，尽量减少人为活动对园区自然生态的干扰和影响

4.2.3 国外典型国家公园管理模式和经验分析

1. 美国国家公园管理体制

美国国家公园管理局集中管理下辖400多处国家公园，管理体制包括管理规划编制、建设项目核准、经营性项目准入、旅游开发许可等。美国也会允许一些环境保护基金协会等非政府组织、科研机构、私营企业参与国家公园的治理。即美国国家公园管理采用的是联邦政府主导，多方力量参与的国家公园管理模式。这种中央政府主导的管理体制避免中央与地方政府、私人之间的利益矛盾。

在经营制度上，美国坚持国家公园的公益性属性，但也将特许经营制度作为收入的一项重要补充。美国颁布针对国家公园的《特许经营权法》，允许私营机构采用竞标的方式，缴纳一定数目的特许经营费，以获得在公园范围内开发餐饮、住宿、河流运营、纪念品商店等旅游配套服务的权利。目前，美国国家公园的特许经营制度为国家公园带来一定补充收入。美国国家公园为避免与私人、地方间利益矛盾，将国家公园所涉及土地基本实现国有化。

2. 英国国家公园管理体制

英国在各个国家公园内都设有国家公园管理局，但国家公园管理局仅有极少一部分土地所有权，其他大部分土地都归属于当地农户、国家信托机构，以及居住在内的社区居民。因此，国家公园管理局需要协调相关机构以及农户和居民等土地所有者参与到国家公园建设中。某种意义上讲，英国各个国家公园管理局扮演着中间协作或交流平台的角色。由于英国国家公园具备完善的法律法规保护，这种运行方式也是行之有效的。

英国国家公园的组织机构由三级体系组成，在国家层面由国家环境、食品和乡村事务所（Department for Environment Food and Rural Affairs，DEFRA）负责，英格兰、威尔士和苏格兰是组成部门，分别负责其国土范围内的国家公园事务，每个国家公园又都设有国家公园管理局。同时，一些政府机构，比如国家公园管理协会、国家公园运动（Council for National Park，CNP）等也参与国家公园的管理。总之，英国国家公园的管理采用的是政府资助、地方投入、公众参与的综合型管理体系，成员由国家政府任命的官员、地方行政官员、科研人员，以及公众代表团组成，共同对国家公园实施管理。

为保障国家公园内社区居民等各方土地所有者的利益，英国的国家公园内旅游活动非常频繁，收益非常可观。这些旅游活动不仅为居民带来收入，为社区产业发展注入活力，也成为地方经济发展的重要动力。但这种经营活动和建设活动是在规划政策的规范引导下实施的，其中最重要的规范依据是《国家公园管理规划》。英国的国家公园规划具有法律效力，对于指导国家公园的发展发挥巨大作用。

3. 德国国家公园管理体制

由于德国是联邦制国家，国家公园的管理基本上归各州政府的环境部门统管，是典型的地方自治型管理体系。德国国家公园管理实行三级行政管理。联邦政府只负责国家公园的政策引导和相关法律，州政府则是国家公园管理的最高行政部门，也是国家公园的直接管理主体，其职责包括为国家公园制定相关法规、州政府之间的协调，以及与联邦政府各部门之间的联络等。州政府以下又根据行政级别分别设立地区国家公园管理办事处、县（市）国家公园管理办公室。

德国国家公园分为核心区、限制利用区和外围防护区，在核心区内除道路建设外不准任何形式开发利用，限制区内则允许人工建设和大规模人类活动，外围防护区主要用于保护生物群落。德国国家公园允许适度发展旅游产业，以增加周边居民的收入和就业机会。

4. 韩国国家公园管理体制

韩国国家公园管理公团是韩国唯一的专业管理国家公园的机构，隶属韩国环境部。韩国国家公园管理公团是韩国国家公园管理的主体，在环境部部长委托授权下开展对国家公园资源的调查和研究，负责保护和管理国家公园的自然与文化资源，同时在国家公园内建造各种设施并负责维护，指导国家公园的有效使用，并承担国家公园宣传工作等。

韩国针对国家公园颁布《自然公园法》《自然公园法实施令》《自然公园法实施细则》一整套法律法规，以法律形式明确国家公园保护管理等相关事宜，这些法律具有很强的执行力和操作性（李祗辉，2014）。国家公园管理公团在法律规定的范围内对每个国家公园行使管理权，在管理决策方面基本不受地方政府和其他部门及经营企业的干预。韩国根据《志愿活动服务基本法》《国家公园志愿服务制度运营规则》进行志愿者招募等相关管理工作（闫颜和徐基良，2017），让公众积极参与国家公园管理，激发全民保护国家公园的意识（表4-2）。

表4-2 美国、英国、德国和韩国的国家公园管理体制比较

国家	管理体制	管理模式	土地属性	经营体制	举例
美国	中央政府	集中管理模式	绝大部分归中央政府所有	特许经营制度	黄石国家公园
英国	中央与地方政府共同管理	综合管理	大部分为私人所有	法律制度约束下旅游活动频繁	湖区国家公园
德国	地方政府	地方自治	绝大部分归地方政府所有	公益性为主的适宜旅游活动	亚斯蒙德国家公园
韩国	中央政府	国家统一管理	绝大部分土地国有化	社区共管体制	智异山国家公园

总体来看，美国、英国、德国和韩国的国家公园管理体制基本上能代表世界上绝大部分国家对国家公园的管理模式。从管理主体、土地属权、机构设置、经营活动等方面来看，美国、英国、德国和韩国四个国家各有特色。

4.2.4 青海省旅游产业发展现状

1. 旅游业实现稳步增长态势

依托得天独厚的原生自然环境和深厚的历史文化底蕴，加之青海各级党委政府对旅游业发展的高度重视，近年来青海省旅游业发展取得重大发展，经济的不断增强，推动旅游业的多元发展，基础设施与交通网络线日渐成熟，旅游业发展态势向好。近年来，青海旅游实现稳步增长态势。2010~2019年以来青海省旅游人次的变化情况如图4-3。

图4-3　2010~2019年青海省旅游人次统计情况

数据来源：2011~2020年中国统计年鉴、青海省统计年鉴和2010~2019年青海省国民经济和社会发展统计公报[①]

由此可得：旅游总人次呈现不断上升趋势，从2010年1226万人次上升到2019年的5080.17万人次，其中国内旅游者始终是青海旅游的主力军，占到旅游总人次的95%以上；国内旅游者总人次整体上呈现增长态势，国际旅游者数量较少但是同比增长波动较大。2010~2019年以来青海省旅游收入变化情况（图4-4），可以看出旅游总收入呈现稳定增长态势，从2010年71亿元上升到了2019年的561.33亿元，旅游收入主要来源

---

① 青海省统计局，国家统计局青海调查总队. 2010~2019年. 2010~2019年青海省国民经济和社会发展统计公报.

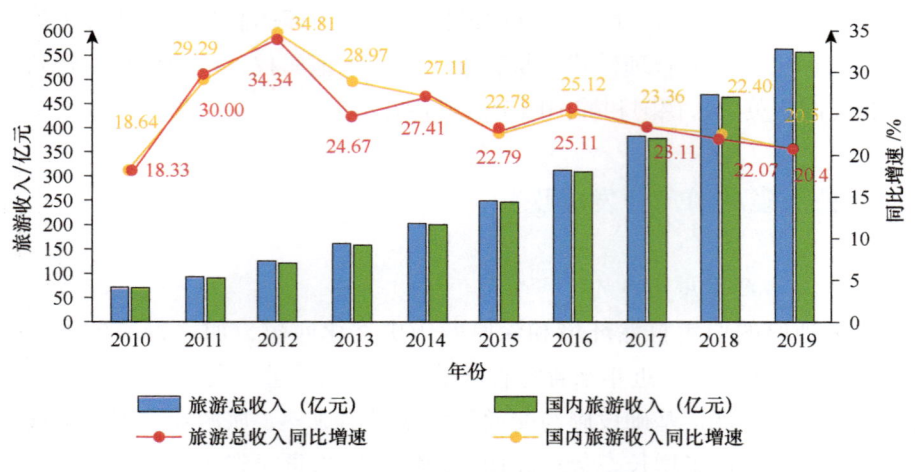

图 4-4 2010～2019年青海省旅游收入统计情况

数据来源：同图4-3

于国内旅游者，收入占比达到总收入的95%以上；旅游总收入增速与国内旅游收入增速的变化趋势基本一致。

2. 出游目的以休闲度假和观光游览为主

青海省已经形成以"大美青海"为核心品牌，由目的地品牌、旅游产品品牌、旅游企业品牌组成的多元化旅游品牌体系，具有较高的市场号召力和吸引力。"青海湖""天空之境""可可西里"等品牌知名度和美誉度也在不断提升，树立鲜明的旅游形象，青海已经发展成为全国旅游热点地区，影响力大幅提升。

2018年青海省旅游统计抽样报告调查显示，从出游目的来看，以"休闲度假和观光游览"为主要目的的游客人数最多，占到69.1%，其次是探亲访友的游客，占调查问卷总数的11.69%，以健康疗养为目的到青游客占比较少，仅占2.61%。

3. 生态观光旅游具有较大的需求潜力

旅游搜索量增加可以反映出青海旅游知名度的不断提升。青海省各大景区都处在一片旅游热潮中。2011～2019年百度搜索青海省旅游景点的百度指数日均搜索量显示（图4-5），游客年日均搜索量最高的十个景点分别是青海湖、塔尔寺、茶卡盐湖、日月山、贵德国家地质公园、互助土族故土园、玉珠峰、可可西里自然保护区、翡翠湖和察尔汗盐湖；整体上，在前十的景点中除塔尔寺和互助土族故土园两个AAAAA级景点是人文类旅游资源之外，其余的均为自然资源类为主的旅游景区；其中日均搜索量第一位的是青海湖，其次是茶卡盐湖，第三选择为塔尔寺。目的地选择青海湖、塔尔寺、祁连山草原、茶卡盐湖，到德令哈、柴达木盆地、黄河源等景区（点）的搜索量及关注度极高，以自然类景区为主，由此表明青海省发展生态观光旅游具有强大的需求潜力。

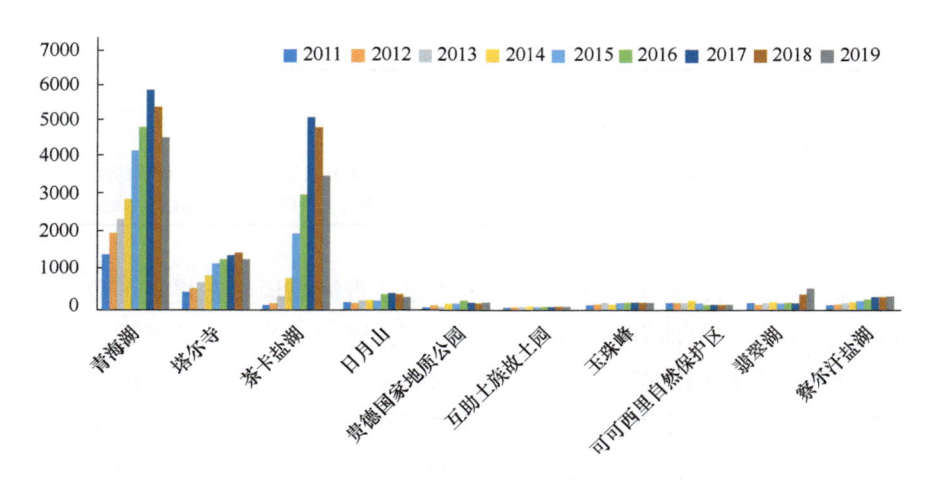

图 4-5 来青海游客景区日均搜索量

数据来源：同图4-3

4.2.5 旅游产业发展存在的问题

1. 政策理解不全面，保护与发展关系处理欠妥

"生态兴则文明兴，生态衰则文明衰。"这是习近平总书记探讨人类生产与自然环境的关系论述。曾几何时，经济的快速发展、人口的膨胀，对自然生态环境的掠夺导致一系列的环境恶化，生态环境没有替代品，用之不觉，失之难存。青海省自然生态资源珍贵而稀缺，拥有着美轮美奂的湖泊、雪山、湿地、云海等至纯至美的旅游胜地，吸引着一批又一批的旅游者前往寻觅。旅游者纷至沓来的结果是人间净土不再清净，植被沙化、水质恶化，茵茵草场垃圾随处可见，动物生存受到侵扰。许多旅游开发商未经过政府相关部门的允许，将旅游项目引入到自然保护区内，并开始建造各种娱乐项目。2018年4月开始，青海省陆续发布通告，令相关景区禁止接待游客，"禁游令"逐渐出台，已有可可西里、黄河源头、年保玉则、岗什卡雪山、青海湖鸟岛和沙岛景区等（表4-3），涉及三江源、祁连山和青海湖等国家级自然保护区，这些采取禁游令的旅游景区，是青海高原生态系统极为敏感的区域。

表4-3 青海省旅游"谢客令"

时间	内容
2017年8月	青海湖国家级自然保护区鸟岛景区和沙岛景区，并停止一切旅游经营活动
2017年11月	中国面积最大的自然保护区群——青海可可西里，禁止一切非法穿越
2018年4月	青海年保玉则景区宣布暂时关闭，停止对外接待
2018年5月	严禁一切单位或个人随意进入扎陵-鄂陵湖、星星海自然保护区开展旅游活动、探险活动。三江源国家公园黄河源园区，将通过建立"联合、联动、联防、联打"机制，对涉及扎陵-鄂陵湖、星星海等自然保护区的旅游活动进行严厉查处

续表

时间	内容
2018年5月	青海岗什卡雪峰严禁开展登山滑雪及户外探险
2018年9月	青海省旅游景区质量等级评定委员会研究，决定取消玛沁县阿尼玛卿景区国家3A级旅游景区资质，取消久治县年保玉则景区国家4A级旅游景区资质，取消青海省玉树县隆宝滩景区3A级旅游景区资质

游客的不文明行为，加上相关管理应对不足让青海高原生态岌岌可危。但这不应该意味无限期的保护，目前有一些观点认为国家公园属于严格保护区域，除科研和教育外，在立法上不允许搞游憩。这种主张国家公园不应确认游憩功能的观点，旨在严格、全面保护国家公园的生态环境，避免其过度开发利用而遭受损害，从保护的角度出发，具有一定合理性。然而，该观点并未关注到国家公园的其他价值，特别是从合理利用的角度突出全民共享性、科学保护，以及与国际潮流。为此，主张国家公园不应确认游憩功能的观点并不科学，也不合理。光保护不利用与光利用不保护都不可行，不利于长期的可持续发展。我们要考虑为何要建设国家公园？如何保障当地的居民和地方发展利益？

2. 旅游产品更新较慢，旅游人数和收入增速不匹配

国家公园、地质公园是发展生态研学和探险旅游的重要平台。北京大学吴必虎教授认为："随着数亿中国中产阶级的形成和逐渐成长，中国藏区拥有世界上最优质的探险旅游资源，但目前仅仅作为观光旅游产品开发路径依赖明显。藏区具有构筑最美探险旅游目的地的竞争优势，应该尽早制定战略、规划布局。"（李荷等，2022）目前青海藏区的生态旅游在对外宣传、景物命名、导游讲解中都缺少应有的科学内容，其宣传推介仍停留在传统风景区的宣传上，不仅降低游客的游赏兴趣和体验，也没有突出生态旅游的科学品位和内涵。

2010～2019年以来青海省旅游收入和人数变化情况（图4-3和图4-4），可以看出，虽然旅游总收入和总人数呈现稳定增长态势，但旅游收入主要来源于国内旅游者，收入占比达到总收入的95%以上；国内旅游者总人次整体上呈现增长态势，但自2016年开始旅游总人次增速有所减缓，2015年开始国内旅游者增速也有所减缓；国际旅游者数量较少但是同比增长波动较大，自2015年开始增速由26.15%下降到2019年的-8.63%。

2010～2019年以来青海省旅游外汇收入变化情况（图4-6）。由图4-6可知，近十年来，旅游外汇收入整体呈现出"M"型变化趋势，经历两个"上升"阶段和两个"下降"阶段，2016年达到峰值4415.67万美元，而2016年至今旅游外汇收入呈现逐年下降趋势；旅游外汇收入增速具有不稳定性，2010～2019年呈现出"倒N"型变化趋势，经历"下降-上升-再下降"的过程，2015～2017年增速下降较快，由50.57%下降至-13.29%，2017～2019年表现出连续三年的负增长。

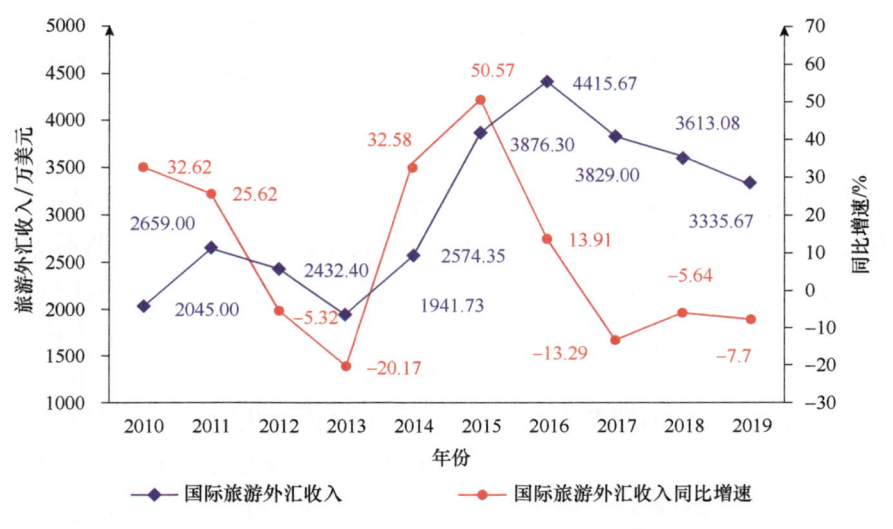

图 4-6　2010～2019年青海省旅游外汇收入统计情况
数据来源：同图4-3

3. 生态旅游发展模式单一，社区居民参与度低

长期以来，青海在发展旅游业过程中，一直以"公司＋政府"的传统开发模式为主，旅游开发所带来的经济收益大部分流向外地投资商和城市人群，这与打造青海省"一优两高"的"最高品质生活"是根本目标不相适应。各国在国家公园建设中非常重视公众的广泛参与，公民享有国家公园建设知情、参与、监督和决策的权利，也非常关注周边社区的发展，开辟多种途径促进周边社区发展。青海省各旅游地缺乏社区共建机制，当地社区居民参与旅游水平较低，收益也较少。生态保护和生态收益的权力和责任仍然集中在保护区管理机构，社区的主要任务是分享利益，也因此被动地、消极地完成保护任务。没有分权的社区共管，本质上是社区被管，而在保证生态保护成效的前提下如何利用自下而上的力量，如何激发社区主观能动性，是需要进一步思考和研究的问题。

国家公园建设的理念之一是全民公益性，如何充分让普通老百姓从中受益，是实现生态保护与民生改善双赢的关键。因此，在各旅游地发展过程中要将地方政府、社区居民、科研工作者、非政府组织、志愿者、企业等利益相关者纳入旅游开发中，让他们从中受益进而主动保护环境，真正体现国家公园"公有、公管、公益、公享"的公共性特征。地方政府要鼓励民众广泛参与国家公园建设，尽量安排周边社区居民参与非公务性管理、保护与日常维护，关注当地社区居民的利益共享，确保国家公园公共利益的实现。在《建立国家公园体制总体方案》中明确提出：构建社区协调发展制度，建立社区共管机制，引导当地政府在国家公园周边合理规划建设入口社区和特色小镇。鼓励设立生态管护公益岗位，吸收当地居民参与国家公园保护管理和自然环境教育等。习近平在考察时提出："扎扎实实推进经济持续健康发展，扎扎实实推进生态环境保护，扎扎实实保障和改善民生、加强社会治理，扎扎实实加强和规范党内政治生活"，在此要求下，推进经济发展、生态环境保护、改善民生和规范党内生活的协同发展。

4. 以观光游览为主，旅游资源文化内涵有待挖掘

青海高原的自然资源类景区都以传统观光游览为主，产品类型太过单一使区域内景区发展缺乏各自特色，形成同质竞争局面。传统的观光产品已逐渐不受市场青睐，未来的旅游市场必然是以深度体验和参与为主导。生态旅游是一种返璞归真、追求生活环境和对自然、山林有明显指向的休闲旅游，是一种依赖环保、追求环保的审美旅游。赋予旅游资源原真性、休闲性、审美性的文化元素，就可以打造出有价值的生态文化旅游产品。旅游区的开发建设必须建立在对区内文化资源充分保护的基础上，做到严格保护、合理开发、科学经营、永续利用。在生态质量与其他方面发生冲突时，生态文化优先。许多自然旅游资源本身并不具有文化属性，需要从文化层面来鉴赏和解读，而且要将自然山水转化为旅游产品，必须通过旅游开发这一文化手段来实现。文化的升华与转化，可以使自然资源迸发文化的生机和灵气。目前的生态类旅游资源的挖掘和开发仅仅停留在一些传说和口号化上，需要进行更深入、更系统的文化价值发掘和整理，只有这样，才能通过更多的互动，延长游客在旅游目的地的滞留时间，拉长旅游产业链条；更为重要的是对这些文化价值的发掘梳理，可以对当地的城市文化产生深刻的影响，使文化成为其区域和城市独特的历史文脉的依托。

4.3 青海高原生态观光与教育体验产业潜力分析

4.3.1 生态观光与体验产业空间潜力分析

1. 空间潜力评价指标体系的构建

1）指标体系的构建原则

高原生态观光与体验产业发展潜力的评价不仅涵盖旅游业本身，还涉及影响复合系统的各种相关因素，因此，评价潜力应从多角度进行综合考察，有必要建立多层次的综合评价指标体系，并遵循以下原则：

（1）科学性和可操作性原则。指标的选择应在科学分析的基础上建立，每个选择的指标都必须进行科学的解释。可操作性体现在指标体系容易获得，能够用于定量分析。青海省旅游统计工作尚不完善，有一些理想的指标难以获得相应的数据，因此在保证科学性的基础上，要不断调整指标，以实现评价的可操作性。

（2）系统性和全面性原则。建立生态旅游产业发展潜力是一个复杂的系统，指标的选择应体现在系统的复杂性、丰富性和连通性上。换句话说，指标体系可以反映生态旅游产业发展潜力的基本特征，也可以反映出各个指标对系统的贡献度。这就要求选择指标时要综合考虑，不仅要注意生态旅游产业发展的直接影响因素，而且要考虑更多间接因素，注意各级指标与生态旅游产业发展潜力之间的关系，以及指标体系内部的系统平衡，使每个指标之间彼此独立又相互关联。

（3）定性和定量相结合的原则。指标体系描述一个复杂、不能直接量化的现象。因此，必须选择一些主观的定性指标。在整个指标体系的构建中，应采用定性和定量相结合的方法选择指标，尽可能量化指标，减少主观色彩干扰，从而获得相对公正、务实的评价结果。

2）一级指标体系的构建

通过文献的梳理，分析影响生态观光与体验开发潜力的相关因素，认为高原生态观光与体验产业开发的潜力是在生态观光与体验资源、自然环境、社会经济等多因素综合作用下构成的一个具有时空结构并行使特定功能的复杂系统。健康的生态观光与体验产业发展系统是一个能保持新陈代谢活动能力且对外界压力有恢复力的成熟系统。谋求系统内各因素的有序、稳定和协调发展，以达到生态、资源、环境、社会经济等各方面的最佳综合效益。为更好地评价其开发潜力，结合实际，将影响其开发潜力的因素划分为四大类，即生态旅游产业供给潜力、需求潜力、保障潜力和环境潜力（图4-7）。

确定目标层为高原生态观光与体验产业潜力评估指标体系（图4-7）。目标层分别为：生态观光与体验产业供给潜力（A）、生态观光与体验产业需求潜力（B）、生态观

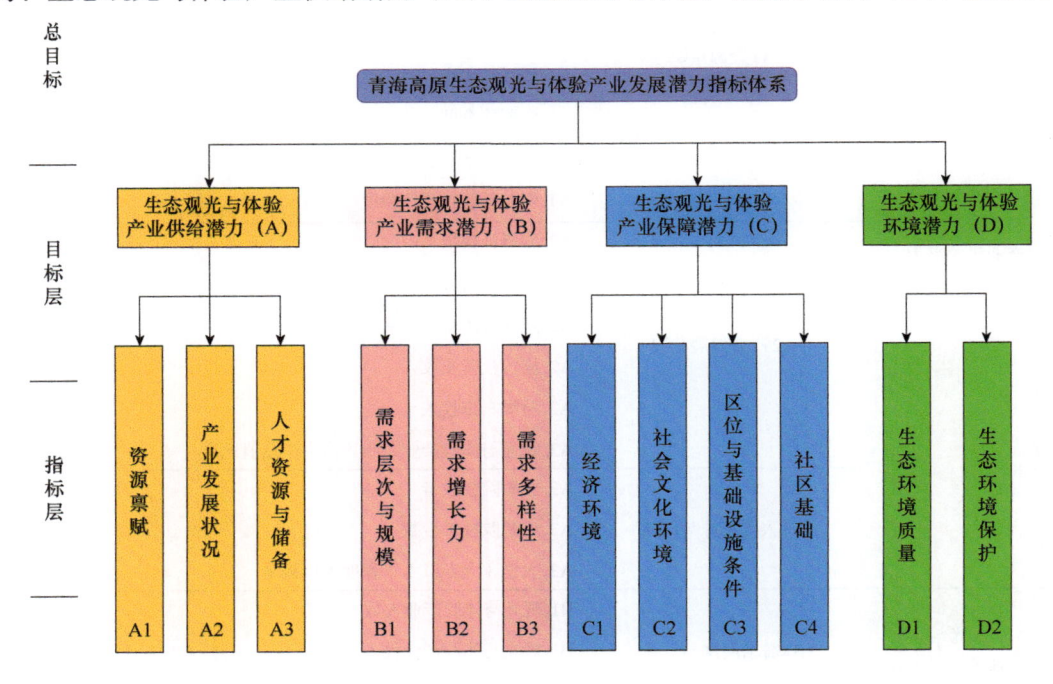

图4-7 青海高原生态观光与体验产业发展潜力指标体系

光与体验产业保障潜力（C）和生态观光与体验环境潜力（D）；指标层分别为：生态观光与体验的资源禀赋（A1）、产业发展状况（A2）、人才资源与储备（A3）、需求层次与规模（B1）、需求增长力（B2）、需求多样性（B3）、经济环境（C1）、社会文化环境（C2）、区位与基础设施条件（C3）、社区基础（C4）、生态环境质量（D1）和生态环境保护（D2）。

3）二级指标体系的构建

a. 反映生态观光与体验产业供给潜力的指标

生态观光与体验产业的供应潜力主要体现在与旅游有关的辅助产业中。它直接为旅游业提供与旅游有关的服务，以确保旅游业发展的平稳运行，从而反映出旅游城市的整体协调程度，提高发展潜力。资源禀赋是必不可缺的载体，是增加旅游吸引力的重要因素。同时人力资源是发展旅游业不可或缺的要素，可以保证旅游业健康可持续发展。在突破行政区域的背景下有效促进经济的快速增长，将青海省旅游资源禀赋、旅游产业发展状况和人才资源与储备作为生态旅游产业供给潜力的评价指标（表4-4）。

表4-4　青海高原生态观光与体验产业发展潜力评价因子体系

目标层	指标层	因子层
生态观光与体验产业供给潜力A	A1资源禀赋	$A1_1$资源丰度
		$A1_2$资源规模
		$A1_3$资源品位
		$A1_4$资源开发利用程度
		$A1_5$资源知名度
		$A1_6$资源珍奇度
		$A1_7$资源观赏游憩度
		$A1_8$资源科普教育体验度
	A2产业发展状况	$A2_1$旅行社数量
		$A2_2$星级宾馆数量
		$A2_3$观光与体验产业从业人员数量
		$A2_4$旅行社营业收入
		$A2_5$星级宾馆收入
		$A2_6$观光与体验产业总收入占生产总值比重
	A3人才资源与储备	$A3_1$旅游院校数量
		$A3_2$旅游院校学生数
		$A3_3$大学（大专以上）程度人口数量
生态观光与体验产业需求潜力B	B1需求层次与规模	$B1_1$观光与体验产业人数
		$B1_2$观光与体验产业收入
		$B1_3$观光与体验产业人均消费

续表

目标层	指标层	因子层
生态观光与体验产业需求潜力B	B2 需求增长力	$B2_1$ 观光与体验产业人数增长率
		$B2_2$ 观光与体验产业收入增长率
	B3 需求多样性	$B3_1$ 观光与体验产业主要目的地数
生态观光与体验产业保障潜力C	C1 经济环境	$C1_1$ GDP总量
		$C1_2$ 人均生产总值
		$C1_3$ 第三产业生产总值
		$C1_4$ 第三产业比重
		$C1_5$ 居民生活水平
		$C1_6$ 观光与体验产业资金投入
	C2 社会文化环境	$C2_1$ 全社会固定资产投资
		$C2_2$ 公共安全度
		$C2_3$ 每万人拥有医疗床位数
		$C2_4$ 文化设施数量
		$C2_5$ 公共图书馆数量
		$C2_6$ 博物馆数量
		$C2_7$ 当地教育水平
	C3 区位与基础设施条件	$C3_1$ 邮电业务量
		$C3_2$ 移动电话用户数
		$C3_3$ 互联网上网人数
		$C3_4$ 公路客运量
		$C3_5$ 铁路客运量
		$C3_6$ 航空客运量
		$C3_7$ 公路里程（密度）
		$C3_8$ 铁路里程（密度）
		$C3_9$ 与中心城市距离
	C4 社区基础	$C4_1$ 常住人口
		$C4_2$ 居民对旅游认可度
		$C4_3$ 居民环保意识
		$C4_4$ 生态意识
		$C4_5$ 居民参与程度
生态观光与体验环境潜力D	D1 生态环境质量	$D1_1$ 植被覆盖率
		$D1_2$ 观光与体验产业环境容量
		$D1_3$ 空气洁净度
		$D1_4$ 地表水质量
		$D1_5$ 生物多样性
		$D1_6$ 适游期与舒适度

续表

目标层	指标层	因子层
生态观光与体验环境潜力D	D2 生态环境保护	$D2_1$ 景观保护程度 $D2_2$ 污染治理状况 $D2_3$ 生态补偿能力 $D2_4$ 生态工程建设

b.反映生态观光与体验产业需求潜力的指标

生态旅游产业需求潜力是衡量一定时期内旅游人数的一个指标，反映旅游业的实际实力。该指数与生态旅游产业的发展潜力密切相关，如果生态旅游业的需求潜力很大，那么该地区的游客人数可能会更多。相反，如果一个地区的生态旅游需求潜力很小，那么该地区的游客人数将会减少。青海省的生态旅游产业具有综合能力强、驱动力、整合力和催化整合性强的特点。牢固树立旅游业的新观念，增强对当地旅游的吸引力和宣传。根据青海省生态旅游产业的独特性，选择反映旅游业需求的潜在指标，包括旅游需求的水平、规模，以及旅游需求的增长动力（表4-4）。

c.反映生态观光与体验产业保障潜力的指标

生态旅游产业保障潜力主要来自经济环境、社会文化环境、区位和基础设施条件，以及旅游社区基础，因此从四个方面选择评价指标。经济环境是青海省旅游产业发展的根本保证，完善的基础设施和社会文化环境有利于增加旅游业的吸引力（表4-4）。

d.反映生态观光与体验环境潜力的指标

生态环境是影响生态观光与体验产业发展潜力的重要因素。良好的生态环境可以提高游客的旅游满意度，增加重游故地的可能性，间接影响旅游产业的发展潜力。良好生态环境的建立和维护是生态观光与体验产业持续稳定发展的基础。只有将开发和保护相结合，生态观光与体验产业才能得到更好更快的发展。根据青海省生态环境的发展状况，生态环境的潜力取决于生态环境质量和生态环境的保护（表4-4）。

2. 生态观光与体验产业空间分层潜力分析与潜力分区

本研究首先构建青海高原观光与体验产业发展潜力评价指标体系，涵盖生态观光与体验产业供给潜力、生态旅游市场需求潜力、生态旅游产业保障潜力和生态环境潜力四个要素。研究的时间断面选择在"禁游令"颁布的当年，数据来源于《青海省统计年鉴》（2018）、《青海省旅游统计便览》（2018）、《青海省文化和旅游厅》、青海省统计局网站的各州市2018年国民社会经济和社会发展统计公报、2018年青海省各市州生态文明建设年度评价结果公报、青海省人民政府，以及各州市人民政府等相关文件（任奚娴，2021）。运用熵权TOPSIS对青海省8大区域（州和市）的产业供给潜力、产业需求潜力、产业保障潜力和生态环境潜力进行排名，并且运用系统聚类的方法进行潜力区等级划分，最后进行综合评价。

1）空间分层潜力分析

通过熵权TOPSIS法可以得出四大要素层各州市的相对贴近度，其大小反映出地区潜力的强和弱，结果见下表4-5。

表4-5 分层结果

排名	产业供给潜力 州市名	贴进度	产业需求潜力 州市名	贴进度	产业保障潜力 州市名	贴进度	生态环境潜力 州市名	贴进度
1	西宁市	0.784	西宁市	0.897	西宁市	0.582	玉树州	0.991
2	海西州	0.277	海西州	0.703	海东市	0.492	海南州	0.699
3	海北州	0.245	海东市	0.667	玉树州	0.264	西宁市	0.398
4	果洛州	0.234	海北州	0.645	海西州	0.171	海东市	0.370
5	海东市	0.233	海南州	0.643	海南州	0.159	黄南州	0.207
6	海南州	0.193	玉树州	0.639	海北州	0.105	海北州	0.178
7	玉树州	0.105	黄南州	0.633	黄南州	0.074	果洛州	0.130
8	黄南州	0.094	果洛州	0.030	果洛州	0.044	海西州	0.036

依据相对贴近度的大小对青海省各州市的生态观光与旅游产业供给潜力水平进行排序，值越大表明该州市生态旅游产业供给潜力水平越强。通过表4-5可以看出，处于前4位的分别是西宁市、海西州、海北州和果洛州，处于后4位的是海东市、海南州、玉树州和黄南州。排名第1的西宁市相对贴近度为0.784，以绝对的优势占据第一，处于第2名到第7名的相对贴近度形成从近0.3到0.1递减的梯度，处于最后1名的黄南州相对贴近度低于0.1。

生态观光与旅游产业需求潜力处于前4位的分别是西宁市、海西州、海北州和海东市，处于后4位的是海南州、玉树州、黄南州和果洛州。排名第1的西宁市相对贴近度为0.897，处于第2名到第7名的相对贴近度形成一个分值从近0.8到0.6递减的梯度，处于最后2名的黄南州和果洛州相对贴近度与其他7个州市相比存在较大差距，仅为0.03。

生态观光与旅游产业保障潜力处于前4位的分别是西宁市、海东市、玉树州、海西州，处于后4位的是海南州、海北州、黄南州和果洛州。排名第1的西宁市相对贴近度为0.582，处于第2名到第6名的相对贴近度形成了一个分值从近0.5到0.1递减的梯度，处于最后2名的黄南州和果洛州相对贴近度均低于0.1。

生态观光与旅游环境潜力处于前4位的分别是玉树州、海南州、西宁市、海东市，处于后4位的是黄南州、海北州、果洛州和海西州。排名第1的玉树州相对贴近度为0.991，处于第2名到第7名的相对贴近度形成一个分值从近0.7到0.1递减的梯度，处于最后1名的海西州相对贴近度均低于0.1。

2）空间分层潜力分区

运用系统聚类对各目标层潜力进行分区，Ⅰ、Ⅱ、Ⅲ、Ⅳ表示潜力由强到弱的四个潜力区，具体结果如下表4-6。

表4-6 目标层潜力区划分

潜力区类型	Ⅰ级潜力区	Ⅱ级潜力区	Ⅲ级潜力区	Ⅳ级潜力区
目标层 产业供给潜力	西宁市	海西州、海北州、果洛州、海东市、海南州	玉树州、黄南州	—
产业需求潜力	西宁市	海西州、海东市、海北州、海南州、玉树州、黄南州	果洛州	—
产业保障潜力	西宁市 海东市	玉树州、海西州、海南州	海北州、黄南州、果洛州	—
生态环境潜力	玉树州 海南州	西宁市、海东市	黄南州、海北州、果洛州	海西州

通过表4-6可以看出，产业供给潜力可以划分为3级潜力区，Ⅰ级潜力区为西宁市，产业供给能力最强，海西州等5个州（市）为Ⅱ级潜力区，产业供给能力较强，玉树州和黄南州为Ⅲ级潜力区，产业供给能力较弱。

在产业需求潜力方面，其可划分为3级潜力区，Ⅰ级潜力区为西宁市，产业需求能力最强，海西州等6个州（市）为Ⅱ级潜力区，产业需求潜力较强，果洛州为Ⅲ级潜力区，产业需求潜力较弱。

在产业保障潜力方面，可划分为3级潜力区，Ⅰ级潜力区为西宁市和海东市，产业保障能力最强，玉树州、海西州和海南州为Ⅱ级潜力区，产业保障能力较强，海北州、黄南州和果洛州为Ⅲ级潜力区，产业保障能力较弱。

在生态环境潜力方面，可划分为4级潜力区，Ⅰ级潜力区为玉树州和海南州，生态环境保障能力最强，西宁市和海东市为Ⅱ级潜力区，产业生态环境保障能力最强，果洛等3州为Ⅲ级潜力区，生态环境保障能力较弱，海西州为Ⅳ级潜力区，生态环境保障能力最弱。

3. 生态观光与体验产业空间综合潜力分析与分区

1）空间综合潜力分析

将青海省各州市在生态旅游产业供给潜力、需求潜力、保障潜力和生态环境潜力四个目标层的相对贴近度作为基础数据，再次运用熵权TOPSIS法计算各州市和相对贴近度，以此为依据对青海高原观光与教育体验产业发展潜力综合评价，然后运用系统聚类进行潜力区类型划分，结果见下表4-7。

表4-7 综合潜力评价

州市名	西宁市	海东市	玉树州	海西州	海南州	果洛州	海北州	黄南州
贴进度	0.618	0.44	0.243	0.211	0.172	0.168	0.159	0.086
排名	1	2	3	4	5	6	7	8

通过表4-7可以看出,青海省各州市的生态观光与体验产业综合潜力处于前4位的分别是西宁市、海东市、玉树州、海西州,处于后4位的是海南州、果洛州、海北州和黄南州。排名第1的西宁市相对贴近度为0.618,处于第2名到第7名的相对贴近度形成一个分值从近0.44到0.159递减的梯度,处于最后1名的黄南州相对贴近度低于0.1。

2）空间综合潜力分区

再次运用系统聚类方法对青海省各州市的生态旅游产业综合潜力进行潜力分区,结果表明（表4-8）:其可划分为4级潜力区,Ⅰ级潜力区为西宁市,综合潜力最大,海东市次之为Ⅱ级潜力区,综合潜力排名第二,玉树州等5个州为Ⅲ级潜力区,综合潜力较小,黄南州为Ⅳ级潜力区,综合潜力最小。

表4-8 综合潜力分区

类型	Ⅰ级潜力区	Ⅱ级潜力区	Ⅲ级潜力区	Ⅳ级潜力区
州市名	西宁市	海东市	玉树州、海西州、海南州、果洛州、海北州	黄南州

4.3.2 青海高原生态观光与教育体验产业发展潜力市场预测

1. 发展潜力市场预测分析依据

青海高原生态观光与体验产业发展潜力旅游市场预测是指在市场调查的基础上,运用科学的方法对市场供需发展趋势和未来状况做出预见和判断,从而为经营决策提供科学依据。

1）加权序时平均数法

加权序时平均数法就是将历史资料或统计数据,按近期和远期的影响程度,由远到近,逐渐扩大权数,以加强近期影响程度,进行加权后求出平均数值。适用于趋向性的递增或递减倾向。

这种销售预测的公式如下:

$$W=\sum bf/\sum f \tag{4-1}$$

式中,W是预测值;b代表各时期的数量;f代表权重,权重由远到近,逐渐扩大权重,在权重设置时,有时会采用营销经验设置。在旅游产业市场的预测中,一般采用权重分别设为0.05、0.1、0.15、0.3、0.4。

加权序时平均数法在潜力市场预测中属于较小收益预测法。

2）成长率预测法

成长率预测法又称假设成长率预测法,在潜力市场预测中属于较大收益预测法,是对企业产品销售量或者旅游规划区游客接待量进行预测的一种常用方法。这种销售预测的公式如下:

$$NY=TY\cdot(TY/LY) \tag{4-2}$$

式中,NY代表明年的销售额;TY代表今年销售额;LY代表去年销售额。

2. 区域发展潜力市场预测分析

利用成长率预测法和加权序时平均数法对青海高原各区生态观光与体验产业发展潜力进行预测，发现青海高原各区域的发展潜力值均呈明显的增长趋势。从2020~2030年，青海省的潜力值一直处于正增长，其中西宁市的潜力增长值最大，玉树州的潜力增长较慢，总体来看：西宁市＞海东市＞海南州＞海西州＞海北州＞黄南州＞果洛州＞玉树州。表明在青海经济发展过程中，青海高原生态观光与体验产业将成为青海经济发展的新增长极（图4-8）。

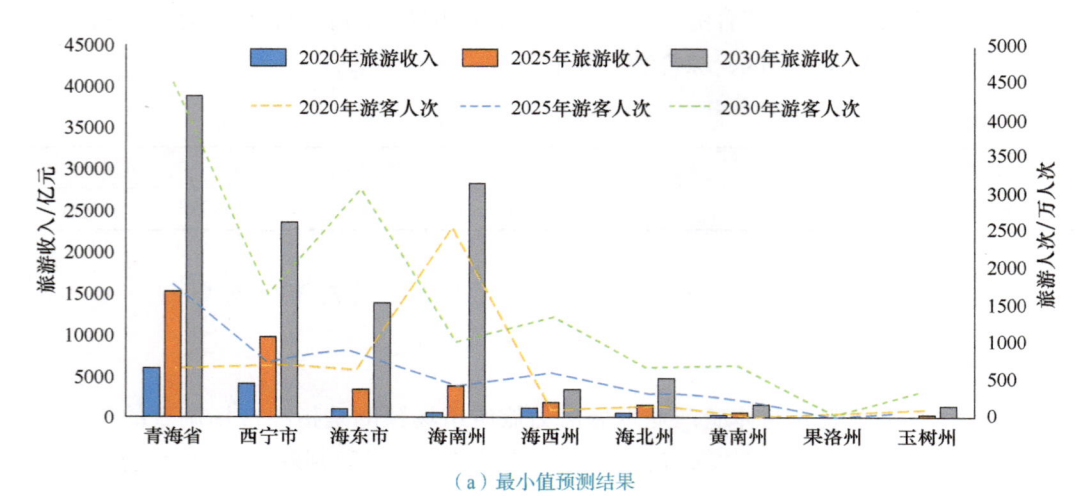

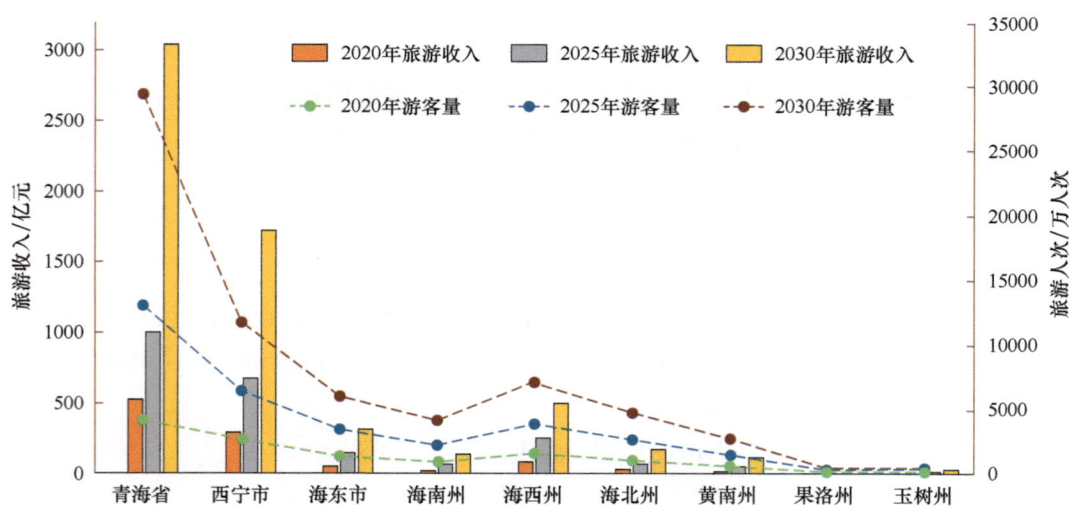

（a）最小值预测结果

（b）最大值预测结果

图4-8 青海高原生态观光与体验产业发展潜力预测图

数据来源：同图4-3

3. 生态观光与体验产业发展潜力市场预测分析

本研究用加权序时平均数法和成长率预测法，对青海高原生态观光与体验产业发展潜力进行了预测。受疫情影响，本研究采用了2018年和2019年的数据作为基础数据，对2020～2030年的潜力值进行计算（表4-9和图4-9）并获得潜力。

表4-9 青海省生态观光与体验产业发展潜力预测表

类别	2019年 W	2019年 NY	2020年 W	2020年 NY	2025年 W	2025年 NY	2030年 W	2030年 NY
旅游总收入/亿元	382.40	561.00	464.90	675.37	482.20	1707.75	482.88	4318.26
国内旅游总收入/亿元	379.95	559.00	462.65	673.45	479.98	1709.13	480.67	4337.54
外汇收入/万美元	3772.60	3336.00	3628.05	3080.24	3577.85	2067.16	3575.64	1387.28
旅游总人次/万人次	3490.41	5080.00	4219.48	6137.95	4372.47	15805.99	4878.56	40702.42
国内旅游者/万人次	3483.52	5072.90	4212.41	6130.87	4365.36	15807.02	4371.46	40754.72
国际旅游者/万人次	6.83	7.30	7.07	7.72	7.10	10.24	7.10	13.57
旅游业收入增加值占生产总值比重/%	6.5	7.0	7.0	17.2	7.5	17.5	10.0	17.8

注：W为潜力值；NY为潜力阈值。

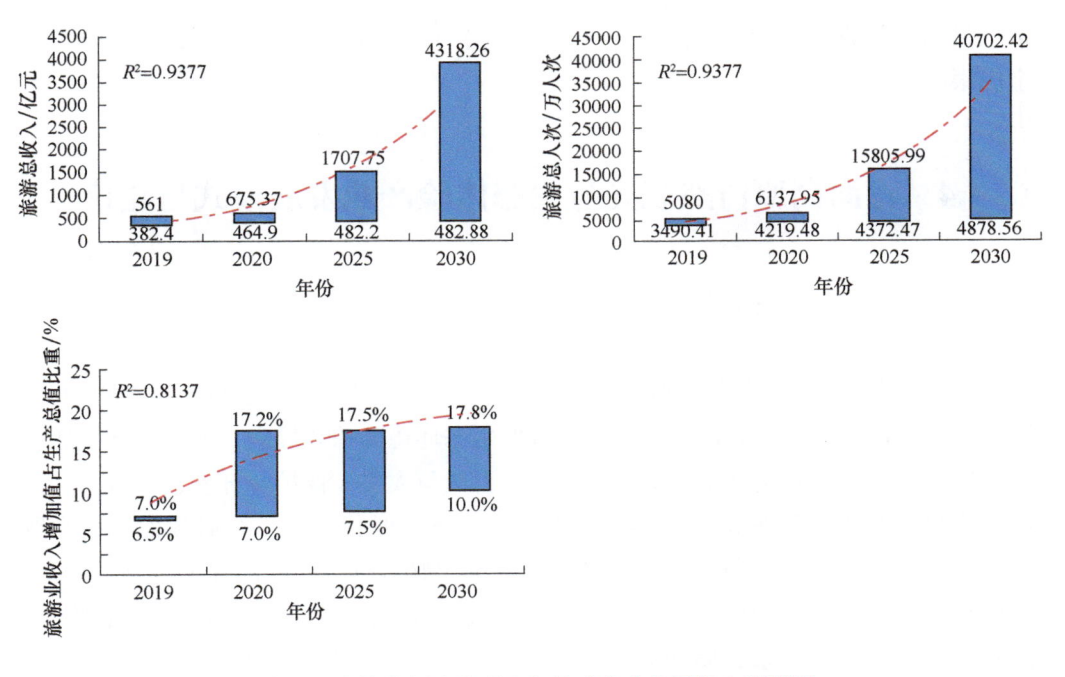

图4-9 青海高原生态观光与体验产业发展潜力阈值图

1）生态观光与体验人数潜力值

2020年接待旅游人数比2010年翻两番，突破5000万，以年均10%速度增长，其潜力值在4219.48万～6137.95万人次；到2025年人数潜力可以突破1.5亿人次，接待旅游人数潜力值在4372.47万~15805.99万人次;到2030年接待人数最大值突破4亿,其潜力值在4878.56万~40702.42万人次。

2)生态观光与体验产业收入潜力值

2020年旅游总收入比2010年翻两番,突破530亿元,年均增长16%,旅游总收益潜力在464.9亿~675.37亿元;2025年旅游总收入超过1350亿元,旅游总收益潜力在482.2亿~1707.75亿元;2030年旅游总收入将会突破3050亿元,旅游总收益潜力在482.88亿~4318.26亿元。

3)生态观光与体验产业对生产总值贡献率

2020年生态观光与体验产业对生产总值贡献率超过6%,其总收益贡献率在7%~17.2%;2025年生态观光与体验产业对生产总值贡献率超过7%,其总收益贡献率在7.5%~17.5%;2030年生态观光与体验产业对生产总值贡献率超过10%,其总收益贡献率在10%~17.8%。生态观光与体验产业在第三产业中发挥龙头作用。青海省虽然对旅游资源进行开发和利用,但并没有充分地挖掘青海高原生态观光与体验产业资源的潜力。如果进行进一步的挖掘,青海高原生态观光与体验产业综合发展水平将达到全国西部十二个省、自治区和直辖市中的中上游水平,成为"一带一路"旅游发展重点区域。因此,我们要保护生态、建设生态、利用生态,做好青海的大生态产业,发挥最大潜力,让青海高原生态观光与体验产业潜力变成资本,以此实现"绿水青山就是金山银山"。

4.4 青海高原自然观光与生态体验产业发展模式与建议

4.4.1 生态观光与体验产业发展社区共生共管模式

"生态兴则文明兴,生态衰则文明衰。"这是习近平对自然生态与人类文明的关系论述。经济的快速发展、人口的膨胀,对自然生态环境的掠夺导致一系列的环境恶化,生态环境没有替代品,用之不觉,失之难存。自然与人文,保护与开发,环境与经济,旅游的发展与生态环境的保护自始至终都是每个旅游时代背景下都必须面对的命题。因此,如何发展生态观光与体验产业并使之在保护好自然资源的前提下持续发展,是自然保护区持续发展的课题之一。根据《中华人民共和国国民经济和社会发展第十三个五年规划纲要》的要求,要加大生态环境保护力度,为人民提供优质生态产品。生态保护关系人民福祉,关乎民族未来。为推进生态文明建设,更好地满足人民日益增长的旅游休闲消费需求和我国生态环境保护的需要,要加快发展环境友好、非资源消耗占主导的生态旅游,整合现有资源,丰富旅游内涵。以《关于建立以国家公园为主体的自然保护地体系的指导意见》的印发(2019年,中共中央办公厅、国务院办公厅印发）为标志，中国自然保护地的建设和发展进入新时代。从建立自然保护地法律体系、整合优化自然保护地，到探索自然保护和可持续利用新模式，进入新时代的中国自然保护地无疑将发挥重要作用。

只有正确处理好发展与保护的关系问题，才能够达成互惠互利的双赢局面。为此，无论决策者、管理者还是参与者，都要树立生态旅游的科学认知，全方位建立一种既能获取经济效益，又能使生态环境的原真性得以保护的新型伦理道德观念。生态旅游的层面规划、旅游产品设计、旅游发展模式和服务方式的选择，均要充分考虑到生态保护需求，在此基础上改善民生。

传统的保护区社区管理，将保护需求与社区发展需求对立起来，形成保护与发展的矛盾。而在社区共生共管模式中，保护地管理机构允许社区对自然资源的适度利用，并寻求社区对生态保护的支持，以此寻求保护与发展的协调。该模式从政府的决策层、社区管理层、社区居民层、旅游相关企业管理层，以及游客层面实现责任共担、权利共享，促进政府和地方社区的对话，缓解利益群体之间的紧张关系，最终实现利用和保护的平衡（图4-10）。

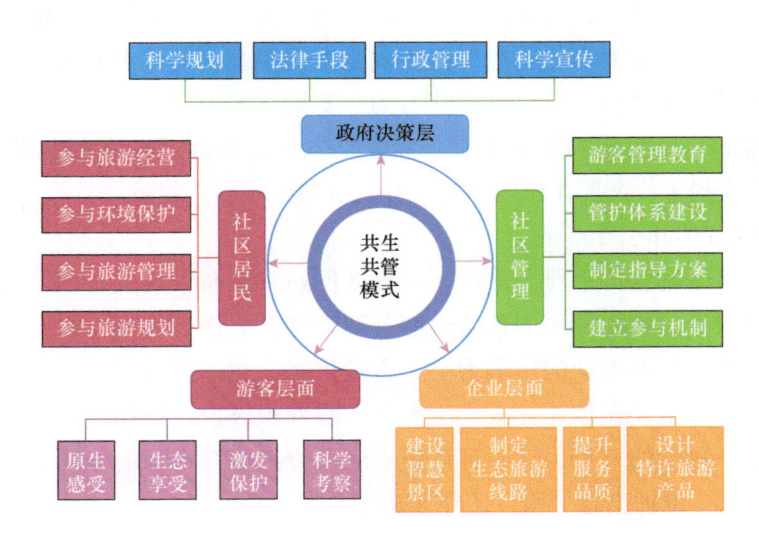

图4-10 共生共管模式图

1. **政府决策层面**

1）科学的生态观光与体验产业规划

习近平总书记提到："我们既要绿水青山，也要金山银山。宁要绿水青山，不要金山银山，而且绿水青山就是金山银山。"这是经济发展与生态环境的辩证关系。青海省南部的三江源地区是长江、黄河、澜沧江的发源地，也是亚洲气候最重要的生态安全屏障和全球最敏感的气候启动区之一。祁连山是中国西部重要生态安全屏障，是黄河流域重要水源产流地，是中国生物多样性保护优先区域。祁连山自然保护区近年来生态环境遭到严重的人为破坏，对此习近平总书记也多次做出批示，坚守生态防线，要求抓紧整改。因此青海高原地区在生态保护与生态观光与体验产业建设的过程中，一定要坚持"两山论"思想指导，要严格划定生态保护红线作为生态环境安全的底线，将旅游基础设施和服务功能规划在城镇或人口聚居地区，避让生态保护红线范围区，尽最大可能保持原始或原生景观，让游客感受到人与自然和谐相处的原生态方式。要适度建设，避免盲目开发，做到因地制宜、科学的生态观光与体验产业规划，做到经济开发与生态保护协调发展。

2）强化行政监管

中央政府应在立法、政策和资金上为自然保护地与社区共管机制建设提供有力的支持。尽快出台《国家公园法》等法律，保障保护地社区的基本土地、经济和政治权利，并将"建立社区共生共管机制"纳入国家公园及自然保护地立法的相应条款。各级相关行政管理部门要通力合作，旅游、公安等多部门相互协调，严格把关，强化行政监管和法律手段，加大违法违规行为的法律惩处力度，将保护和落到实处。在遵守《中华人民共和国自然保护区条例》的基础上，还要根据自然保护区本地的经济文化发展水平和特点，制定适合其实际情况的法律法规，做到生态保护和旅游开展工作有法可依。要把对公园内重要自然特征的保护确定为最根本、最重要的工作职责，要明确在国家公园内禁止哪些行为，允许哪些行为。要按照国家公园的目标创建保护区，通过对自然资源和自然过程的保护来维护和恢复生态完整性，实现利用和保护的平衡。既不让公园遭受损害，又要让游客享用，并使所在区域获得收益。

3）正确的宣传和引导

制作通俗易懂的宣传手册，建设开通景区网站，发布景区生态环境状况，开展环境教育和信息服务，积极利用微信、微博等新媒体方式进行推广。加大对全社会的宣传教育和农牧区、社区群众的培训力度，普及生态文化，提高生态文明意识，培养生态公民，形成群众主动保护、社会广泛参与、各方积极投入资源保护与开发的良好氛围。通过广泛、科学的宣传，让游客认识到保护青海旅游资源的作用，培养文明旅游意识和环保理念，维护生态平衡，让环保观念深入人心。

4）建设智慧景区

运用先进技术和设施，并充分利用有关公共基础设施和既有资源，引入社会力量，集约建设"智慧景区"，将景区打造成为具有国际水平的科技、生态监测和自然教育示范基地。制定智慧国家公园建设实施方案，通过"互联网＋"和立体化感知、大数据决策、协同化办公、云信息服务等技术，建立较为完善并与城镇共享的信息基础设施。发挥云计算和大数据中心的技术优势，利用可视化管理与智能应用平台，达到监控网络化、分析智能化、存储高效化、信息共享化，有力支撑景区的生态保护、生态体验、环境教育、科研监测等活动，实现景区的智能化、信息化、精细化管理，为公众参与提供方便。

2. 社区管理层面

1）游客管理教育

生态体验由社区或国家公园管理局统一管理。依据相关规划，制定园区访客管理方案。不远的未来，游客可通过网上预约等形式获得入园资格，小规模、分批次、有序地进入园区进行生态体验。通过广泛、科学的宣传，让游客认识到保护青海旅游资源的作用，培养文明旅游意识和环保理念，维护生态平衡，让环保观念深入人心。

在访客承载量研究的基础上，制定访客管理目标和年度访客计划，对访客实行限额管理和提前预约制度。建立体验者控制引导机制，指引访客按规划路线、指定区域开展相关活动。加强救护、安保、环保等服务队伍和设施的建设，建立灾害和医疗等应急救助体系，确保访客安全。实行专业引导体验，防范采摘野生植物和向野生动物投喂食物，引导体验者成为保护者。遵循"通过解说而了解，通过了解而欣赏，通过欣赏而保护"的理念，以自然、环境、历史、文化为主要内容，以体验者为教育对象，建立解说系统。加强人才培养，加快解说队伍建设，制定解说规范，配备专业设施，有效引导体验者理解生态保护和文化传承的重要性，从单一旅游需求上升为生态伦理教育、生态保护体验。

2）管护体系建设

根据生态景区资源分布、功能布局，科学设置保护站、哨卡等，明确各个保护站（点）的管辖范围、管护重点，以及需要配置的管护设施。保护站（点）的建设要与科研、体验、宣教等功能的发挥相结合。在景区重要的交通要道、人员进出频繁地段或岔路口设置必要的监控设施设备，为保护执法提供便利条件。根据人为活动对核心资源的影响、重点生态系统和野生动植物物种、自然遗产景观的分布情况，设置野外巡护线路。配备必要的设施设备，制定科学的巡护制度。针对危及国家公园各类资源保存、成长、繁衍的自然灾害、偷采盗猎、外来物种入侵、人为破坏等所有因素，制定封禁、观测、阻隔、检验检疫等预防与治理措施。

3）制定指导方案

从澳大利亚乌鲁鲁-卡塔丘塔国家公园共同管理模式中可以看出，公园由原住民和非原住民管理机构共同分担责任。共同管理体制在国家公园的决策过程中扮演重要角色，目的在于缓解利益群体之间的冲突。共同管理政策规定原住民要参与到国家公园的管理中来，这样的参与代表着一种"土地利用和保护区管理的跨文化管理方式"，有助于原住民自主发挥他们的"政治和文化决策权"。这样的管理政策维护当地人的文化和遗产，保育和保护自然生态，并在国家公园之内为社区提供游客享用和学习的机会。当地人充当旅行向导、提供景观解说服务，旅行社的所有权和经营权都属于当地的原住民社区。

4）建立参与机制

积极探索建立参与机制，构建自然资源资产价值核算体系及考核体系，实时掌握自然资源资产和生态环境的变化状况，并以此动态调整旅游开发活动，加强生态保护和修复与生态旅游的结合,做好旅游产业收益对生态环境的反哺。实行生态旅游补偿制度,以当地群众参与旅游管理为主,真正让老百姓守着"绿水青山"收获"金山银山",增强旅游收入的获得感,自觉投身到保护队伍中来,避免企业或经营者以企业大投入、大回报的眼前利益剥夺当地群众利益。

3. 社区居民层面

1) 参与经营

生态观光与体验产业要朝着特许经营的方向发展,让"生态元素"更多更好地助力生态观光与体验产业。鼓励引导当地原住民参与生态科学教育、生态监测、生态探险等活动,为游客提供优质服务,让游客深刻感受原生、独特的自然美、生态美,促使其融入自然生态环境当中。在充分欣赏、享受生态旅游的同时,激发原住民生态环境保护的积极性和主动性,也让原住民通过生态资源获得更多收益,进而使保护工作获得更广泛的支持,收到更好的效果。

2) 参与环境保护

当地居民与环境之间有一种亲缘关系。在生态可持续利用的范围内,依据《保护世界文化和自然遗产公约》和其他法律赋予的职责,追求他们自己的生活方式和文化,负责管理与遗产相关的事务、陆地区域和资源。维护原住民在国家公园区内的资源使用权。将当地人和公园联结在一起,承认原住民的社会和文化价值,并认可当地社区的权利和需求。尤其是在居住区域、就业、培训和旅游业等方面要重点关注。

由当地人承担国家公园的解说工作。公园解说应该强调原住民和自然景观之间不断演进的精神、文化、生态和历史关联性,如价值观、信仰和民间传说等。

3) 参与管理

国家公园相应法律法规的出台、计划的制定等重大决策要通过听证会的方式让当地社区参与进来,可以促进公众参与国家公园的规划和管理,同时也可以作为控制园区内开发行为的主要机制。政府机构可以将资源保护管理权下放至村民委员会,赋予社区特许保护权。例如,将集体生态的保护权从管理局转移到村集体,让居民参与到环境保护中。社区或保护区管理机构为社区居民提供就业岗位,实现社区生产方式转型。保护区管理局与乡镇、村或村民小组组织联合保护当地的生态。

4) 参与规划

提高目的地社区居民整体素质和参与能力,参与旅游规划和旅游发展决策。对社区居民进行旅游知识的宣传、教育、培训,提高居民参与意识,赋予社区居民参与旅游发展的决策建议权,把社区参与意志内化为社区权力,上升为主管机构的决策,实施于旅游规划、开发、经营、管理、监督各环节中。

4. 生态观光与体验产业层面

1) "观光与体验+"产业融合

要加快转变"门票经济"观念的思想束缚,将传统的"吃、住、行、游、购、娱"

理念，向生态体验、生态观光和科学考察方向发展。与乡村振兴重大工程项目相结合，将旅游基础设施和服务功能规划在城镇或人口聚居地区，避让生态保护红线范围区，尽最大可能保持原始或原生景观，让游客感受到人与自然和谐相处的原生态方式。强调"旅游＋"产业网络建设，构建泛生态旅游产业链整体发展体系。同时，充分发挥青海旅游业的综合带动作用，并通过"旅游＋"文化、商贸、体育、农牧业等相关产业的融合发展建设一批省级旅游产业示范基地，构建青海生态旅游产业融合体系。

2）制定生态观光与体验线路

青海省发展生态旅游，以三江源和祁连山国家公园体制改革试点为契机，将生态文明理念贯穿生态旅游发展各环节，以创建国家级生态旅游示范省为抓手，以建立生态旅游可持续发展长效机制为主线，构建生态旅游产品体系，突出项目带动，优化空间布局。鼓励和开发符合生态旅游价值需要的产品和线路。可开展自然观察、野生动物观赏、水探险产品（独木舟、皮划艇漂流）、地面探险（徒步、登山）、冬季探险（越野、滑雪）、空中探险（热气球、跳伞）等活动。宣传普及有关壮丽山景美学特征的知识，结合游览路线与公园观光指南，为游客欣赏风景提供帮助。

3）提升服务品质

提升生态观光与体验区点服务水平、优化住宿服务、提升旅行社服务水平、规范在线经营服务、提高生态观光与体验领队业务能力、增强生态观光与体验市场秩序治理能力、建立完善生态观光与体验信用体系等7项任务，要求政府要加强和改进市场监管，市场主体要落实主体责任，行业组织要发挥协调作用和行业标准引领作用，个人层面要提升从业人员素质和业务能力。进一步做好生态观光与体验道路、驿站、停车场、厕所、标识牌等公共基础设施建设工作，鼓励引导建设一批特色生态观光与体验客栈、特色小镇。抓好智慧生态观光与体验等软环境建设，始终坚持从生态观光与体验者需求出发，满足广大生态观光与体验者需求。生态观光与体验产业主管部门要主动担当，主动作为，加强与各部门沟通协作，建立推进生态观光与体验工作的联席会议制度，着力增强各项涉旅政策的系统性、针对性、衔接性。创新生态观光与体验产业合作机制，利用新媒体等移动互联网载体，加强城市间、景区间的旅游信息交流，有效整合生态观光与体验产业资源，实现信息互通、客源互送、服务共享、市场共建、产品共推，形成推动生态观光与体验产业发展的政策合力。

4）设计特许生态观光与体验产品

要坚持生态保护优先，充分挖掘丰富的文化和生态观光与体验资源，赋予生态观光与体验更多的文化内涵，搭建文化繁荣发展平台，集中力量打造一批精品景点、景区和线路。大力发展高原生态、康养观光与体验，全面推动文化、生态观光与体验产业深度融合发展。随着数亿中国中产阶级的形成和逐渐成长，软探险旅游将会成为中产阶级的重要情感消费产品。中国藏区拥有世界上最优质的探险旅游资源，但目前仅仅作为观光与体验产品开发路径依赖明显。要加大文化旅游宣传推介力度，进一步拓宽渠道、创新形式，有重点、多角度、高密度地宣传推介文化旅游景区和精品线路，不断提升青海特色文化旅游的知名度和美誉度。

国家公园的重点是生态系统保护和游憩利用，同时又提供和谐相容的精神、科研和教育以及游憩型游客的活动机会。国家公园跨文化共管模式需要承认文化差异，实现权利共享、协商决策和公平分配利益。这种方式能够保存和维护生物多样性、重要文化景观及文化地域，并实现区域可持续发展和游憩功能。

4.4.2 生态观光与生态体验产业发展建议

1. 发挥制度优势，为生态保护和生态观光与体验产业协调发展"护航"

习近平总书记对生态环境和经济发展的关系进行解读，"我们既要绿水青山，也要金山银山。宁要绿水青山，不要金山银山，而且绿水青山就是金山银山"。2017年中共中央办公厅、国务院办公厅文件《祁连山国家公园体制试点方案》的重点任务之一是积极开展环境教育。把祁连山国家公园打造成自然生态体验区和环境教育展示平台，使公众在融入自然、享受自然过程中增强珍爱自然、保护自然意识。依托周边村镇、林场和牧场设立公共服务中心，根据环境容量确定访客承载数量，实现园内体验园外服务，尽可能减少人为活动对园区自然生态的干扰与影响。合理布局游憩体验线路，建设国家公园生态步道，构建高品质、多样化的生态产品体系，完善科普宣教设施设备，改善科研、教学实习基地条件。

1872年美国《黄石国家公园法》明确规定，为全民利益，将黄石公园划定为公众公园和休闲地。19世纪末，加拿大、墨西哥、澳大利亚相继建立国家公园及管理制度。20世纪后，欧美国家和亚洲的日本等纷纷确立向全民开放游憩的国家公园的制度。有关国家和地区的法律制度对国家公园给予强力关怀，保证公益方向。据此，国家公园游憩功能的法律确认已在多国实现。青海在中国特色社会主义建设中要充分挖掘生态潜力，将生态优势转化为经济优势，以期实现经济的可持续发展。在生态文明建设战略下，青海必须抓住机遇，深入学习《关于加快推进生态文明建设的意见》等政策文件（表4-1），强化生态保护是大趋势、大战略的同时，让政策指导生态旅游规划编制，界定生态保护边界、框定合理利用空间、明确产业准入范围，进行合理的功能分区。不能只讲绝对保护而不讲利用，更不能过度开发利用，必须要走绿色可持续旅游的发展道路。

因此，国家公园也应该具有相应的游憩功能，在生态保护目标的前提下允许开展一定的游憩活动。在建立国家公园的背景下有必要对该地区的社会、经济、环境、资源等因素的综合开发潜力进行重新审视，合理地选划出一批具有重大生态和经济价值的旅游区，将其作为未来青海高原地区生态旅游开发建设的重要资源。青海作为坐拥三江源和祁连山两大国家公园试点的国家公园示范省建设先行者，如何紧紧抓住国家公园建设的机遇，释放生态环境红利，提升旅游业发展的活力，让"绿水青山"成为"金山银山"，实现生态保护、经济发展、百姓富裕的有机统一成为当下亟待解决的问题。

2. 发展3D打印，打造研学、软探险等私人订制生态观光与体验产品

2019年《关于建立以国家公园为主体的自然保护地体系指导意见》明确指出：探索全民共享机制，在自然保护地控制区内划定适当区域开展生态教育、自然体验、生态旅游等活动，构建高品质、多样化的生态产品体系。完善公共服务设施，提升公共服务功能。扶持和规范原住居民从事环境友好型经营活动，践行公民生态环境行为规范，支持和传承传统文化及人地和谐的生态产业模式。

与传统建筑技术对比，3D打印技术不需要模具且用时短、成型快、建筑效率高，生产过程中人为干扰因素较少，产品的质量更加稳定。3D打印技术可以根据客户的需求建造出传统建筑技术无法建造出的复杂形状的建筑，且其形状越复杂，尺寸越小，精度要求越高，其优势越明显。3D打印技术建造过程中产生的建筑垃圾极少，并且其打印材料可以由建筑垃圾加工回收利用，既能节约成本，又符合国家的可持续发展观。3D打印建筑所需的人力较少，减少工人的劳动强度且节约了成本。伴随着青海省旅游的发展，环境污染随处可见，游客的不文明行为，加上相关管理应对不足让青海高原生态岌岌可危，传统的处理方式既耗费人力又对资源的利用效率较低。而3D打印建筑技术采用建筑废弃材料为原料，符合资源节约型和环境友好型"两型社会"的建设要求，既节约材料，又保护环境。符合2019年《关于建立以国家公园为主体的自然保护地体系指导意见》明确指出的扶持和规范原住居民从事环境友好型经营活动，践行公民生态环境行为规范，支持和传承传统文化及人地和谐的生态产业模式。因此可促使投资者引用3D建筑技术在青海高原进行投资，推动青海省的经济发展。

探索全民共享机制，在自然保护地控制区内划定适当区域开展生态教育、自然体验、生态旅游等活动，构建高品质、多样化的生态产品体系。作为青海高原的生态游区域，应该适当地划分生态功能区，充分发挥3D打印建筑技术在旅游产品中的利用价值。开发高山探险旅游、峡谷探险旅游、民族村寨探访旅游、森林探险旅游、野生动物探险旅游、低空飞行旅游营地、自驾车探险营地等类型的软探险旅游产品。丰富旅游产品供给，促进旅游产品结构转型升级，为青海高原生态旅游发展提供产品支撑，满足人们对高原的休闲度假需求，拉动地方经济发展。

3. 发展特许经营旅游，实现生态保护与民生改善双赢

社区参与国家公园特许经营是国家公园带动社区发展、社区分享国家公园红利的途径。在我国国家公园等自然保护地集体土地比例较高的现实情况下，社区或可尝试创新模式在更高层次参与特许经营。不同模式各有利弊，要综合考虑国家公园特许经营项目类型、土地权属关系、社区能力、管理机构能力、特许经营相关制度法规和区域社会经济发展阶段等多项因素。生态旅游强调保护自然环境和维护当地人民生活的双重责任，是一种负责任的可持续旅游。生态旅游是绿水青山的"保护伞"，绿水青山是生态旅游的"聚宝盆"。它能在推进生态保护与消除贫困之间找到合理的平衡点,从而实现生态好与百姓富的有机统一。发展生态旅游,能让青海高原社区居民切实感受到保护绿水青山就是守住金山银山,使生态资源转换为惠普民生的福祉,是生态文明建设内核的体现。在创建国家公园的过程中,当地居民在一些方面存在不少顾虑,包括是否允许放牧,对发展生态旅游的限制,这直接影响到社区参与的积极性。

鼓励引导当地原住民参与生态科学教育、生态监测、生态探险等活动,为游客提供优质服务,让游客深刻感受原生、独特的自然美、生态美,促使其融入自然生态环境当中,在充分欣赏、享受生态旅游的同时,激发生态环境保护的积极性和主动性,也让原住民通过生态资源获得更多收益,进而使保护工作获得更广泛的支持,收到更好的效果。公园里可以探索设立生态保育、旅游观赏、科学利用示范等多功能分区,鼓励农牧民成为生态管护员、导游等,增加收入。同时,针对当地居民从事生态旅游、环境教育服务、生态保护工程劳务、生态监测等工作进行定期培训。对以投资入股、合作等多种形式参与家庭旅馆、牧家乐、民族文化演艺、交通保障、旅行社等特许经营项目的农牧民,进行特许经营和就业技能专题培训。建立社区参与保护的激励机制,充分调动社区主观能动性和监督作用,实现生态保护与民生改善双赢。

4. 发掘文化原动力,提升特色文化旅游品质

任何一个地区文化及其文化内涵都离不开其所依靠的生产方式和生活方式。地理位置、区域历史、民族关系、自然环境、经济结构、生产模式等,这些既是当地居民文化生态赖以依存的根脉,同时也是文化旅游资源开发要充分考虑的现实因素。把文化旅游的开发和文化生态保护协调、互动、结合起来,达到二者的协调互动、互利共赢。文化的升华与转化,可以使自然资源迸发文化的生机和灵气。自然景观和特色文化资源的结合,可以使民俗风情、传统技艺和民间艺术等软性的传统文化资源得以保护和延续,也可以吸引游客,开辟商机,最终实现文化保护和产业开发的双赢。要立足于特色文化内涵,依据对自然景观和特色人文景观本底的分类,从美感度、奇特度、规模度、集中度、完整性、科考性、历史性、宗教性、娱乐性诸方面,对各个因子进行文化含量分析,重点突出唯我独有、唯我独尊,以及排他性、世界性、标杆性的特点和优势,汲取、淬炼并优化最具垄断性的文化精髓,来展示和提升核心文化元素,进而熔铸文化意蕴,演绎文化意象。鉴于此,应深入考察研究,加强对旅游历史文献的收集整理和开发利用,发挥历史、文学、建筑、工艺美术、园林、服装设计,以及音乐、书法、绘画、雕刻、装潢等专业人员的智慧,依靠艺术手段和科学手段,将旅游资源进行艺术化处理,使旅游资源的文化内涵能够生动形象地展示出来。通过更多的互动,延长游客在旅游目的地的滞留时间,拉长旅游产业链条。更为重要的是,对这些文化价值的发掘梳理,可以对当地的城市文化产生深刻的影响,使文化成为其区域和城市独特的历史文脉的依托。

把当地居民的生态观融入文化旅游,特别是研学旅游产品设计中,探寻当地居民

在与自然相互协调、互生、互利的发展中，彰显出的生态意识。打造出主题鲜明、教育意义突出的研学旅行路线和产品。依托当地自然和文化遗产资源、生态文化景观打造具有重大教育意义的研学旅行基地，开展生态文化教育。使生态文化教育借助于文化旅游的开发，达到潜移默化的效果，真正让游客游有所得，游有所获，游有所乐，实现文化旅游的文化性、娱乐性和教育性的有机融合。一方面要充分考虑到旅游规模的扩大、外来人口的涌入、强势文化的辐射，避免迎合游客的盲目开发，减少文化旅游对文化生态保护的冲击。另一方面，文化旅游的开展和开发，也为当地文化生态保护带来新的机遇。

4.4.3 生态观光与体验线路规划

1. 雪域高原（高原风光＋藏族文化）环线

青藏高原是世界上最高、最年轻的大高原，雪峰连绵、冰川广布，平均海拔超过4000m，世界上海拔超过8000m的山峰几乎都在该地区。青藏高原具有独特的自然地理环境，并且形成以藏族文化为主的多民族文化相融合的特殊文化现象，这成为青藏高原旅游业发展的一个优越条件。特色生态观光与教育活动应当从整体上展现青藏高原独特的、完整的旅游形象，突出青藏高原奇山异水和民族风情。依托青藏高原的生态资源，打造"雪域高原（高原风光＋藏族文化）"生态观光与体验环线：西宁市—玉树市—杂多县—聂荣县—那曲市色尼区—班戈县—尼玛县—改则县—革吉县—噶尔县—札达县。

2. 大漠风光（大漠风光＋藏蒙文化）环线

柴达木为高原内陆型盆地，全部在青海海西州境内，是一个被昆仑山、阿尔金山、祁连山等山脉环抱的封闭地区，南北连接昆仑、祁连山脉，泛柴达木地区面积30多万km^2。柴达木素有"聚宝盆"的美称，这里涵盖冰川、雪山、崖壁、峡谷、雅丹、丹霞、高山草甸、湿地、内陆河流、咸水湖、淡水湖、沙漠、戈壁、草原等地貌，且富集而迥异，动植物资源丰富多样。由于多属于无人区或无居住区，这里有很多不为人知的绮丽美妙自然景观资源，包括青海湖、茶卡盐湖、柴达木盆地、莫高窟、雅丹魔鬼城、鸣沙山月牙泉、嘉峪关、张掖七彩丹霞、马蹄寺、卓尔山风景区、祁连山、祁连大草原、门源万亩油菜花等。打造西北自然风光与丝路人文历史的大集合的"大漠风光旅游环线（大漠风光＋藏蒙文化）"生态观光与体验环线：西宁—祁连—张掖—敦煌—德令哈—黑马河—茶卡。

3. 高峡平湖（黄河干流＋民俗文化）环线

黄河，是中华民族的母亲河，发源于中国青海省巴颜喀拉山脉，流经青海、四川、甘肃、宁夏、内蒙古、陕西、山西、河南、山东9个省区，最后于山东省东营市垦利区注入渤海。黄河流域，从西到东横跨青藏高原、内蒙古高原、黄土高原和黄淮海平原四个地貌单元，构成我国重要的生态屏障，也是我国重要的经济地带。为更好地保护和利用黄河水，人们也利用自己的勤劳和智慧修建一座座水利工程。从上游的龙羊峡水电站、青铜峡水利枢纽，到中游的海勃湾水利枢纽、黄河潼关水文站，再到下游的三门峡水利枢纽，这些凝结着中华民族智慧的水利工程发挥着控制水量、调水调沙、水能发电等重要作用，也为黄河安澜、百姓安乐奠定坚实的基础。依托黄河上游河段梯级电站和沿途的地方文化，打造"高峡平湖旅游环线（黄河干流＋民俗文化）"生态观光与教育体验环线：班多—龙羊峡—拉西瓦—李家峡—公伯峡—苏只—积石峡—盐锅峡—八盘峡—青铜峡水电站。

4. 龙山湿岛（山文景观＋民俗文化）环线

从海拔3000～5000m的青藏高原到海拔1000～2000m的云贵高原有着丰富的生物景观和历史文化。依托青海高原到云贵高原的生态资源，以山地自然生态资源与人文资源为基础，以市场需求为导向，规划形成以运动休闲体验和生态观光为核心，集户外运动、休闲度假、生态观光及其他专项旅游产品于一体的多元景区产品体系，打造"山地观光（生物景观＋历史文化）"生态观光与体验环线：西宁市—湟源县—共和县—玛多县—玉树市—囊谦县—类乌齐县—昌都市卡若区—左贡县—芒康县—德钦县—香格里拉市—丽江市古城区—剑川县—洱源县—大理市—弥渡县—南华县—楚雄市—昆明市；西宁—大通—祁连—张掖—武威—兰州。

4.5 主 要 结 论

青海高原生态观光与体验产业发展存在的问题主要有：对政策理解的片面性，未处理好生态保护与发展的关系；旅游产品缺乏创新和多元化；生态旅游发展模式单一；以传统观光游览为主，缺乏对资源的文化内涵挖掘和展现。

青海高原生态观光与体验产业发展建议主要有：让制度为发展"护航"，促进生态保护和旅游产业协调发展；深入挖掘生态观光与体验产业资源潜力，发展研学、软探险等特色旅游；大力发展特许经营生态观光与体验方式，实现生态保护与民生改善双赢；依托自然景观立足特色文化内涵，挖掘文化原动力。

青海高原生态观光与体验产业发展线路建议主要有：雪域高原环线（高原风光＋藏族文化）；大漠风光环线（大漠风光＋藏蒙文化）；高峡平湖环线（黄河干流＋民俗文化）；龙山湿岛观光旅游环线（山文景观＋民俗文化）。

本研究预测青海高原各区生态观光与教育体验产业发展，利用成长率预测法和加权序时平均数法对其潜力值进行预测。2020～2030年，青海省整体潜力值呈正增长，其潜力增长值为西宁市＞海东市＞海南州＞海西州＞海北州＞黄南州＞果洛州＞玉树州。

高原生态观光与体验产业将成为青海经济发展的新增长极。本研究对未来10年潜力值进行量化，获得潜力阈值。其中，生态观光与体验人数潜力值：2025年为4372.47万～15805.99万，2030年为4878.56万～40702.42万；产业总收益潜力值：2025年为482.20亿～1707.75亿元，2030年为482.88亿～4318.26亿元；生态观光与教育体验产业对国内生产总值贡献率预计2025年为7.5%～17.5%，2030年为10%～17.8%。充分发挥生态观光与教育体验产业在第三产业中的龙头作用。

利用成长率预测法对生态观光与体验产业发展潜力进行预测。2020年接待观光与体验者比2010年翻两番，突破5000万，以每年10%的速度增长；省外观光与体验占比60%以上，2025年近9000万，2030年突破1.6亿；2020年入境观光与体验者突破12万，2030年突破45万；2020年观光与体验产业总收入比2010年翻两番，突破530亿元，年增长16%，2025年达1350亿元，2030年突破3050亿元；2020年国内游客平均停留天数提升至4.8d；国内、入境游客人均花费分别达1223元、685美元。全省观光与体验产业对国内生产总值贡献超过10%。

第 5 章 高原生态系统和小球藻固碳潜力与碳汇产业评估

5.1 引　言

5.1.1 低碳经济发展实践

1. 全球低碳经济发展模式

在全球人口数量几何增长和赖以生存的资源相对有限的情景下，排放的温室气体累计总量持续增大，全球气候变化剧烈，极端天气不断增多且气候变暖。与此同时，全球气候变化又反作用于人类生存环境和社会经济发展，造成生物多样性降低、资源短缺、自然灾害频发等一系列问题。应对气候变化的重要措施是减缓和适应；就植被生态系统而言，减少温室气体排放，尤其是 CO_2 的排放是一条便捷而有效的途径。草地、灌丛和湿地生态系统可有效地在全球碳循环中固定和沉积碳，起到减缓气候变暖的作用。因此，评估不同生态系统固碳潜能价值，减少碳排放、增加碳汇逐渐成为全球人类共识和共同努力的方向。

全球范围内，为应对温室气体排放加剧而导致的全球气候变化危机，以低能耗、低排放、低污染为基础的低碳经济，实现碳达峰和碳中和，已成为各国变革传统经济弊端的共识。在国际社会协调行动的大背景下，自1992年《联合国气候变化框架公约》签署以来，从《京都议定书》的签署到"巴厘岛路线图"的确定再到哥本哈根会议的召开和坎昆会议的务实谈判，世界各国通过调整经济结构、优化能源结构、节约能源资源、开发利用可再生能源和新能源等政策措施，控制和减少温室气体排放，积极为应对气候变化做贡献，碳减排成为与各国经济发展并重的头等大事。

碳排放权交易是通过建立合法的温室气体排放权利和总量控制目标，并允许这种权利像商品一样买入和卖出来进行排放控制。它能够发挥市场机制对环境容量资源的优化配置作用，调动企业控制排放的积极性，灵活地调节经济发展与环境保护之间的平衡，使社会整体治理成本趋向最低化。自《京都议定书》对发达国家明确具体的减排目标后，"碳额度"可以买卖成为事实。截至目前，全球共有21个碳排放交易体系投入运行，碳交易市场所覆盖的全球碳排放份额增至2005年的三倍，达到近15%。据联合国预测，至

2020年全球碳市场交易额有望达到3.5万亿美元,超过石油成为世界第一大市场。

2. 中国碳排放权交易市场现状

中国是全球最大碳排放国和第二大经济体,也是《联合国气候变化框架公约》和《京都议定书》的缔约方,为积极应对气候变化的全球挑战、降低生态环境保护压力并承担碳减排责任,2010年7月国家发改委就开展五省八市低碳省区和低碳城市试点工作,10月10日国务院下发的《国务院关于加快培育和发展战略性新兴产业的决定》中提到"建立和完善主要污染物和碳排放交易制度",这是国家首次在官方正式文件中提及"碳交易",10月18日中共十七届五中全会通过的《中共中央关于制定国民经济和社会发展第十二个五年规划的建议》中提到"建立完善温室气体排放和节能减排统计监测制度,加强气候变化科学研究,加快低碳技术研发和应用,逐步建立碳排放交易市场"。

在这之后,低碳经济和碳排放交易试点就成为我国在可持续发展框架下应对气候变化的重要手段,在中央政府及各级政府规划和决策中得到迅速贯彻实施,国家发改委于2011年11月正式启动碳交易试点,批准北京市、天津市、上海市、重庆市、湖北省、广东省及深圳市开展碳排放权交易试点,2013年11月底上海、北京碳交易市场开市,2014年全国低碳计量技术委员会成立。2015年习近平主席出席巴黎气候变化大会开幕式并发表重要讲话。至此,中国低碳经济发展的国家目标和碳计量以及碳交易的发展框架初步建成,为各个区域探索碳汇、碳排放冲抵机制,以及实施碳交易等低碳经济发展奠定基础。

中央经济工作会议于2020年12月16日至18日在北京举行,习近平在会上发表重要讲话。要抓紧制定2030年前碳排放达峰行动方案,支持有条件的地方率先达峰。要加快调整优化产业结构、能源结构,推动煤炭消费尽早达峰,大力发展新能源,加快建设全国用能权、碳排放权交易市场,完善能源消费双控制度。要继续打好污染防治攻坚战,实现减污降碳协同效应。要开展大规模国土绿化行动,提升生态系统碳汇能力。因此,评估不同生态系统固碳潜能价值,构建区域性碳汇交易市场,摸索基于现代生物技术模式支撑下的新型碳汇产业势在必行。

3. 青海省发展碳汇产业的意义

习近平总书记指出"青海最大的价值在生态、最大的责任在生态、最大的潜力也在生态"。2018年青海省委十三届四次全会做出"一优两高(即坚持生态优先,推动高质量发展,创造高品质生活)"的战略部署。青海位于青藏高原,拥有丰富的物资储备,碳汇潜力巨大。做好碳潜能价值摸底工作,推进低碳发展是青海生态立省发展战略的重要一步。青海正处于粗放式发展向集约绿色发展转型的关键阶段,如何使环境保护与经济发展齐头并进,有效应对及掌控未来碳交易的定价权和主动权,探索自己的碳潜能价值,成为青海省在"十三五"期间及未来规划中要考虑的优先区域。因此,针对青海省独特的高原地理环境与区位优势,开展高寒生态系统、高原盐湖和小球藻固碳潜力评估与发展碳汇产业政策研究,提出符合青海省生态文明建设需求的碳汇产业体系具有十分重要的意义。

5.1.2 本章内容概述

分析青海高原高寒生态系统、高原盐湖和小球藻固碳潜力,以及退化生态系统修复、天然生态系统保育新模式下的植被、土壤碳汇功能,进行小球藻规模化培养及产业化过程中的技术瓶颈和适宜模式筛选,以及青海主要盐湖非生物固碳机制和潜力研究。提出高寒生态系统和盐湖工业"减排增汇"的技术模式,构建"多采光、少用水、高产出"的现代化设施生物产业技术-经济体系,发展"高吸收碳"经济。

5.1.3 高寒生态系统、小球藻和高原盐湖产业碳汇潜力研究及评价路线

探究青海海西地区小球藻规模化培养及产业化存在的技术瓶颈,分析适合青海地区的小球藻品种、培养模式,并优化自养小球藻培养条件;论述青海碳酸盐类型盐湖、硫酸盐类型盐湖和氯化物类型盐湖三类盐湖库区上覆水体碳在自然和人工晒盐干预下"水-气""水-陆"界面上碳通量和无机固碳过程及机制,探明青海省盐湖无机固碳量,为科学推测盐湖及盐湖工业碳汇潜力提供必要支持(图5-1和图5-2)。

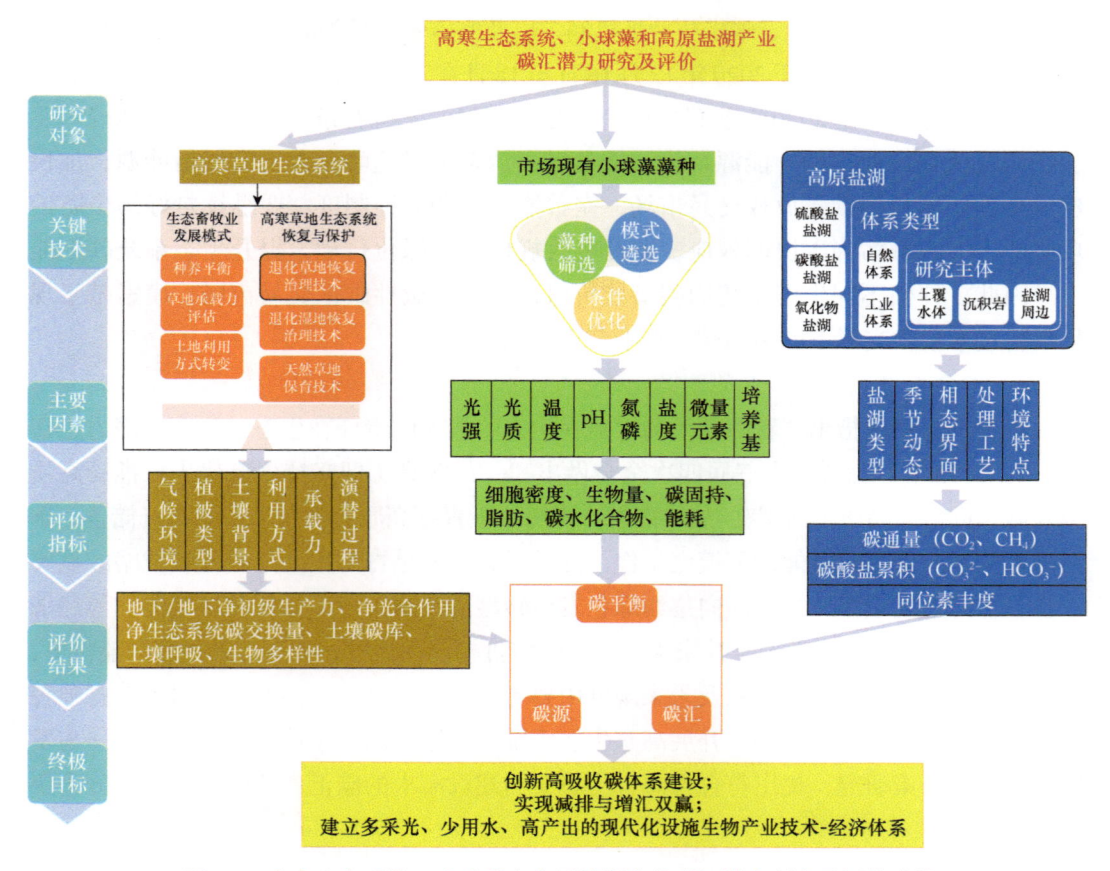

图5-1 高寒生态系统、小球藻和高原盐湖产业碳汇潜力研究及评价路线

第 5 章　高原生态系统和小球藻固碳潜力与碳汇产业评估

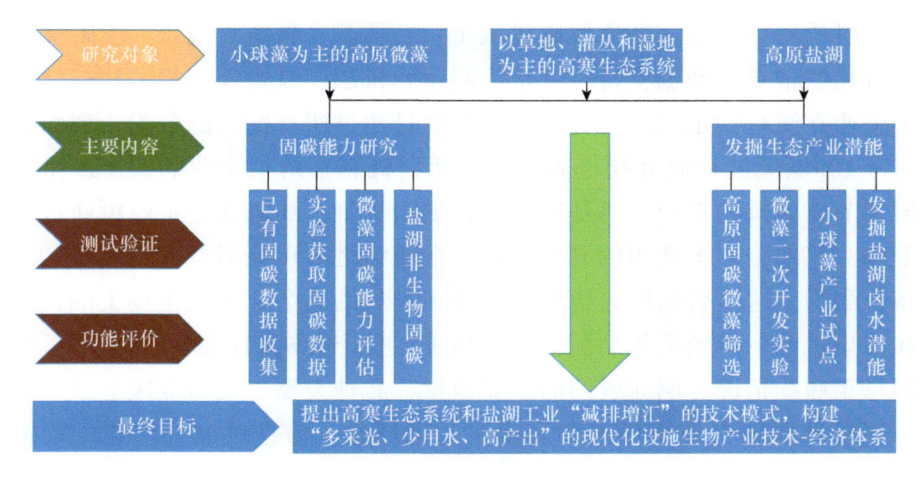

图 5-2　实施要点

5.2　碳汇产业现状研究与分析

5.2.1　国内外固碳产业发展现状

1. 欧盟碳排放交易

在国际上，欧盟的碳交易运行机制已经成为全球碳交易市场机制的领跑者之一，其在全球范围内经验最为丰富、体制最为成熟、涉及的行业最为广泛（荣超和池晓彤，2020）。

欧盟碳交易市场（简称EU-ETS）从2005年起正式启动，以减少CO_2排放量为目的建立的市场机制。EU-ETS规划四个阶段，第一阶段是为期三年的交易期（2005~2007年），第二阶段是与京都议定书第一承诺期平行的为期五年的交易期（2008~2012年），第三阶段和第四阶段分别是为期八年（2013~2020年）与为期十年（2021~2030年）的两个交易期。此体系现在已经进入到第三阶段的运行之中，它是世界范围内迄今为止体系较为成熟，配额流通性较强且行业影响范围最为广泛的碳交易体系。

EU-ETS包括五大部分。一是总量设置机制：欧盟会先设定总的碳排放配额数量，将其再按一定比例把配额数量分配给各个成员国，并且成员国每年所得到的配额数量是依次递减的，从而达到欧盟所承诺减排额的标准值。配额总量设置的原则主要取决于欧盟在国际上需要承担的减排量或自主承诺的减排额的数量，最终根据配额量的总数相应地按比例给欧盟各成员国分配对应的配额量。二是碳排放监测、报告与核查（Measuring Reporting and Verification，MRV）管理机制：该机制是通过第三方审核机构对排放主体的实际碳排放量进行监测、核查、报告，为碳交易市场的良好运行提供重要的数据支持。三是强制履约机制：欧盟颁布相关法律法规，规定若相关企业在履行约定时，其实际的碳排放量超过所获配额的数量，那么将会受到政府每吨100欧元的行政处罚。通过这种惩罚机制来约束企业的碳排放量，并且使企业增强节能减排的意识。四是减排项目抵消机制：欧盟规定企业可通过在碳交易市场上购买其他企业未使用的剩余配额，在履约之时可抵消其超过配额的部分，此行为是合法的。这项机制极大地促进企业碳排放的剩余配额在市场上的流通，使得资源在市场机制下得到更优的配置。五是统一登记簿机制：该机制登记了欧盟各个成员国每年履约情况（例如履约的产品数量、品种类型、交易金额）及发放配额的情况，使得欧盟碳交易市场机制变得更为透明化，信息更加具体化，数据更加精准化。

欧盟碳交易市场如今已经进入到第三阶段，其间也进行一些管理制度的变革，具体表现在：一是欧盟逐渐将设定碳排放总量的权力收回。一方面，欧盟面对碳减排的压力越来越大，之前试验阶段只需完成京都议定书承诺目标的45%，而到现阶段需要减排量达到1990年基础上的20%；另一方面，为避免各成员国为保护本国的经济利益而做出与欧盟整体的环境管制计划相违背的事情，欧盟决定将各成员国自行决定碳排放上限的权力收回。二是配额拍卖的比例不断扩大。在试验阶段，欧盟将95%以上的配额免费发放给企业，但到现阶段，为使市场可以更加有序地运行，免费配额的比例将持续下降，最终达到配额100%有偿拍卖。三是实行冻结制度。由于之前阶段市场上剩余碳配额过多，碳价格持续处在一个较低的水平，难以达到减排的目的。进入第三阶段，欧盟决定根据市场上流通碳配额的数量来进行调整。四是逐渐扩大控排范围。为平衡碳排放的供需关系，欧盟将新的一些行业不断纳入碳交易体系之中，并且同时增加新的温室气体种类。

2. 美国碳排放交易

美国能源企业在政界拥有强大的政治影响力，布什政府退出《京都议定书》并反对设置全国性碳排放总量就是受到这些能源巨头的影响。美国各州的州情不一样，利益集团相当程度上左右着各州的政治决策却大同小异，因此各州参与温室气体减排大多受各种利益集团的影响。在美国区域排放交易体系中，能源大州基本上没有参与，只有加州例外，原因在于加州的环境保护团体势力较强，因此其环境保护政策和行动一直走在美国和世界的前列（温岩等，2013）。

随着美国各界环保意识的增强，以及奥巴马政府经济政策的刺激，美国开始积极探索市场化的减排机制，在这种情况下，自愿减排得到较大发展，如负责配额拍卖的相关机构区域温室气体减排行动（Regional Greenhouse Gas Emission Reduction Action），负责碳足迹业务的碳注册机构美国气候注册办（The Climate Registry，TCR），负责碳抵消的机构气候行动储备（Climate Action Reserve，CAR），负责碳登记的机构美国碳注册处（American Carbon Registry，ACR），以及核证标准协会（the Verified Carbon standard Association，VCSA）、西部气候倡议（Western Climate Initiative，WCI）、绿色交易所（GreenX）、芝加哥气候交易所（Chicago Climate Exchange，CCX）等。一些减排机构的背后却能看到华尔街的身影，摩根士丹利、高盛等金融机构早已看好CO_2排放权交易市场前景，十多家投资机构成立气候风险投资者网络，推动华尔街分析师、评级机构和投资银行对投资碳市场的风险进行研究。目前，该网络成员已有80多家机构投资者，总资产达8万亿美元。

2005年12月，美国康涅狄格、特拉华和缅因等7个州签订区域温室气体倡议（Regional Greenhouse Gas Initiative，RGGI）框架协议，形成美国第一个以市场为基础的温室气体排放贸易体系。RGGI是一个以州为基础的区域性应对气候变化合作组织。该组织将电力行业作为控制排放部门，目标排放源为该区域2005年后所有装机容量大于或等于25MW且化石燃料占50%以上的发电企业。RGGI协议规定签约各州温室气体排放上限，即到2018年温室气体排放量比2009年减少10%。为让各州有足够的适应时间，RGGI提供一个缓冲期，要求2014年前各州的排放上限固定不变，但从2015年开始至2018年将每年减少21.5%，最终达到减排目标。RGGI的立法目的：第一，以最经济的方式维持并减少RGGI成员州内CO_2的排放量；第二，强制性纳入规制对象的是以化石燃料为动力且发电量在25MW以上的发电企业，各州至少要将25%的碳配额拍卖收益用于战略性能源项目；第三，为美国其他地区和其他国家带来示范的模板效应。RGGI通过法律规范和具体规则的相互补充，实现区域合作性减排机制的协调一致性和灵活可操作性。RGGI在具体规则上赋予各州自主裁量权，制定符合各州具体实际的政策和规则。

西部气候倡议是由美国加州等西部7个州和加拿大中西部4个省于2007年2月签订成立的。WCI建立包括多个行业的综合性碳市场，计划是到2015年进入全面运行并覆盖成员州（省）90%温室气体排放，以实现2020年比2005年排放降低15%。在这一计划的执行下，WCI与RGGI互补，目前，电力行业和工业部门是美国现有区域排放交易体系涵盖的重点行业和领域，行业部门和交易气体覆盖面不断扩大。这是因为：电力行业是碳排放的主要来源；电力行业有较低成本的减排空间；电力行业已经存在较规范、完善的监管，数据基础较好；电力行业不参与国际竞争，国内竞争也不激烈，对整体经济的影响尚在可控范围之内。RGGI以一个单一行业为切入点，而WCI扩大排放交易体系的行业覆盖范围，基本扩大至所有经济部门，交易气体也从单纯的CO_2扩大至6种温室气体，甚至更多。

2000年美国开始创建芝加哥气候交易所，并于2003年正式以会员制运营，包括美国电力公司、杜邦、福特、摩托罗拉等在内的13家公司是其创始会员，目前会员达450多家，涉及航空、电力、环境、汽车、交通等数十个不同行业，其中包括5家中国会员公司。加入CCX的会员必须做出自愿但具有法律约束力的减排承诺。CCX会员减排分为两个承诺期。第一个承诺期（2003~2006年），要求实现所有会员在基准线排放水平（1998~2001年平均排放量）上每年减排1%的目标，到2006年比基准线降低4%。实际上，第一个承诺期CCX所有会员共减排大约5340万t CO_2。第二个承诺期（2007~2010年），要求所有会员排放量至少比基准线排放水平（新会员为2000年的排放量）降低6%。CCX交易的商品称为碳金融工具合约（Carbon Financial Instrument，CFI），每一单位CFI代表100t CO_2。CCX根据成员的排放基准线和减排时间表签发减排配额，如果会员减排量超出自身的减排配额，则可以将超出部分在CCX交易或储存，如果没达到自身承诺的减排配额，则需要在市场上购买CFI，同时，CCX也接受其他项目的减排量进行碳交易，是美国唯一认可的基于清洁发展机制（Clean Development Mechanism，CDM）的交易体系。当然，由于CFI的价格远远低于欧洲碳市场价格，实际上很难发生跨区域的交易。

3. 日本碳排放交易

日本作为经济发达国家，自然也是能源消耗和CO_2排放大国。根据美国能源部CO_2信息分析中心（Carbon Dioxide Information Analysis Centre，CDIAC）提供的各国CO_2排放数据显示，日本的碳排放量一直徘徊于全球的5~8位。日本环境省于2017年12月11日发布的《2016财年日本国家温室气体排放》报告显示，自2009年起，日本CO_2排放量一直处于上升态势，维持在12亿t以上，尤其在福岛核电站核泄漏事故发生后，为代替核发电，用于火力发电的煤炭和天然气的使用量明显增加，导致CO_2排放量逐年增加。这一趋势在2013年达到巅峰（14.09亿t），之后有所回落，2016年维持在13.25亿t（杨慧，2018）。

面对环境、经济等方面的压力，日本政府很早就开始启动低碳发展战略，并积极筹建碳排放交易市场。纵观日本国内碳排放交易市场的发展过程，主要分为三个阶段：第一阶段前期政策铺垫。日本政府一直以来对于环境问题都采取积极的态度，1990年日本政府推出"抑制全球变暖行动项目"，明确到2020年将CO_2排放量维持在1990年水平的目标；1997年推出《环境自愿行动计划》。该计划主要是针对工业和能源部门的减排，由相关企业做出长期自愿承诺，但是并不具备强制性。1998年10月，颁布《地球温暖化对策促进法》，作为世界上第一部应对气候变化的法律，明确规定了温室气体减排是国家、地方、企业、普通民众的职责与义务。

第二阶段是碳排放交易体系的构建。日本环境省于2005年和2008年分别推出自愿排放交易计划（Japan Voluntary Emissions Trading Scheme，JVETS）和核证减排计划（Japan Verified Emission Reduction Scheme，JVER）。JVETS是排放权交易系统，采用减排补贴手段，对于符合要求的项目，由环境省予以项目施工费用1/3的补贴，激励企业参与到该体系中来；JVER是碳信用交易系统，是将碳汇和减排等方式产生的碳信用用于抵消人类活动中无法避免的碳排放。2008年日本经济贸易产业省推出日本试验碳交易系统（Japan Experimental Emission Trading System，JEETS），该系统通过总量控制与强度控制两种方式对企业进行管制，但是对违约企业并没有设置惩罚性条款，对于未达标的企业也可以通过透支未来排放权进行弥补，所以对企业的约束力不强。该体系实质上并未产生实际的交易，主要是作为一种实验，希望发现企业在使用该系统运行时可能发生的问题。

第三阶段是地区强制总量交易体系出现。日本除中央政府部门以外，一些地方政府也积极地建立辖区内的碳交易系统。2010年4月，世界上第一个城市级的强制排放交易体系在东京正式启动。该强制排放交易体系是设定总的排放额，再以一定的配额落实到辖内企业，企业获得配额后可根据需求进行交易。交易体系设立严格的惩处机制，对未能履约的企业处以缴纳高额的罚金。随后，2011年琦玉县政府和京都市政府也先后运行碳交易系统。

此外，面对国内有限的减排潜力，日本把目标对准了国际市场。1997年通过的《京都议定书》不仅对38个工业化国家规定了限排义务，还建立三个合作机制，包括国际排放贸易合作机制（International Emissions Trading，IET）、联合履行机制（Joint Implementation，JI）、清洁发展机制。IET和CDM机制成为近几年日本参与国际碳交易的主要渠道。IET机制是指国家根据自身实际情况，将分配到的既定碳配额出售或购买的机制。20世纪90年代以来，随着俄罗斯、乌克兰、波兰、捷克等国重工业不同程度的萎缩，温室气体排放量也随之滑落，远低于《京都议定书》中分配的配额，于是日本将中东欧国家作为重要的碳交易伙伴，从他们手中购入大量碳排放权。但是随着环境问题的日益突出，各中东欧国家相继着手制定更严格的减排标准，碳排放配额作为稀缺资源价格呈上升趋势，抑制了日本的需求。

CDM机制允许国家及经济组织的投资者从其在发展中国家实施的，并有利于发展中国家可持续发展的减排项目中获得的"经认证的减排量"。其核心是发达国家利用技术和资金从发展中国家换取碳排放权。日本不仅拥有雄厚的资金实力，而且作为节能大国，在节能减排领域长期处于世界领先地位，这些优势使日本在CDM框架下的碳交易取得显著进展。但是该机制下项目审批和排放权发行平均需要2年时间，不能及时将技术优势转化为碳排放权。

面对IET机制和CDM机制存在的弊端，日本创设双边碳抵消机制（BOCM）。该机制是通过日本与发展中国家签署双边协议的方式，由日本向发展中国家提供低碳环保技术、产品、服务，以及基础设施建设等方面的国际援助，通过在东道国投资建设BOCM项目，换取相应数量的温室气体减排量（或者移除量）用于日本实现温室气体减排目标。BOCM机制近似于CDM机制，但是BOCM机制下项目的覆盖范围更宽泛、项目的审定程序更简化、项目减排量的计算更简单，尤其在日本核泄漏事故发生、日本国内核电站全部停止运营的背景下，BOCM机制为缓解日本温室气体排放减排压力、奠定日本在未来以碳权为核心的国际金融体系中占据主导地位发挥重要作用。

4. 中国碳排放交易

中国作为发展中国家，不承担有法律约束力的温室气体绝对总量的减排，但作为负责任的大国，中国早在2009年主动承诺CO_2排放量。在党的十九大报告中更是强调，"加快建立绿色生产和消费的法律制度和政策导向，建立健全绿色低碳循环发展的经济体系。"中国早在2005年便以开发核证减排量（Certified Emission Reduction，CER）和自愿减排量（Voluntary Emission Reduction，VER）项目的方式参与欧洲乃至全球碳市场，作为减排量的卖方从碳市场获得了不少实质性的收益（陈紫菱等，2019）。

2011年，中国启动自己的地方性碳交易市场，与欧盟一样走上强制减排的道路。2011年10月29日，国家发改委办公厅发布《国家发展改革委办公厅关于开展碳排放权交易试点工作的通知》（发改办气候〔2011〕2601号），同意北京、天津、上海、重庆、湖北、广东及深圳7个省市开展碳排放权交易试点。2013年6月18日至2014年6月19日，7个碳排放权交易试点省市先后开展碳排放权交易。2016年12月22日，福建省启动碳排放权交易市场，成为中国第8个碳排放权交易试点地区（表5-1）。截至目前，八个碳排放交易市场已经历多年探索，在碳排放交易系统的基础设施、社会环境、技术基础等方面日趋完善。2017年12月《全国碳排放权交易市场建设方案（发电行业）》印发，标志着我国碳排放交易体系的总体设计基本完成，全国碳排放权交易市场正式建立。

表5-1 全国碳排放交易试点省市

试点省市	配额分配模式	配额分配方法	碳市场覆盖范围	碳市场交易主体
深圳市	混合模式：90%以上配额免费发放，一次性分配2013～2015年的配额，考虑行业增长	燃煤电厂采用行业基准线法，燃气电厂企业采用历史强度法	来自电力、燃气、水供给等26个行业的635家企业	履约企业、机构投资者、个人投资者
上海市	无偿分配：100%免费，一次性分配2013～2015年的配额，适度考虑行业增长	行业基准线法	来自钢铁、石化、化工、金属、电力、建筑材料、纺织、造纸、橡胶和化学纤维等行业的197家企业，覆盖城市排放量的57%	履约企业、机构投资者
北京市	混合模式：95%以上免费，按年度发放，以上一年数据为依据（未考虑增量）	历史强度法	来自电力、热力、水泥、石化、汽车制造和公共建筑等行业的约490家企业，覆盖城市排放量的一半	履约企业、机构投资者
广东省	混合模式：2013年电力企业免费额97%，2014年免费额95%，按年度发放，考虑经济社会发展趋势	纯发电机组采用行业基准线法，热电联产机组采用历史排放法	来自电力、水泥、钢铁、陶瓷、石化、金属、塑料和造纸等行业的239家企业，占省排放量的42%	履约企业、机构投资者
天津市	无偿分配：100%免费，一次性制定2013～2015年年度配额，每年可调整	历史强度法	来自钢铁、化工、电力、石化、炼油等行业的114家企业，占城市排放量的60%	履约企业、机构投资者、个人投资者

续表

试点省市	配额分配模式	配额分配方法	碳市场覆盖范围	碳市场交易主体
湖北省	无偿分配：100%免费，未考虑增量	历史强度法	来自钢铁、化工、水泥、电力等行业的138家企业，占省排放总量的35%	履约企业、机构投资者、个人投资者
重庆市	无偿分配：100%免费，按逐年下降4.13%确定年度配额总量控制上限，未考虑增量	历史强度法	来自水泥、钢铁、电力等行业的240家企业，占全部排放量的30%~45%	履约企业
福建省	无偿分配：100%免费	采用行业基准线法、历史强度法、历史总量法相结合	来自电力、石化、化工、建材、钢铁、有色、造纸、航空、陶瓷等九个行业	履约企业、机构投资者、个人投资者

中国碳交易市场发展的机遇和挑战并存。一方面，中国目前的全球碳排放量最大，中国碳交易的潜在市场和客户群体庞大，碳市场一旦全面建成，将释放成千上亿的市场资本。再加上中国政府高度重视环境问题，大力提倡低碳发展，政策执行力较强等有利因素，可以为未来碳交易市场的全面落地和可持续发展奠定坚实基础。另一方面，国际环境不容乐观，澳洲取消碳税政策，欧盟碳市场低迷等事件表明，碳市场发展正式进入寒冬，中国大力发展碳市场将面临全球经济下行的压力。

此外，从国内碳交易发展现状来看，虽然国内已建立一些碳交易试点及碳交易所，但每个交易所之间由于地理位置等因素并没有相互联系的渠道，难以形成统一完善的碳市场。此外，中国碳市场的相关法律和监管机制仍需要进一步完善，现行的一些碳市场的相关制度，还没有上升到法律层面，难以为碳交易提供良好的保护和监管作用，导致一些企业的减排效益与经济效益相冲突，企业参与的积极性也不高，不利于中国碳交易市场的资本集合和进一步发展。

总之，中国作为目前全球最具潜力的碳排放权供应国，相较于全球其他碳交易市场的参与国，中国碳交易的发展历史还很短暂，缺乏相关经验和方法，这使得中国的企业、银行等碳交易参与者在国际市场进行碳排放权交易时处于劣势，致使碳交易盈利困难，同时还需要承担较大的碳排放权开发和交易风险。为改变全球碳交易的主要市场在国外且由发达国家主导、我国处于碳交易产业链最底层并处于被动地位的不利局面，需要不断支持有条件的行业和地区加快探索碳交易机制的可行性道路，支持有条件的行业和地区明确控排目标、合理分配配额、科学运行市场机制、支持各类低碳交易技术的研发和应用推广、推动建立相互联系的碳交易市场体系，特别是加强碳交易市场的相关法律法规建设并明确其法律地位，为碳交易市场及参与者提供法律保障。此外，碳排放潜力的评估、测试和排放数据的采集方式等基础工作的严重不足也是制约我国碳交易市场发展的重要因素。

5. 青海碳排放交易

青藏高原是世界屋脊、亚洲水塔，是地球第三极，是我国重要的生态安全屏障、战略资源储备基地，是中华民族特色文化的重要保护地。青海省是青藏高原的重要组成部分，是长江、黄河、澜沧江等重要水系的发源地，生态环境在中国及全球都具有十分重要的战略地位。习近平总书记指出"青海最大的价值在生态、最大的责任在生态、最大的潜力在生态"。2018年青海省委十三届四次全会做出了"一优两高"的战略部署。青海省的生态地位决定青海省必须实施生态优先战略，这不仅是构筑青海河源区中下游地区可持续发展的生态安全屏障之根基所在，更是维护东南亚乃至全球生态安全的必要保障（孙发平和王礼宁，2021）。

青海是我国五大牧区之一，全省草地面积4193.33万公顷，高寒草甸是主要植被类型之一，具有丰富的碳储量。与此同时，受气候变化及长期过度放牧影响，青海90%以上草原为中度退化，而大面积退化高寒草地的恢复，具有巨大的碳增汇潜力。恢复退化草地可以有效增加草地生态系统的碳储量，是一种低成本的增汇减排途径。在积极应对全球气候变化的大背景下，青海以积极态度主动承担起保护责任，将生态保护放在突出位置，实施生态立省战略。自2003年退牧还草工程在青海启动以来，通过围栏封育、补播改良、减畜禁牧等一系列措施，草地植被和草地生产力有明显提高，局部地区草地生态环境明显好转。生态恢复退化草地有望实现碳汇功能逆转，储备大量碳汇，并获得更多补偿资金和发展空间，为取得发展和保护的双赢奠定良好基础。青海省2018年森林资源清查主要结果显示：青海省森林覆盖率为5.82%，森林面积420万hm^2，森林蓄积4864万m^3。森林面积中，天然林面积为401万hm^2，人工林面积为19万hm^2，其中天然乔木林面积为35万hm^2，人工乔木林面积为7万hm^2；森林蓄积中，天然林蓄积为4289万m^3，人工林蓄积为575万hm^2。青海省拥有湿地资源814.36万hm^2，占全国湿地总面积的15.19%，湿地面积居全国第一。其中，沼泽湿地有564.54万hm^2、湖泊湿地147.03万hm^2、河流湿地88.53万hm^2、人工湿地14.26万hm^2（青海省统计局，2019）。

据统计，2000~2018年青海省各类生态系统多年平均固碳总量为7918.23万t。在2000~2018年间，受气候波动的影响，青海省各类生态系统多年平均的固碳价值在523.05亿~1220.70亿元波动，2000~2018年青海省平均碳汇价值达960.08亿元（国家统计局，2019）。

青海省水电势能、太阳能、风能、生物质能、地热能等清洁能源蕴藏丰富、潜力巨大，具有广阔的开发利用前景。2000~2018年青海省水电势能平均潜力为2338.41亿kW/h，太阳能发电平均潜力为216.19亿kW/h，风能发电平均潜力为31.38亿kW/h，生物质能平均潜力为6772.32万t标准煤/a，地热能平均潜力为798万t标准煤/a。2000~2018年青海省清洁能源平均价值为1887.75亿元（国家统计局，2019）。青海省清洁能源温室气体减排价值巨大。

近年来，青海省积极探索林业碳汇的试点工作，省林草局与国际机构合作开展前期研究，探索了清洁发展机制下的项目开发。根据国际形势的变化和国内碳市场的发展，在国家林草局、绿碳基金会的大力支持下，开发国内标准林业碳汇项目。其间，青海省联合国家林草局与加拿大不列颠哥伦比亚大学开展合作，分析探索林业碳汇价值实现路径，开展基于国际核证减排标准（Verified Carbon Staindard，VCS）国际碳汇市场的试点。

2020年5月11日，青海省林业和草原局向壳牌能源（中国）有限公司交付第一笔基于碳核证标准的林业碳汇。该笔林业碳汇量是由双方共同协作，在青海省东部河湟地区实施的林业碳汇项目，核证减排量共计25.46万t。此次成功交易的试点项目由三个子项目构成，均按核证碳标准与气候、社区和生物多样性（Climate，Community and Biodiversity，CCB）标准进行碳汇项目的开发，符合中国提出的应对气候变化的基于自然的解决方案（Nature based Solutions，NbS）。在已经完成碳汇量交易的造林项目中，青海项目种植规模最大，三个项目总面积达近40000hm²（60万亩）；单个项目平均年减排量50万～77万t，远超过其他项目。同时，项目计入期时间达到VCS允许的最长期限100年，也远高于其他同类项目。

作为国内首个在高寒地区实施的VCS+CCB项目，该项目实施阶段利用当地社区约35000人进行整地、栽种、浇水等工作，完成的林地由生态护林员负责管护，提高社区项目参与率，增加当地居民的家庭收入。同时项目符合基于自然的解决方案的要求，从社区生计、气候变化、生物多样性着手，利用成本效益高，可持续性强的综合解决方案，从生态系统的整体性角度出发，依照生态文明建设理念，应对气候变化带来的挑战。

5.2.2 青海省主要生态系统固碳潜能及生态服务价值

青海省位于青藏高原，拥有丰富的物资储备，碳汇潜力巨大。做好碳潜能价值摸底工作，推进低碳发展是青海生态立省发展战略的重要一步。青海正处于粗放式发展向集约绿色发展转型的关键阶段，如何做好环境保护与经济发展齐头并进，有效应对及掌控未来碳交易的定价权和主动权，探索自己的碳潜能价值，成为青海省在"十二五"期间及未来规划中要考虑的优先区域。因此，研究草地、灌丛和湿地生态系统固碳潜能价值，减少碳排放、增加碳汇逐渐成为全球人类共识和共同努力的方向。本研究评估青海省草地，灌丛和湿地生态系统的固碳潜能，拓宽对主要生态系统生态服务价值的认识，进而提高当地生态环境和改善生存环境具有重要的理论价值和现实意义。

1. 青海省主要草地类型固碳潜能

1）生态系统固碳潜能评估的价值和意义

从国际社会角度来看：由于中国人口基数大，经济发展压力大，人民生活水平还亟待改善，因而CO_2当量的排放总量居世界第二位，总量还将继续上涨。作为发展中国家，温室气体排放控制技术相对落后，这些不利因素让中国在国际气候公约谈判进程中处于相对被动的地位。因此，我国要做好经济转型，提倡集约发展，降低单位能源消耗，逐步建立精细化的低排放高循环型社会，还要增加可抵扣的碳排放量。基于CDM的优惠条件，中国在新能源方面取得突飞猛进的发展，风能、太阳能发展取得长足进步，但是由于全球经济增长缓慢，贸易保护主义重新抬头，国内产业布局不合理，风能和太阳能（光伏应用）的开发和利用遇到一定的挑战。但中国造林绿化的力度继续增加，可用于抵扣的森林碳汇潜力也非常大，同时利用减少森林砍伐和森林退化造成的排放REDD（Reducing Emisssion from Deforestaion and forest degradation）或REDD＋进行的国内碳汇项目也可以促进森林经营向现代集约化发展，这些努力都是人类减缓气候变化承诺的积极践行，并且有助于进一步树立我国的国际形象，为国际气候外交争取一定的主动权。评估主要生态系统碳汇对中国的经济发展、生态建设和社会价值具有相当重要的意义。

a.经济发展

中国正在实施富民强国战略，温室气体的排放总量会随着经济的增长不断上升。通过技改等一系列措施，排放总量上升的速度虽然慢于经济增长的速度，但还是难以满足减排目标。因此，开展排放抵扣的工作极其重要。解决全球气候变暖问题主要靠"减缓"策略，主要是"增"和"减"。"减"意味着限制国家生产部门的能源消耗以减少排放，且技术改进和改善能源结构是主要选择。减排受到目前技术的限制或受制于全球经济难以大规模推广。而"增"就是各类生态系统带来的碳汇效益增加吸收CO_2，按照森林碳汇的方法学加以实施这些林业项目、改善草地退化、保护湿地等可以经济实惠地带来碳汇。

b.生态建设

植物通过固碳过程（吸收CO_2、释放O_2、将CO_2转化为有机物），降低空气中的温室气体比率，不仅改善小范围内的人居条件，还在全球范围内减小气候变化幅度、间接减缓极端气候带来的不良影响。缔约方第15次会议于2009年12月在丹麦首都哥本哈根召开。此次大会虽未达成如《京都议定书》这类强制法律性文件，但"哥本哈根协议"再次强调防止草地退化、毁林经营等在减少碳释放的重要作用，同时间接地促进志愿市场的碳交易。

c.社会价值

清洁发展机制下植被碳汇项目成功交易，再次证明草地、湿地和灌丛生态系统服务的价值，而这一价值逐渐在全球范围内被广为认同。这种认同标志着对于植被生态系统的保护认识已经从形而上的阶段到日常生活中，具有非常显著的社会意义。同时，在政府层面，这种认同意味着生态环境的保护可以通过经济层面来加以重视和实施。

2）固碳潜能数据获取与计算

a.碳储量估测的数据来源

研究区植物生物量数据来源于文献调研和野外观测实验研究两个部分。草地，灌丛和湿地在青海的分布面积根据NOAA/AVHRR（National Oceanic and Atmospheric Administration/

Advanced Very High Resolution Radiometer）卫星归一化植被指数（Normalized Difference Vegetation Index，NDVI）数据和CASA（Carnegie-Ames-Stanford Approach）模型来获取。文献调研是基于国内正式出版刊物的查阅，土壤碳密度则采用实验研究的方法计算。

b. 草地、灌丛和湿地地上生物量碳储量估测

青海省草地、灌丛和湿地单位面积植物地上生物量平均值、植物地上组织有机碳含量及其分布面积估算得出草地、灌丛和湿地植物地上生物量碳储量（C_a），估算公式为

$$C_a = B_a \times W \times A \tag{5-1}$$

式中，B_a 为草地、灌丛和湿地植物地上生物量；W 为草地、灌丛和湿地植物组织地上有机碳含量平均值；A 为草地、灌丛和湿地植被的分布面积。

c. 草地、灌丛和湿地地下生物量碳储量估测

青海省草地、灌丛和湿地单位面积地下根系生物量平均值、植物地下组织有机碳含量及其分布面积估算得出草地、灌丛和湿地植物地下生物量碳储量（C_b），估算公式为

$$C_b = B_b \times W \times A \tag{5-2}$$

式中，B_b 为草地、灌丛和湿地植物地下生物量；W 为草地、灌丛和湿地植物组织地下根系有机碳含量平均值；A 为草地、灌丛和湿地植被的分布面积。

d. 草地、灌丛和湿地土壤碳库储量（C_s）估算

土壤碳库储量估算以不同植被类型下的土壤有机碳密度测定结果与该植被类型的分布面积计算获得，其计算公式为

$$C_s = D \times A \times d \tag{5-3}$$

式中，D 为草地、灌丛和湿地的碳密度；A 为草地、灌丛和湿地植被的分布面积；d 草地、灌丛和湿地的土壤测量深度。

e. 草地、灌丛和湿地的总碳库储量（C_t）估算

草地、灌丛和湿地总碳库的估算以地上植物的碳库、地下植物的碳库和土壤的碳库计算获得，其计算公式为

$$C_t = C_a + C_b + C_s \tag{5-4}$$

式中，C_a 为草地、灌丛和湿地的地上生物量碳库；C_b 为草地、灌丛和湿地的地下生物量碳库；C_s 为草地、灌丛和湿地的土壤碳库。

数据计算、统计、分析与作图由Excel、SPSS和OriginPro 9.0软件完成。

f. 青海草地、灌丛和湿地的固碳潜能

由图5-3可知，青海省的草地面积显著高于灌丛和湿地面积，并且其不同生态系统之间的碳密度差异显著（草地的碳密度为18.20g/m²，灌丛的碳密度为25.12g/m²，湿地的碳密度为40.06g/m²）。在固碳潜力方面，草地起最主要的作用，其次是湿地和灌丛。

2. 草地生态系统服务价值

生态系统服务是指人类通过生态系统的各种功能直接或间接得到的产品和服务。

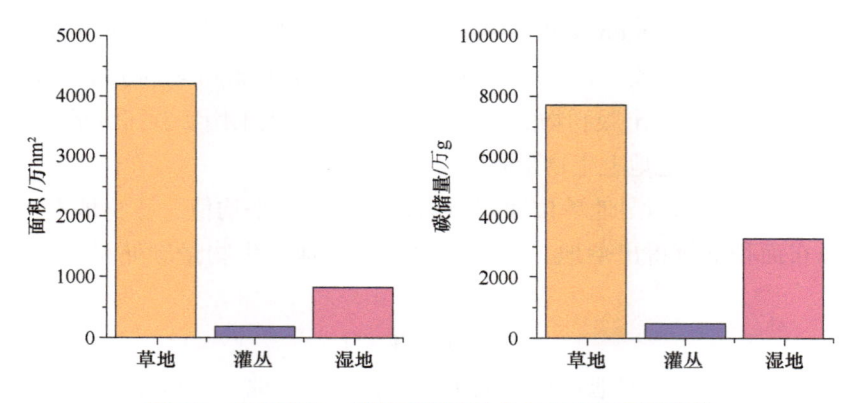

图 5-3　青海草地、灌丛和湿地的分布面积和固碳潜能

天然草地是陆地上面积最大的生态系统类型，它为人类提供的许多产品和服务只有少数具有市场价值，如肉类、奶类和毛皮制品等。大部分产品或服务对人类的生存与生活至关重要却又未被人们所认识，诸如维持大气成分、保存基因库、调节天气过程、保持土壤等。生态系统服务功能的经济价值评估研究旨在保护生态系统结构与功能的完整，试图以直接的经济价值形式反映各类生态系统带给人类的效益，以唤起人们的环境保护意识。全球范围内，一些学者进行不同生态系统服务功能的经济价值评估研究探讨，但对中国草地生态系统的经济价值评估研究报道目前尚不多见。

1）青藏高原高寒草地生态系统服务价值

青藏高原是中国天然高寒草地分布面积最大的一个区域，这里以畜牧业生产为主，天然高寒草地面积 0.54×10^8 hm²。高寒草地生态系统不仅是发展地区畜牧业、提高农牧民生活水平的重要生产资料，而且对于保护生物多样性、保持水土和维护生态平衡有着重大的生态作用和生态价值。尤其重要的是青藏高原草原生态系统主要分布在黄河、长江等我国主要水系的源头区，对于保护河流源区的生态环境而言，其生态屏障功能是不言而喻的。为此，参考 Constaza 等（1997）提出的研究方法，根据青藏高原高寒草地生态系统的类型及其生态功能特点进行评估方法的修正，对青藏高原高寒草地不同类型的生态系统服务的价值进行经济评估（表 5-2）。

表 5-2　不同草地类型生态系统服务价值

草地类型	面积/10⁴hm²	单位面积服务价值/[元/(hm²·a)]	服务价值/(10⁸元/a)	构成/%
温性草甸草原	21.1	3702.7	9.68	0.38
温性草原	171.5	4585.4	47.72	1.86
温性荒漠草原	43.2	2782.5	6.15	0.24
高寒草甸草原	558.6	1424.1	53.68	2.09
高寒草原	3737.4	960.9	332.22	12.92
高寒荒漠草原	867.9	888.9	52.97	2.06
温性草原化荒漠	10.7	610.9	1.56	0.06

续表

草地类型	面积/10⁴hm²	单位面积服务价值/[元/(hm²·a)]	服务价值/(10⁸元/a)	构成/%
温性荒漠	4.5	1455.4	0.46	0.02
高寒荒漠	596.8	1029.8	1.85	0.85
暖性草丛	1.0	366.2	0.51	0.02
暖性灌草丛	35.4	5142.5	19.60	0.76
热性草丛	2.7	5536.9	2.23	0.09
热性灌草丛	27.6	8272.4	21.83	0.95
低地草甸	7.9	7909.4	4.28	0.17
山地草甸	705.0	5414.8	363.65	14.14
高寒草甸	5824.7	5158.1	16.0.97	62.52
沼泽	37.2	2760.6	25.42	0.99
合计	12653.2	6832.7	2571.78	100.0

注：表中个别数据因数值修约略有误差。

由于不同草地类型具有不同的生物群落结构和生物生产量，因而相应的生态服务功能亦有差异。对青藏高原各类草场单位面积生态服务价值的估算表明，不同类型天然草地的生态服务价值相差悬殊，最低为366.2元/(hm²·a)，最高可以达到8272.4元/(hm²·a)。平均生态系统服务价值为6832.7元/(hm²·a)，其中，高寒草原类、高寒荒漠草原类、温性草原化荒漠类的单位面积生态系统服务价值等于或低于960.9元/(hm²·a)，其余类型单位面积生态系统服务价值在1000元/(hm²·a)以上（表5-2）。

青藏高原天然草地资源每年提供的总生态系统服务价值为2571.78×10^8元，受各类草地生物群落分布广度和单位面积生态服务功能强弱的综合影响，各类草地的生态服务价值贡献率有很大差异，其中，高寒草甸、山地草甸、高寒草原对草地生态系统总服务价值的贡献率分别为62.52%、14.14%和12.92%。其余类型的草地生态服务价值贡献率在2.09%以下（表5-2）。显然，在青藏高原天然草地中高寒草甸类提供的生态服务功能价值最大，这与高寒草甸在青藏高原分布面积最大是一致的。

2）青海省典型县区草地生态系统服务价值

a.青海省都兰县草地生态系统服务功能及其价值

都兰县位于青海省中部，柴达木盆地东南隅，界于90°29′E~99°16′E，35°17′N~37°27′N，东接海南藏族自治州共和县、兴海县，南濒果洛藏族自治州玛多县和玉树藏族自治州曲麻莱县，西连格尔木市，北邻大柴旦行委的大柴旦镇，以及德令哈市和乌兰县。跨柴达木盆地和昆仑山山脉两大单元地貌，总土地面积为4.527万km²，约占青海省总面积的6%，其中，山区占36%、丘陵占7.7%、平原占56.3%。都兰县是青海省重要的牧区之一，草地面积辽阔，资源丰富，草地总面积212.65万hm²，其中，可利用草地面积为155.42万hm²，草地面积位居全省之首。全县饲用植物资源丰富，牧草种类繁多，主要牧草有53科154属320种。根据6年草地资源动态监测统计，都兰县天然草地平均产鲜草2878kg/hm²，天然草地年产可食鲜草44.73亿kg，理论载畜量140.94万个羊单位。其中，冬春草地98.96万hm²，占全部草地面积的46.54%，可利用面积68.42万hm²，占全县草地可利用面积的44.02%；年产可食鲜草23.02亿kg，季节理论载畜量为119.46万个羊单位；夏秋草地113.69万hm²，占全县草地面积的53.46%，草地可利用面积87.0万hm²，占全县草地可利用面积的55.98%；年产可食鲜草21.71亿kg，季节理论载畜量为170.05万个羊单位。

都兰县紧邻青海湖、黄河、长江源区，是青藏高原的重要组成部分，也是青藏高原的绿色生态屏障，具有重要的生态服务功能。同时，该地区也是生态系统脆弱的地区之一。近几十年来，由于自然因素和人类活动的影响，畜牧业过分依赖牲畜数量，造成草地超载放牧，草地生产力下降，生态环境逐渐退化，草地生态系统内初级产品消耗过度，草地系统功能机制失调，功能弱化，直接影响着全县生态、经济和社会的可持续发展。据调查，都兰县草地退化面积86.67万hm²，退化面积占全县草地总面积的40.75%，按照程度划分，轻度、中度和重度退化草地面积依次为39.3万hm²、31.3万hm²、16.0万hm²，分别占全县草地面积的18.48%、14.72%和7.70%。随着植被覆盖度逐渐下降，草地产草量比20世纪80年代下降15%~25%，草地退化导致草地生态系统和食物链结构的变化，毒草蔓延，鼠虫害大面积发生。草地退化趋势的日益加剧，在一定程度上反映人类对草地生态系统的服务功能、地位以及潜在的经济价值认识不足，其生态价值评估（表5-3和表5-4）。

表5-3 都兰县天然草地类型及其生产性能

草地类型	草地面积/万hm²	面积比例/%	单位产草量/（kg/hm²）	鲜草总产量/（万kg/a）	理论载畜量/（万个羊单位/a）
低地草甸	21.92	10.31	2337	51226.96	16.14
温性荒漠	59.3	27.89	2344.8	139049.13	43.81
温性草原	29.75	13.99	2555.1	76015.22	23.95
高寒草原	79.2	37.24	1619.8	128289.57	40.42
高寒草甸	22.48	10.57	2346.5	52750.43	16.62
合计	212.65	100	11203.2	447331.31	140.94

表5-4 都兰县草地类型生态系统服务价值

草地类型	草地面积/万hm²	单位面积服务价值/[元/（hm²·a）]	服务价值/（亿元/a）	构成/%
低地草甸	21.92	2760.61	6.05	10.92
温性荒漠	59.3	2782.52	16.5	29.79
温性草原	29.75	4585.36	13.64	24.62
高寒草原	79.2	960.69	7.61	13.74
高寒草甸	22.48	5158.14	11.6	20.93
合计	212.65	16247.52	55.4	100

都兰县草地生态系统服务总价值为55.4亿元/a，5类草地的单位面积服务价值由高

至低分别为高寒草甸5158.14元/（hm²·a）、温性草原4585.36元/（hm²·a）、温性荒漠2782.52元/（hm²·a）、低地草甸2760.61元/（hm²·a）、高寒草原960.89元/（hm²·a）。

由于5类草地具有不同的生物群落结构和鲜草产量，因而相应的生态服务功能亦有差异。高寒草原虽然面积最大，但由于单位面积鲜草产量低，仅为1619.8kg/hm²，单位面积服务价值也相对低，因此草地生态系统服务总价值不高，为7.61亿元/a，提供的生态服务价值仅占总价值的13.74%。

不同类型的草地生态系统功能提供给人类的服务价值有很大差别，按照不同的生态服务类型，气候调节价值为5.63亿元/a，占10.16%；侵蚀控制和沉积物保存价值为3.48亿元/a，占6.28%；营养循环价值为8.60亿元/a，占15.53%；废物处理价值为10.37亿元/a，占18.73%；栖息地价值为11.44亿元/a，占20.65%；食物生产价值为7.79亿元/a，占14.38%；授粉价值为2.97亿元/a，占5.37%；其余类型价值低于5%。草地生态系统直接提供给人类食用的肉奶价值为7.97亿元，其提供的服务价值占总价值的14.38%，草地生态系统提供给人类的服务大部分是间接生态功能价值，如气候调节功能、废物处理、栖息地、营养循环、侵蚀控制和沉积物保存、授粉等功能占总价值的76.60%。

b.青海省海南州天然草地生态系统服务功能价值

海南州天然草地生态系统，是青海省最大的陆地自然生态系统之一。据调查资料，全州天然草地面积334.43×10⁴hm²，占土地总面积的77.1%，分别是林地、农田和湿地的144倍、43倍和11倍。据中国草地分类系统，全州天然草地可划分为温性草原类、温性荒漠草原类、高寒草原类、温性荒漠类、低地草甸类、高寒草甸类（表5-5和表5-6）。

表5-5　海南州天然草地面积及鲜草产量统计表

	温性草原类	温性荒漠草原类	高寒草原类	温性荒漠类	低地草甸类	高寒草甸类
草地面积/10⁴hm²	100.21	18.44	39.36	9.27	2.33	164.82
平均鲜草产量/（kg/hm²）	1801.55	998.86	1716.38	914.47	4290.48	2993.65

表5-6　海南州天然草地生态系统服务价值构成表

草地类型	单位面积服务价值/元hm²	总服务价值/10⁸元	服务价值构成/%
温性草原类	5270.68	53.11	23.40
温性荒漠草原类	2914.9	5.35	2.35
高寒草原类	5023.2	19.68	8.67
温性荒漠类	2666.7	2.50	1.10
低地草甸类	12527.0	2.91	1.28
高寒草甸类	8744.1	143.38	63.18
合计	37146.58	226.93	100

注：表中个别数据因数值修约略有误差。

青海省海南州天然草地生态系统的生态服务价值为226.93×10⁸元/a，高于境内的林地系统、农田系统和湿地系统的服务价值。在海南州草地生态系统中，低地草甸类草地单位面积服务价值最高，为12527.0元/hm²。其次为高寒草甸类草地，为8744.1/hm²。再次为温性草原类草地，为5270.68元/hm²，最低的是温性荒漠类，生态价值功能仅为2666.7元/hm²。从海南州各类天然草地生态服务功能价值的贡献率来看，境内天然草地生态服务功能价值最高的是高寒草甸类，143.38×10⁸元/a，其生态价值贡献率高达63.18%；其次为温性草原类53.11×10⁸元/a，生态价值贡献率为23.40%；高寒草原类19.68×10⁸元/a，生态价值贡献率为8.67%；温性荒漠草原类5.35×10⁸元/a，生态价值贡献率为2.35%；低地草甸类2.91×10⁸元/a，生态价值贡献率为1.28%；最低是温性荒漠类2.50×10⁸元/a，生态价值贡献率为1.10%。

海南州草地生态系统支持域内的生命系统，为区域内的人们创造赖以生存的生态环境。通过前述评估可见，境内草地生态系统的直接或间接经济效益巨大。但需要指出的是，由于价格空缺、生态系统服务功能的复杂性，以及所引用参数的局限性，而不能精确地反映草地生态系统功能的真实状况。因此，本文中对海南州天然草地生态系统服务价值的评估只能是粗略的或是保守的估算。但即使是这样一个粗略的估算值，也有助于人们对草地生态系统价值的了解，为域内的生态环境保护和畜牧业生产的发展提供参考。

5.2.3 高原盐湖微生物固碳与生态产业发展潜力

1. 青藏高原盐湖资源概况及发展瓶颈

青藏高原盐湖区是我国四大盐湖区之一，其拥有盐湖约334个，总面积约21465 km²。区内盐湖矿床主要分布在柴达木盆地和羌塘高原。柴达木盆地为一个大型内陆盆地，面积约240000 km²，可分为察尔汗湖区、东西台吉乃尔-一里坪湖区、大小柴旦湖区、马海湖区、昆特依湖区、大浪滩湖区和尕斯库勒7个湖区。羌塘高原是青藏高原内最大的内流区，同时也是世界上海拔最高的内陆湖区，面积597000 km²。羌塘高原的盐湖按水化学类型从南向北可分为碳酸盐型盐湖带、硫酸钠亚型盐湖带和硫酸镁亚型盐湖带。

在青海省，柴达木盆地分布有32个盐湖，天然无机盐类储量达3832亿t，其中氯化钠3262亿t，氯化镁31.5亿t，氯化钾4.4亿t，硼矿1175万t，天然碱47.5万t，溴19万t。氯化钠、氯化镁、钾盐、锂矿、锶矿、芒硝、化肥用蛇纹岩和石棉等矿产均居全国首位。2016年青海省钾肥产量达到850万t，占国内总用量的65%，是中国重要的钾肥供应地。同时，随着青海钾肥产业技术装备水平的不断提高，氯化钾品质逐步提升，"盐桥"等品牌的氯化钾由90%的品位提高到98%。在钾肥开发利用过程中，对副产的钠、镁、锂、硼、锶等有价资源的综合利用不断增强。钠盐资源的开发利用步伐加快，利用盐湖钾肥生产中副产的大量尾盐和配套地区石灰石资源，积极构建规模化的纯碱生产基地，形成了410万t纯碱生产能力，在建年产210万t生产装置，建成达产后，青海纯碱产量将占全国总消费量的近30%。镁、硼资源综合利用迈出坚实步伐，镁资源形成以水氯镁石为原料发展镁盐化工产品和金属镁产品两条路线，建成年产10万t高纯氢氧化镁等装置，10万吨级电解金属镁生产装置。推进锂资源开发利用向产业化、规模化发展，盐湖集团实施万吨级碳酸锂项目，青海锂业、中信国安等企业积极推进锂、硼等资源综合利用，碳酸锂产能达到2.3万t，在国内市场份额不断增加。目前柴达木地区已初步形成以钾盐开发为主线，钠、镁、锂、硼、锶等有价资源综合利用逐步提高的态势。同时青海拥有碳酸盐型、硫酸盐型（包括硫酸钠亚型和硫酸镁亚型）和氯化物型三种盐湖。因此青海盐湖资源的合理开发利用具有巨大的潜在经济、社会和政治意义。

然而，近年盐湖粗放式无序开采，周边城镇废水排放造成盐湖污染，过量开采淡水资源，以及环境变迁导致部分盐湖沙化、萎缩或盐水淡化等生态环境问题已严重威胁盐湖区的社会可持续发展。在大力发展盐湖矿产资源利用先进技术的同时，建设绿色的"盐湖大生态产业"，充分挖掘盐湖卤水潜在生态价值，建设以盐湖生物固碳为出发点的盐湖微生物生态产业链，对筑建环境友好的湖区可持续发展具有一定的现实意义。

2. 盐湖微生物固碳潜力

固碳微生物（藻类）是湖泊、海洋等水生生态系统中最重要的初级生产者，虽然其总生物量不足全球自养生物总量的1%，但每年的固碳量可达到48.5 Pg C，约占全球总初级生产力的一半，是全球碳循环过程的重要一环。

固碳微生物数量及其多样性受盐分、养分及温度等多种环境因子共同驱动，已有研究表明高原盐湖中微型与微微型真核生物具有丰富的遗传多样性。而盐藻，也称杜氏盐藻（*Dunaliella salina*）正是众多盐湖微生物中分布最广、数量最大的一类生存在高浓盐湖中的绿色单细胞真核藻类，其隶属于绿藻门、绿藻纲、团藻目、盐藻科、盐藻属，属浮游生物。盐藻对盐度适应范围广，可在接近淡水（<0.1mol/L NaCl）直至饱和盐水（>5mol/L NaCl）的环境中生存，能够适应0～38℃温度的水体。

盐藻能在其他藻类和食藻动物无法生存的高盐水体中旺盛生长，因此能在一般生物不能生长的阳光充足的富有咸水源的地区大规模集中培养。而青藏高原盐湖区盐湖数量多、面积广，盐分、养分及pH等环境因子差异巨大，光照资源丰富，不但为研究、筛选高潜力盐湖固碳微生物提供天然实验场，同时广大的盐湖微生物资源也蕴含巨大的生物固碳潜力，是发展碳汇产业新增长点。

就青海省而言，位于柴达木盆地南端中国最大的天然盐湖，察尔汗盐湖面积5800多km^2，世界排名第二，同时柴达木盆地还拥有面积不等的碳酸盐型、硫酸盐型和氯化物型盐湖100余个。同时，察尔汗盐湖氯化钠、氯化钾、氯化镁等无机盐总储量达20多亿t，市值超过12万亿元，工业体系完整。但目前柴达木盐湖资源的利用以无机盐钾、镁、锂、钠工业加工为主，对卤水资源的利用尚极为欠缺，大部分水资源通过蒸发途径损失。因此特殊的地理环境、广阔的盐湖面积、丰富的光照资源、大量的卤水资源、健全的工业体系为青海省在海西州开展盐湖微生物固碳提供无可比拟的优势。

研究表明，盐藻细胞经过6d左右的培养，其生物量即可达0.58g/L，若按照浮游藻类碳含量占生物量40%、年实际繁殖180d、平均盐湖水深0.5m估算，青藏高原盐湖仅盐藻类微生物净固碳可达$1121×10^6$t/a，相当于固定CO_2 $4118×10^6$t/a。故在青藏高原盐湖集中分布、光照和温度资源较好的柴达木盐湖区，发展盐藻等适合在盐湖水体生长的藻类养殖，对建设"高吸收碳"体系，实现"减排与增汇"的经济创新体系的现实意义和发展潜力均是巨大的。

同时，鉴于盐藻、小球藻等盐湖微生物，富含β-胡萝卜素、油脂、蛋白质等物质，单位产率高，针对这一特征，在柴达木盆地盐湖区重点发展以"盐藻养殖"为主体，建设"多采光、少用水、高产出"的盐湖微生物现代化设施衍生生物产业，将藻类以产品形式从盐湖中分离提出，是实现"增汇-提效"双赢的可靠途径，将有利于促进盐湖生态脆弱区社会可持续发展。

3. 盐湖微生物生态产业发展潜力

盐藻是一种光能转化率高、生产繁殖快、适于养殖的单细胞藻类，其最大的特点是耐高盐和强光照，能够在高浓度卤水中生长。特殊的生长环境导致盐藻体内富含多种结构特异的活性物质，如多种天然类胡萝卜素、叶酸、维生素A、维生素E、亚麻酸、亚油酸、卵磷脂、岩藻多糖、膳食纤维等，钙、铁、锌、硒等70多种人体所需的矿物质及微量元素，被世界科学界誉为"细胞的动力源""生命的保护剂"。因此，利用柴达木盆地的丰富盐湖资源、光照资源，将盐藻制成健康食品、饲料和提取高附值的化工产品等是保证"高原盐湖微生物固碳工业体系"可持续的基本驱动力。具有丰富的工业化生产潜力。

1）盐藻生产β-胡萝卜素

β-胡萝卜素是合成维生素A的重要来源，具有高的抗氧化作用，被广泛应用于食品工业、饲料工业、医药，以及化妆品工业上。杜氏盐藻中累积的β-胡萝卜素含量最高可达藻体干重的14%。盐藻的适宜温度范围在25～32℃，在此温度下藻体可快速地生长繁殖，高的光强和长时间的光照有利于胡萝卜素的积累。因此盐藻生产β-胡萝卜素的规模化生产中，可以采用二步培养法，即先在盐藻生长有利的条件下培养，此时藻体生长繁殖快，待藻体生长成熟，再收集藻体转入不利于藻体生长但有利于合成积累β-胡萝卜素的强光、高盐、低氮、高温条件下培养。另外工厂化养殖盐藻的卤水需求量较大，所以盐藻培养需要选择具有高光强辐射、较高温度、干旱少雨和可提供廉价卤水的地方。而盐场具有充足的卤水资源，因此在柴达木地区日照时间长、四季有风且单日降雨量小于30mm的盐场区域养殖盐藻是不错的选择。

由于盐藻个体仅为10～15μm，且其培养介质的盐度又很高，藻体比重与培养液比重非常接近，因此分离的难度很大。再加上单位培养液中藻的生物量相对很低，因此采收的效率直接决定着养殖的成本和产量。采收也就成为盐藻养殖生产的一个关键环节。根据最终产品的不同,目前盐藻采收方法主要以离心机分离、气浮分离法为主,而β-胡萝卜素的提取分离主要以溶剂提取法为主,因此为了提高生产效率,β-胡萝卜素高效提取方法、提取工艺是限制β-胡萝卜素提取率的一大瓶颈,需要在盐湖区配套建设β-胡萝卜素提取生产线,并在工艺水平上攻克难点。

2)盐藻、小球藻生产饲料添加物

因为盐藻无细胞壁,所以不存在用作饲料难消化的问题,且藻中富含蛋白质、天然维生素、矿物质、不饱和脂肪酸,以及多糖等营养物质。同时已有研究表明,未见由盐藻提取物自身产生的蓄积性毒性。因此盐藻加工藻粉成饲料添加物,到动物饲料中,不但能够提高动物的生长速度,提高饲料转化率,同时能够提高动物并减少疾病。就这一点而言,合理利用盐藻生物资源,开发"绿色饲料",对提高动物产品质量具有重大意义。

结合青海实际,盐藻粉可以添加到牛、羊及虹鳟鱼饲料中,用以改善牦牛、藏羊和龙羊峡虹鳟鱼的产品品质,提高牧产品、水产品附加值,有助于实现区域农、牧、渔提质增效,良性发展。

3)盐藻开发功能食品

国内学者对内蒙古吉兰泰地区的杜氏盐藻的营养成分的研究发现,吉兰泰杜氏盐藻中含有类胡萝卜素11种,水溶性维生素B及烟酸和脂溶性维生素E,其中维生素E的含量高达40.87 mg/100 g;蛋白质含量高达生物量干重29.4%,且必需氨基酸含量高,占总氨基酸的37.20%;脂肪含量为10.09%,其中不饱和脂肪酸占总脂肪酸的51.0%;甘油和糖含量分别为6.19%和3.90%;膳食纤维含量为2.9%。此外,吉兰泰杜氏盐藻中还含有27种无机元素,其中金属元素有25种,非金属元素2种;吉兰泰杜氏盐藻中铜、铁、锌、锰等人体必需的微量元素也普遍较高。

而在盐藻的众多提取物中,β-胡萝卜素的免疫调控作用、抗氧化作用,以及抗突变和抗肿瘤作用已获得充分的肯定。同时杜氏盐藻β-胡萝卜素还是一种着色性能好的良好天然食用色素。国外对杜氏盐藻β-胡萝卜素进行的毒理研究表明,β-胡萝卜素没有任何毒性作用,是一种无毒的天然色素,可以作为食品添加剂或作为保健食品原料。因此利用盐藻提取物无毒,合成β-胡萝卜素、维生素E、蛋白质、多糖多的特点,其是开发功能食品的优质原材料。

若在柴达木地区建立以盐藻养殖为主,同时配套建设与功能食品添加物相关的盐藻提取物提取、分离、纯化为一体的盐藻新型生物反应器,又是对盐藻养殖规模化体系的丰富和产业链的延伸。

4)盐藻、小球藻提取油脂类物质

生物类油脂也被称为生物柴油,是一种可再生的长链脂肪酸甲酯,在欧美已被广泛用于柴油发动机,与油菜、大豆、玉米等传统油料作物相比,藻类(特别是小球藻、盐藻)具有光合作用效率高、含油量高、生长周期短、油脂单位面积产率高和不与人争粮争地等独特优势,被认为是发展潜力巨大、最有可能替代石油的大宗生物能源生产原料。在藻类正常的培养条件下,脂类和碳水化合物积累量较少,而在环境胁迫,如在缺氮、高光、高盐下,微藻会将脂肪酸和碳水化合物以储能物质的形式在体内大量积累。因此盐湖地区丰富的太阳能和高盐分的卤水资源为通过藻类生产生物柴油、生物乙醇提供得天独厚的条件。

凭借独特的自然资源优势和区位优势,地处柴达木盆地中南部的格尔木市已被建成为以盐湖资源、石油、天然气、有色金属等资源综合利用为主体和集深加工产业、化工产业、冶金产业、建材产业,以及高新技术产业为优势的国家级经济技术开发区,其中丰富的油气资源,使该地区建成完备石油化工产业。因此石油化工产业体系为依托盐湖卤水资源的藻类生物质燃料的生产、加工、转化提供生产基础和保障,能够就地实现生物质燃料的深加工。

5)盐藻-卤虫养殖

卤虫,民间俗称盐虫子或丰年虾,是没有甲壳,一种生活在卤水中的软体低等虾,是高档水产养殖中一种重要的饵料。卤水中一般鱼虾不能生长,但有盐生藻类和卤虫分布,是一笔巨大的财富。早在20世纪,美国科学家首先发现卤虫的无节幼体可以作为鱼苗、虾苗的饵料,为水产育苗业的发展开创新时代。卤虫越冬卵具有硬壳,可以度过不良的环境,长久保存仍有生命力,遇到合适的条件,能在24h内孵出无节幼体,繁殖速率高,随时可以提供养殖业的需要,这些特点使之成为公认的理想饵料。高原盐湖区因海拔高,有些处于无人烟地区,污染和传染病菌少,因此是理想的卤虫绿色饵料产地基地。

而当前高原盐湖天然卤虫资源开发面临两种尴尬境地,在交通不便,偏远地区除个别盐湖有人捕捞卤虫卵外,天然卤虫资源基本都没有开发。而在交通较好的盐湖所在地,卤虫资源又被不法商贩为获取高额利润,不顾生态之危,过度捕捞,造成野生卤虫资源告急,甚至破坏食物链,威胁以卤虫为食物来源的其他生物的生存。而青海省当前在柴达木盐湖区尚无规模化、体系化的卤虫养殖经济。

当前卤虫卵市场以美国犹他州的大盐湖的产品最为著名,经营的公司众多,世界市场多被美国所垄断。中国近10年来水产养殖业所需的卤虫卵主要从美国进口,虽然我国的卤虫资源十分丰富,但由于开发较迟,加工技术落后,质次价低,尚未形成名牌产品,浪费宝贵的资源。特别是高原盐湖多为处女湖,且面积大,其资源量和质量都优于美国,青海小柴旦和尕海卤虫卵,如加工技术跟上,孵化率、营养成分可同国外名牌媲美,前景可观。

总之,充分利用青藏高原盐湖区,特别是柴达木盐湖区丰富的太阳能资源、盐湖卤水资源、工业体系优势、区位优势,大力发展以盐湖藻类养殖为主体,以β-胡萝卜素提取、饲料添加物生产、功能食品开发、油脂类物质合成、卤虫养殖等为辅的大生态产业,不但具有广阔的开发利用前景,同时其光合作用利用CO_2,可增加区域碳汇,减轻全球温室效应，实现生物固碳，是发展生态产业的创新举措，是创新"高吸收碳"体系建设，实现"减排与增汇"双赢，建立"多采光、少用水、高产出"的现代化设施生物产业技术-经济体系，促进区域可持续发展的新举措。

5.3 微藻固碳产业的可行性分析

5.3.1 小球藻藻种筛选及培养条件优化

1. 购买种筛选及培养

藻类是生物界中的一类原生生物，其中大多数是真核生物，如绿藻、褐藻、硅藻等；少数是原核生物，如蓝藻。藻类的种类多，群体大，对外界生存环境要求不严苛，适应能力很强，完成地球上90%的光合作用，因此有"地球之肺"的美誉。由于藻类个体大小差异较大，按大小可分为大藻和微藻。微藻并非分类学词语，而是需要通过显微设备才能辨别的微小藻类群体的统称。通常情况下为单细胞或丝状体，直径要小于1μm。微藻种类多，目前已知的有两万种左右，其分布广泛，多见于潮湿地带，在岩石、荒漠、冰雪、温泉等极端条件下也能生存。目前被大量研究的微藻分属四个门，即红藻门、绿藻门、蓝藻门、金藻门。由于微藻资源丰富、结构简单、生长迅速、光合速率快、生物活性物质丰富、容易被人工改造等，因此藻类成为国内外研究的热点。

小球藻（*Chlorella vulgaris*），绿藻纲，小球藻科。目前世界上已知的小球藻约10种，加上其变种可达数百种之多。小球藻广泛分布于自然界，以淡水水域种类最多；易于培养，不仅能利用光能自养，还能在异养条件下利用有机碳源进行生长、繁殖；并且生长繁殖速度快，是地球上动植物中唯一能在20h增长4倍的生物，所以其应用价值很高。我国常见的种类有蛋白核小球藻、椭圆小球藻、普通小球藻等，其中蛋白核小球藻蛋白质含量高，营养价值最高。

2. 试验用藻种筛选

购买藻种主要来源于中国科学院水生生物研究所淡水藻种库，通过前期条件摸索与性状分析，从藻种库中的28个藻种中筛选出适合当地培养藻种，即普通小球藻、蛋白核小球藻、雨生红球藻。

1）藻种的活化、扩培和传代

试验过程中所用的藻种-86℃保存，活化和扩培后可用于传代。

（1）藻种活化：将10mL的basal基础培养基（配方如表5-7）装入50mL的三角瓶中，121℃条件下高压灭菌，放置于超净工作台上，温度降至常温后待用；含有藻种的甘油管，在37℃的恒温水浴锅中迅速解冻，直至冰晶完全消失；将甘油管拿到超净工作台上，用酒精棉擦拭甘油管外部。在酒精灯火焰的无菌区，将管内藻种倒入三角瓶中，充分摇匀；摇床200r/min、28℃培养。待培养的发酵液变为亮黄色时，三角瓶中的培养液可用于扩培。

（2）藻种扩培：500mL三角瓶装200mL基础培养基，121℃条件下高压灭菌30 min。待常温后，无菌环境取活化好的藻种10mL接入三角瓶中，充分摇匀；摇床200r/min、28℃培养。培养到细胞对数期或稳定期时，可用于传代（一般接种量为4%）。

（3）藻种传代：在本试验中将生长至稳定期的藻种转接到已灭菌的基础培养基（500mL）中（表5-7）。试验过程要求无菌操作。每次转接前，需要对藻种进行镜检，以确保小球藻未染菌且长势良好。转接后，将三角瓶放入摇床中培养，培养条件是200r/min、28℃。培养一周后传代一次。

表 5-7　Basal培养基成分

组分	培养基成分浓度/（mg/L）	组分	培养基成分浓度/（mg/L）
硝酸钾（KNO_3）	1250	七水合硫酸亚铁（$FeSO_4·7H_2O$）	49.8
磷酸二氢钾（KH_2PO_4）	1250	七水合硫酸锌（$ZnSO_4·7H_2O$）	88.2
七水硫酸镁（$MgSO_4·7H_2O$）	1000	四水合氯化锰（$MnCl_2·4H_2O$）	14.2
乙二胺四乙酸（EDTA）	500	氯化钼（MoCl）	7.1
硼酸（H_3BO_3）	114.2	五水合硫酸铜（$CuSO_4·5H_2O$）	15.7
二水合氯化钙（$CaCl_2·2H_2O$）	111	六水合硝酸钴（$CoNO_3·6H_2O$）	4.9

注：若配置固体Basal培养基，需加入2%琼脂。

2）小球藻生长评定参数

（1）藻细胞的生长参数：使用酶联免疫检测仪在690nm波长处测定小球藻的吸光值，并建立OD_{690}与干重的标准曲线，曲线公式为

$$y=0.6061x+0.0094（R^2=0.9982）$$

式中，y表示细胞干重，x为OD_{690}，干重为藻细胞真空冻干后的重量。制作生长曲线。藻细胞的比生长速率计算公式为

$$\mu=\frac{\ln(W_t/W_0)}{\Delta t} \tag{5-5}$$

式中，W_t和W_0分别是取样时间t和t_0时的生物量浓度（g/L）；$\Delta t=t-t_0$，表示间隔时间（d）。

（2）CO_2固定速率计算公式

$$R=Cc\times\mu\times(M_1/M_2) \tag{5-6}$$

式中，R为CO_2固定速率，Cc为小球藻生物质平均含碳量0.59，M_1和M_2分别表示CO_2分子量和C原子量。

光合效率计算：小球藻生物质的1g有机碳大约为11.4kcal的能量，光合效率计算公式如下：

$$PE = [(C_A - C_{A0}) \times \mu \times Cc \times 11.4]/E \times 100\% \quad (5\text{-}7)$$

式中，PE表示小球藻光合效率（%），C_A、C_{A0}分别为培养结束和培养开始时的藻细胞干重（g/L），E表示光辐射能，计算公式为：

$$E = I_o/(250 \times 698 \times 1000) \times S \times T \quad (5\text{-}8)$$

式中，I_o表示入射光强度（LUX），S为光照表面积（cm^2），T表示光照时间（min）。

$$PE = [(C_A - C_{A0}) \times \mu \times 1.17]/7 \times 10^9/(I_o \times S \times t) \times 100\% \quad (5\text{-}9)$$

3. 小球藻培养条件优化

1）生物反应器的选择

本实验使用两个5 L光生物反应器为培养装置a和b（图5-4），其周围配有多支白荧光灯以提供连续光照，用空气压缩机分别将空气和CO_2气体（由CO_2钢瓶减压供气、气体混合器中与空气混合）经0.22μm滤膜过滤后通入两个反应器底部。反应器中央的搅拌桨以100 r/m的转速充分混合藻液。反应器带有pH电极和温度电极实时监控数据。所有用于培养的器具和装置使用前须经过121℃、20min高温蒸汽灭菌处理。

图5-4 光生物反应器

2）考察CO_2浓度对蛋白核小球藻固碳效果的影响

控制通入气体中CO_2浓度为0.035%、5%、10%、20%、25%、30%、40%、60%及100%。培养13d，每24h取样考察不同浓度下，蛋白小球藻生长情况、固碳速率及光合效率。

当气体中的CO_2浓度为5%时，蛋白核小球藻生长迅速，第一个24h便可增加约2.39倍，由0.187×10^8个/mL上升到$0.447\times$个/mL，8d后藻液浓度最大，增长约14.57倍。当CO_2浓度在20%~30%时，虽然生长速率有所减缓，但仍显著高于通入空气组（$p<0.05$）。当浓度达到30%和40%时，藻类生长缓慢并在浓度达到60%以上时表现出明显的抑制性。在CO_2浓度为5%时小球藻固碳速率约$2.983gCO_2$/（L·d）。蛋白小球藻在通入空气和5%CO_2的光生物反应器中自养培养13d（312h），其生长曲线如图5-5所示。两组藻细胞均经过24h自养生长后都进入了对数生长期。5%CO_2补充下细胞在264h生物量浓度达到最大值（1.80g/L），显著（$p<0.05$）高于空气组的生物量浓度（1.34g/L）。5%CO_2组细胞的最大比生长速率及生物量产率分别为0.96/d和0.24g/（L·d）；而前者高于Morais等人利用竖式管道反应器通入6%CO_2培养C. vulgaris LEB12的结果。CO_2浓度的升高会提高藻细胞的比生长速率及光合作用活性；过去许多研究证明1%~5%CO_2对大多数小球藻十分合适；也有研究表明，部分小球藻对CO_2浓度十分敏感，当浓度高于5%时生长受到抑制。本研究结果显示，普通小球藻在5%CO_2组的最大比生长速率、生物量浓度和产率分别比空气组高出10%，34%和46.9%。

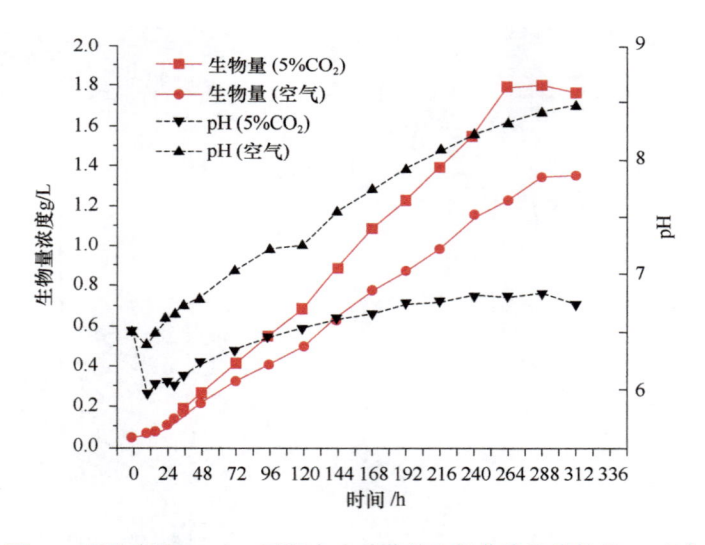

图5-5 通空气和5%CO_2下蛋白小球藻的生长曲线及培养基pH变化

培养过程中CO_2固定率与生物量产率的比值（CE）（图5-6）反映出从CO_2到生物质的转化效率。结果表明，CO_2补充能明显提高CE值；该值介于1.80~2.05；即每克的生物量需要获取1.80~2.05g的CO_2。这结果表明CO_2补充能提高细胞的CO_2转化为生物质的效率。

3）考察初始接种浓度对蛋白核小球藻固碳效果的影响

将蛋白小球藻接种于400mL无碳SE培养基中，配置藻液浓度（吸光度）分别为

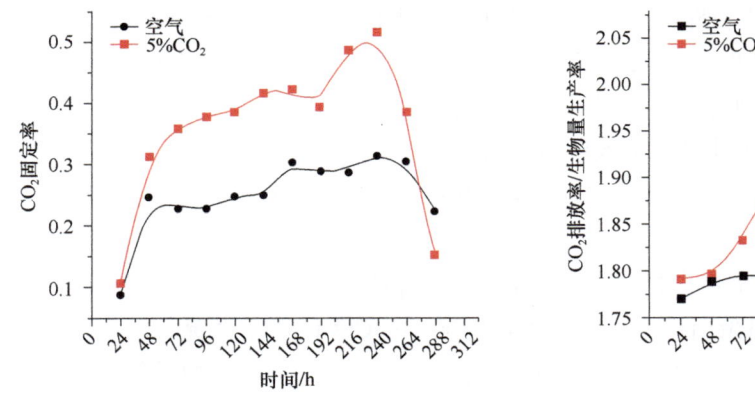

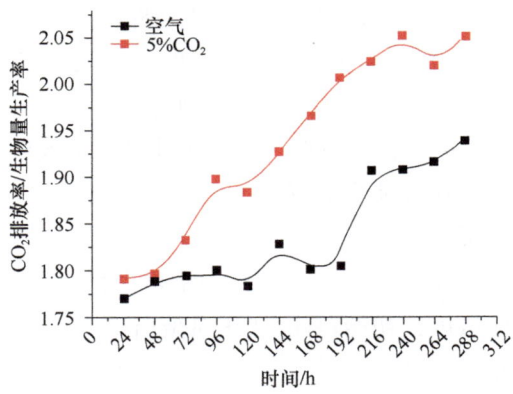

第5章 高原生态系统和小球藻固碳潜力与碳汇产业评估

图 5-6 小球藻生长过程中 CO_2 固定速率及其与生物量产率的比值

0.1、0.2、0.3、0.4、0.5、0.6。控制通入气体 CO_2 浓度考察不同初始接种浓度条件下，蛋白核小球藻生长速率、固碳速率以及光合效率。

同样方法设定测试后初始接种浓度为 0.0371×10^8 个/mL 时，藻液小球藻增长最快，达30.78倍。初始接种浓度较低的藻液有较高的生长速率，但固碳速率与光合效率相对较低，而初始接种浓度相对较高的藻液情况则相反。通过对螺旋藻的培养，也得出相同的结论。分析原因主要是因为光线在穿透藻液的过程中会迅速衰减，并且衰减程度随着藻液浓度的不同而不同，藻液浓度过大，使很大比例的细胞处于"黑暗"状态，不利于其生长繁殖，从而影响微藻的光合作用。

4) 考察温度对蛋白核小球藻固碳效果的影响

控制通入气体中 CO_2 浓度、初始接种浓度，将温度设定为20℃、25℃、0℃、35℃、40℃、45℃、50℃。考察不同环境温度下的最适生长条件。

当环境温度控制在25℃时，蛋白核小球藻的生长情况最好，藻液呈碧绿色，而且没有沉淀产生，培养5d后，藻液浓度达到 2.72×10^8 个/mL，增加14.57倍，当温度升高至5℃以后，小球藻生长受到明显的抑制性。酶在藻类光合作用过程中起到非常重要的作用，任何酶催化作用本质上是一种化学反应，而以分子运动为基础的化学反应与温度的高低密切相关。随着温度升高，酶分子与底物分子碰撞机会增加，酶促反应加速，同化速率提高。随着环境温度不断提高，酶蛋白的热变性速度也加快，当温度上升到某一点时，蛋白分子三维结构遭到破坏，表现为失活，从而使其催化效率下降，同化速率也随之降低。

5) 考察气流速度对蛋白核小球藻固碳效果的影响

在其他参数确定的前提下，控制气流速度为100mL/min、300mL/min、500mL/min、800mL/min、1000mL/min、1500mL/min，管反应器中央的搅拌桨恒定速率100r/m。考察不同气流速度条件下小球藻最优生长条件。

在气流速度为100~1000mL/min时，蛋白核小球藻的生长速率随着气流速度的增大迅速增大，固碳速率由1.718gCO$_2$/（L·d）上升到最大值3.011gCO$_2$/（L·d）后，相应光合效率由6.07%上升到10.64%；当气流速度大于1000mL/min，达到1500mL/min时，生长速率呈现下降趋势，因此可以看出最佳气流速度为1000mL/min。

6）考察pH对蛋白核小球藻固碳效果的影响

在其他参数确定的前提下，设置pH初始值为3、4、5、6、7。考察得出小球藻生长最优pH。

测试条件下，存在一个蛋白核小球藻生长适宜的pH区域，即pH为5~7。在这个区域内，初始pH的变化对蛋白核小球藻的生长情况、对CO$_2$的固定情况，以及蛋白核小球藻的光合效率影响不大。这个区域也是测试条件下蛋白核小球藻的最佳pH范围，蛋白核小球藻的生长速率的最大值、对CO$_2$固定速率的最大值和最大光合效率均出现在这个pH区域，约在pH为6时。当pH小于4时，蛋白核小球藻生长受到抑制；当pH小于3时，蛋白核小球藻停止生长，最终死亡。

培养基pH的变化在前12小时5%CO$_2$组的pH从6.5降至5.9，随后逐渐上升并最终稳定于6.1~6.8；而空气组pH从6.5一直上升至8.5。由于CO$_2$、HCO$_3^-$和CO$_3^{2-}$之间存在着化学平衡，液体培养基中的pH和CO$_2$浓度之间存在着复杂联系。据热动力学模型，当pH介于6.1~6.8时，HCO$_3^-$为主要组分，且溶液中HCO$_3^-$浓度和CO$_2$浓度之比为1~6.3（pK*16.1，$T=25$℃）。大多数微藻能在低CO$_2$且高HCO$_3^-$的环境下良好生长，而本实验的pH正好落在合适范围内。

7）光照强度对蛋白核小球藻固碳效果的影响

在其他参数确定的前提下，控制光照强度为3000lux、8000lux、20000lux、25000lux、30000lux、50000lux、70000lux、90000lux。考察得出小球藻生长最适光照强度值。

蛋白核小球藻利用太阳能进行光合作用固定CO$_2$，因此光在藻类生长过程中起重要作用，是光合作用的原初能源。在光合作用过程中，微藻吸收的光能既可以通过光合电子传递以驱动光化学反应而利用，也可以以热能的形式耗散掉而不用于光合生产，两者呈现明显的负相关关系。在适宜的光强范围内，光辐射能可以被微藻充分利用而以热能形式耗散的量较少，光照强度增强会使微藻的光合电子传递速率和光合速率增高，促进微藻的生长和CO$_2$的固定。相反，当光强超过微藻的适宜光强范围时，微藻对光能的热耗散增加，过高的光强甚至可能损伤细胞的光合系统。试验结果可以得出，光照强度在25000~30000lux时，有利于蛋白核小球藻固定高浓度CO$_2$，其中25000lux的光照强度是最优光强，此时蛋白核小球藻固碳速率达到最大，3.044gCO$_2$/（L·d），同时光合效率达到最大10.75%。

8）氮源成分及氮源浓度对蛋白核小球藻固碳效果的影响

在其他参数确定的前提下，将无碳SE培养基的初始氮源设置为NaNO$_3$、NaNO$_2$、NH$_4$Cl，在氮源成分确定后设置最优氮源浓度考察，分别为0g/L、0.25g/L、0.5g/L、1g/L、

2g/L、5g/L、10g/L。考察得出小球藻生长最适氮源及浓度。

藻类的生长可以以NH_4^+、NO_3^-、NO_2^-为氮源，但研究显示高浓度的NH_4^+和NO_2^-对藻类有"毒害作用"，NO_2^-一般在浓度低到1mmol以下时才可作为氮源，浓度太高则抑制藻类生长。试验最终选择$NaNO_3$作为最优氮源，通过试验研究，最终确定最适合蛋白核小球藻生长固碳的$NaNO_3$浓度为5g/L。在此浓度下，蛋白核小球藻生长速率、固碳速率，以及光合效率分别为5d内藻细胞数量增加21.72倍，固碳效率达4.478CO_2/（L·d），光合效率为15.82%。

9）小球藻最适生长条件

CO_2浓度5%，初始接种浓度0.321，环境温度25℃，气流速度1000mL/min，藻液初始pH 6，光照强度25000lux，氮源种类为KNO_3。

5.3.2 青海区域内极端环境下的微藻采集预筛选

1. 极端环境下微藻资源的采集

从事微藻基础研究的关键，是要筛选适应多种环境、生长迅速、抗性强、富含多种活性物质的藻种。调查和筛选以盐湖、湿地和草甸为研究对象下的高吸收碳的高寒藻种，主要对青藏高原分布的高吸收碳高寒藻种进行系列的采集与筛选，目的在于从特殊的极端环境中筛选出具有开发价值的高原微藻。特别是筛选能够耐受高浓度CO_2的藻种，获得具有高固碳率的微藻资源。主要技术路线如图5-7所示。

为了微藻更加多样性，微藻采集的环境应尽可能多样，要包含湖泊、水库、稻田、水塘等水体环境，同时陆地一些不同的地理自然环境也要采集到。藻种采集来源主要分成两类。一类为较多见环境，如湖泊、河溪、土壤等，还有一类极端环境下生存的微藻，如盐湖、荒漠、高寒湿地、高寒沼泽湿地、城市污水、火力电厂污水等。通常第一类一般能很好地适应实验室内环境，第二类对极端环境适应更好，但是也有在正常环境下生长更旺盛的概率，是可深入研究和开发的重要资源。

采集用400目纱绢漏网，采集地点要详细记录，内容包括采集地点经纬度、水体环境特征、是否受污染、水体水温、藻类生长状况、pH等。

藻类分离的目的是为获得单藻培养，即藻液中只含有一种藻，或称一个株系。主要采取的方法如下：

（1）稀释分离法。取少量的采集藻液，根据藻液的

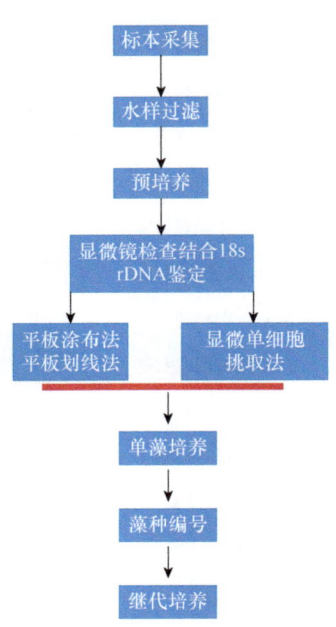

图5-7 微藻资源的采集与筛选技术路线

密度稀释，用装有预先灭菌培养基的试管静置培养，分离其他生物，达到藻细胞单个分离的目的。

（2）微吸管分离法。将玻璃毛细管在酒精灯下烧热拉成直径小于0.5mm的微管，显微镜下定位到需要分离的微藻单细胞，利用虹吸原理使微管吸走该藻细胞，置于无菌培养基上，验证是否含有目标微藻，再次从中挑选目标细胞，重复7～8次，保证吸取的液体中只含有目标单细胞，静置培养。

（3）平板涂布法。采用BG-11固体培养基（1.5%琼脂），将材料均匀涂布在高温灭菌后的固体培养基上，光照培养，挑取单藻菌落。

（4）平板画线法。用接种环将材料以画线的方式分布在固体培养基上，培养一段时间，挑取单菌落。

分离菌种的培养条件：温度20～25℃，光照强度20μmol/（m²S）=30μmol/（m²S），光暗周期12h∶12h。培养可见绿色时，取样镜检，确认获得所需的单藻培养后，接种到50mL三角瓶中培养，分子生物学送检确定品种。

2. 微藻样本采集地点

样品采集于60个地点，180个水样，选取具有代表性的23个地点，采样范围覆盖青海全境，分为五种水体（淡水湖、盐湖、冰川、雪水、城市公园湖），其中盐湖包括硫酸镁亚型盐湖、氯化物盐型盐湖等（表5-8和表5-9）。

表5-8　样品主要采集地点

地点	经度/°E	纬度/°N	海拔/m
扎陵湖	97.614300	34.975086	4275.97
雪山乡	99.703535	34.651535	3950.80
恰布隆冰川	99.324276	34.945966	3953.50
小柴达木湖	95.478422	37.453643	3171.04
托素湖	96.999609	37.169017	2792.33
人民公园	101.763410	36.636756	2293.95
青海湖	100.748966	36.575741	3194.12
年保玉则仙女湖	101.104683	33.394773	3980.15
龙羊峡水库	100.715687	36.192679	2542.80
龙日阿错湖	98.120836	34.831537	4169.98
克鲁克湖	96.858003	37.265058	2827.54
黑泉水库	101.526277	37.223579	2888.75
尕海	97.590815	37.125955	2857.24
更尕海	100.096089	36.191240	2812.50

续表

地点	经度/°E	纬度/°N	海拔/m
鄂陵湖	97.679118	35.044678	4306.79
贵德黄河	101.399600	36.040400	2155.84
冬给措纳湖	98.613715	35.194362	4049.84
都兰水库	98.073940	36.268257	3232.27
茶卡盐湖/深湖区	99.091225	36.741476	3045.26
茶卡盐湖/浅湖区	99.100055	36.739847	3062.65
八一冰川	98.888702	39.012921	4670.28
城东湿地公园	101.848058	36.580010	2160.42
察尔汗盐湖	95.215621	36.811408	2660.28

表5-9 采集水体种类

水体类型	水样地点	水体类型	水样地点
淡水湖	扎陵湖	盐湖（氯化物盐型盐湖）	察尔汗盐湖
	青海湖	盐湖	托素湖
	年保玉则仙女湖		可鲁克湖
	龙羊峡水库		更尕海
	龙日阿错湖	冰川	恰布隆
	黑泉水库		八一冰川
	鄂陵湖	雪山水	拉脊山
	贵德黄河		雪山乡
	冬给措纳湖		温泉乡姜岭山
	都兰水库	温泉	阿乙亥村/温泉水流
	千姿湖		
盐湖（硫酸镁亚型盐湖）	豆措湖	城市公园湖	人民公园
	达布逊盐湖		麒麟湾
	小柴木湖		海湖湿地公园
	茶卡盐湖		城东湿地公园
	尕海		

采集路线：

线路1：西宁—大通—大阪山—青石嘴—岗什卡雪峰—祁连—八一冰川—祁连—刚察—德令哈—大小柴达木湖、察尔汗—格尔木—茶卡—青海湖—西宁

线路2：西宁—共和—河卡—花石峡—玛多—扎陵湖—星星海—玉树（称多、

隆宝)—玛多—花石峡—雪山乡—阿尼玛卿雪山—玛沁—贵南(黄沙头的沙漠可以取上土壤样品)—龙羊峡—贵德—拉脊山—西宁(图5-8和图5-9)。

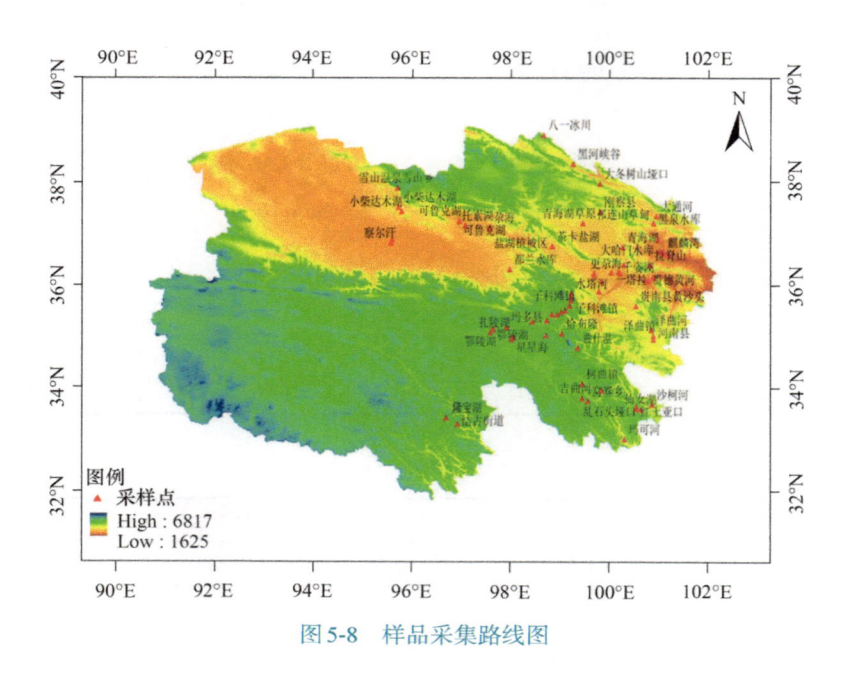

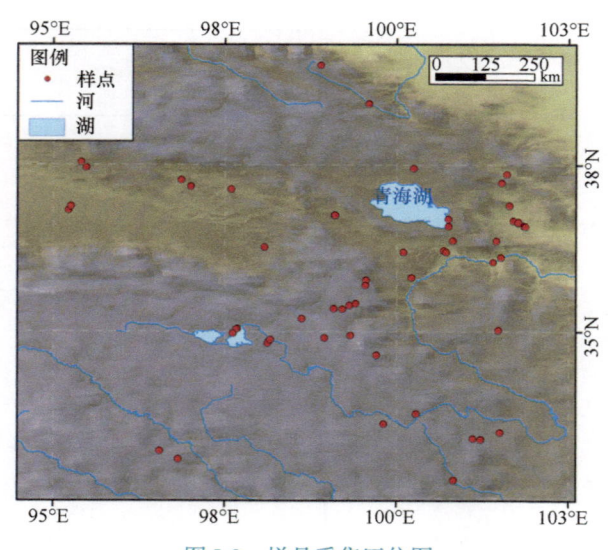

图5-8 样品采集路线图

图5-9 样品采集区位图

3. 微藻种类分析与鉴定

运用DNA完整性检测、样本(DNA)多样性测序、显微鉴定、共有和独有的物种分析、PCA分析等手段研究发现样本中包含真菌、植物、真核动物等信息。对注释结果中属于微藻的OTU先进行手动挑选，共获得994个物种。其中主体是绿藻，但也有硅藻、金藻、隐藻、真眼点藻、硅鞭藻、真红藻、黄群藻等。

极端环境条件下存在有丰富的微藻种质资源，且表现出较高的丰富度（图 5-10）。

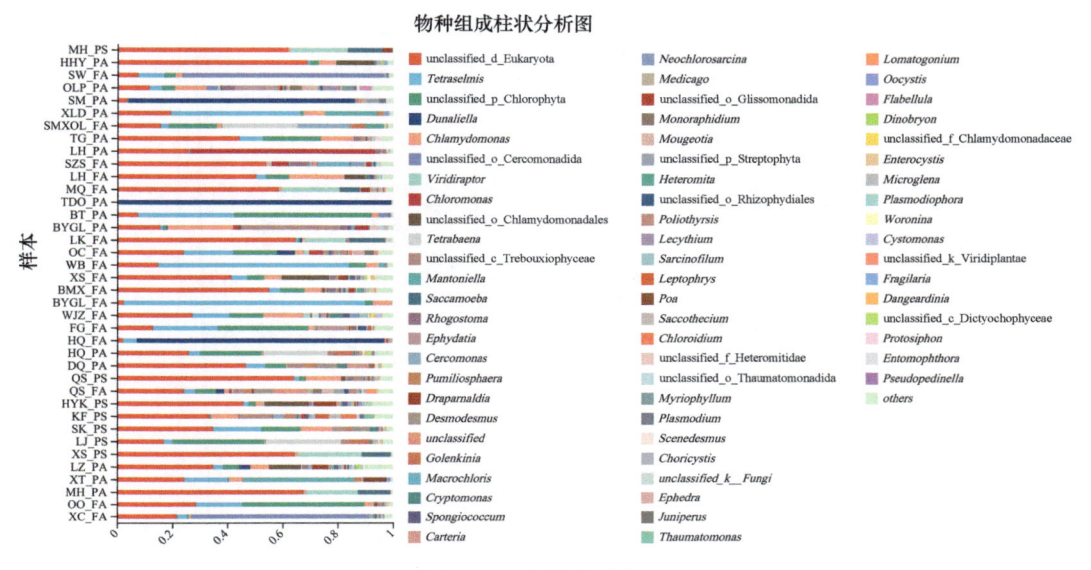

图 5-10 微藻种质资源

绿藻进化谱系中表现出显著的群落差异（图 5-11）。

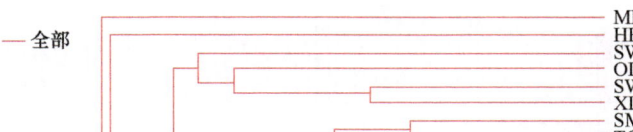

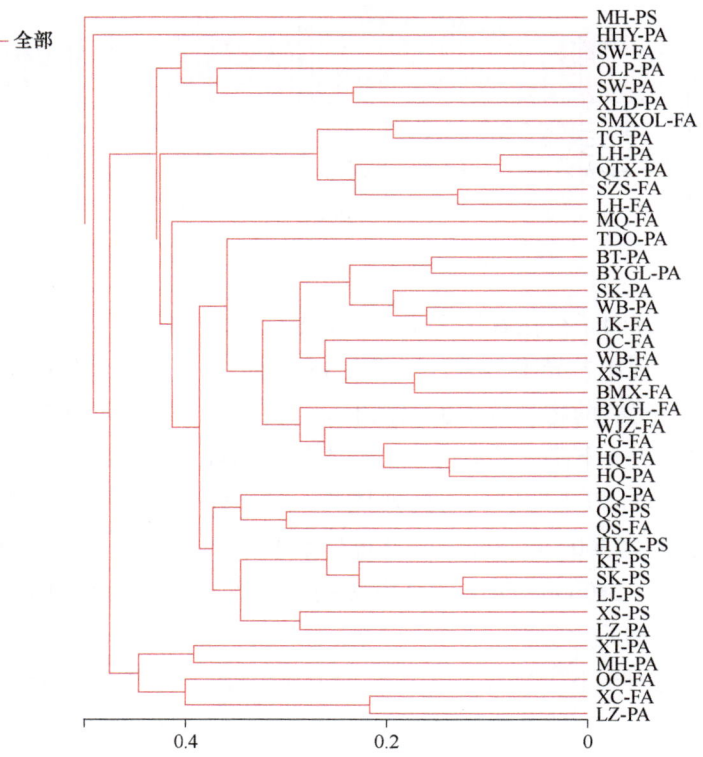

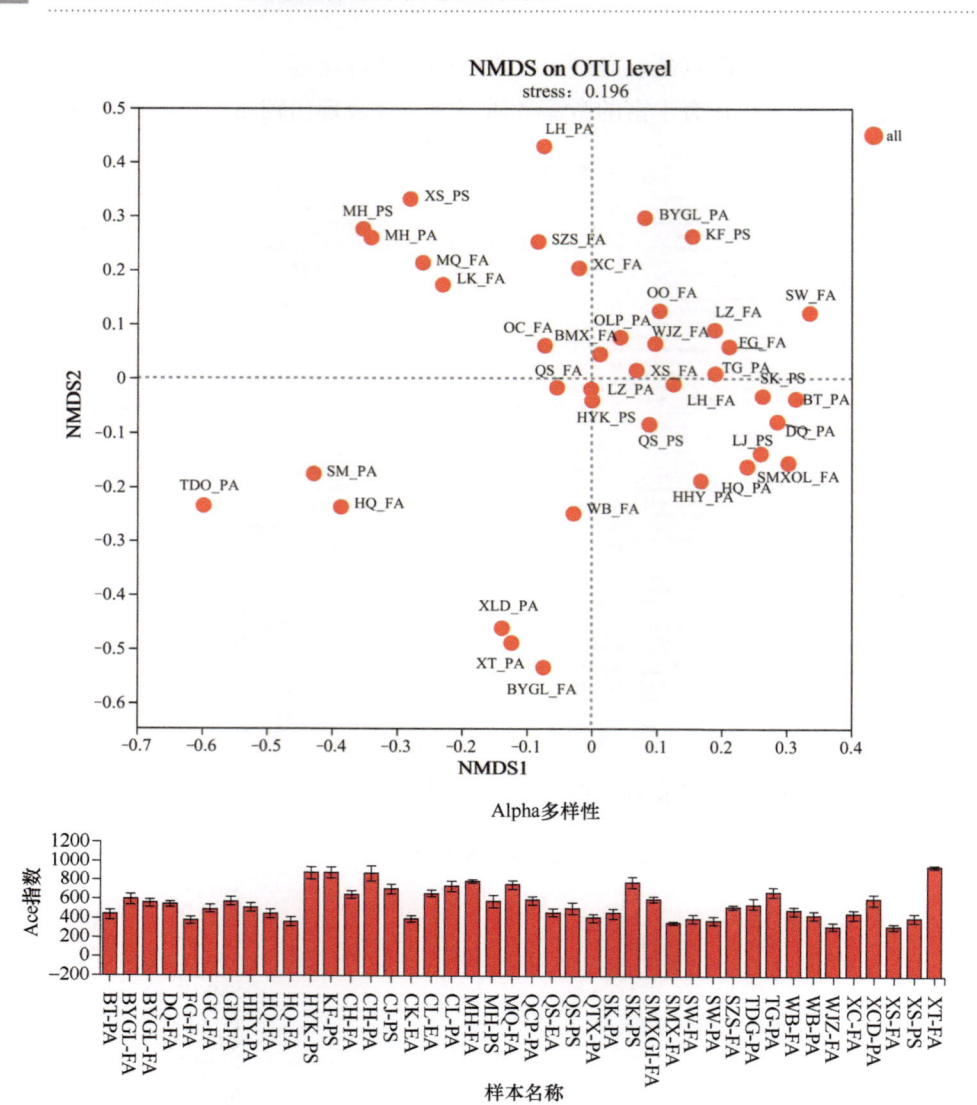

图 5-11 绿藻群落差异

微藻群落与环境因子存在着显著相关性（图 5-12），海拔在 2000~3500m 物种的数量随海拔的增高表现出差异不显著，海拔在 3500m 以上，随着海拔的增长物种的数量明显地降低，并且特有的物种数量也急剧下降。海拔在 3500~4000 时，由于海拔的增高，其物种的数量快速下降，共有的环境样本物种的数量明显地减少，共有的 OTU 为388 个。海拔在 4500m 以上时，共有的环境样本的 OTU 为 189 个，并且其特有的物种数量也降低。海拔在 2500~4000m 时，环境样本中绿藻类微生物群体的相对丰度较高，相较而言，海拔低（2500m 以下）或者海拔高（4500m 以上）时，环境样本中绿藻类微生物群体的相对丰度较低。

发现不同环境因素下（海拔、电导率、pH 和盐度等），藻类的分布具有显著性差异（图 5-13）。

第 5 章 高原生态系统和小球藻固碳潜力与碳汇产业评估

图 5-12 微藻群落与环境因子相关性

注：图中数字为几个样本间所包含的 OTU 数目，最外面的 19（A5）、279（A1）、303（A2）、415（A3）为独有的 OTU 数目

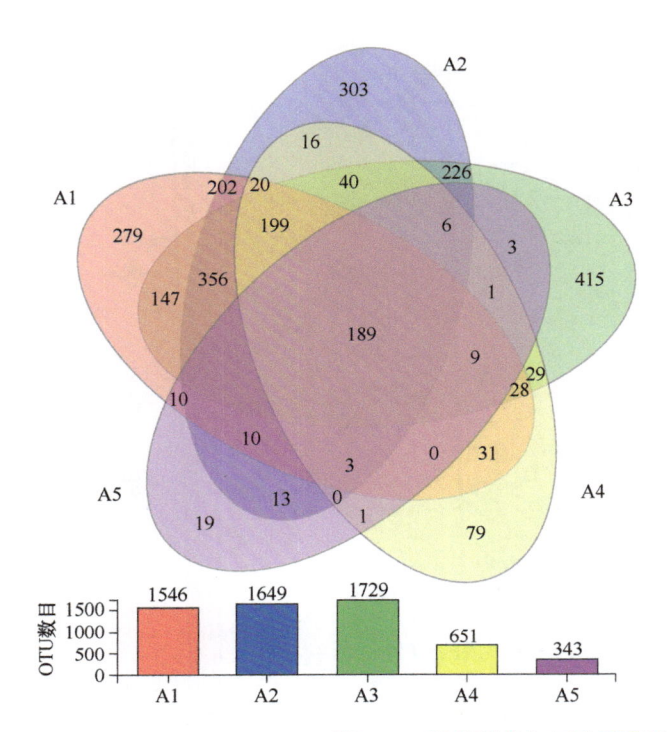

A1：海拔 2000～2500m
A2：海拔 2500～3000m
A3：海拔 3000～3500m
A4：海拔 3500～4000m
A5：海拔 4500m 以上

4. 藻株的筛选

在显微镜下观察各藻株的细胞形态，并做初步的藻种鉴定。分别将各藻株接种于 BG11 液体培养基中光照培养 10d，培养结束收集藻细胞并测定细胞干重和日均生长量，根据结果从中筛选出生长快且生物量高的藻株。目前筛选并分离出藻种 7 个。

5.3.3 微藻培养生产

1. 微藻固碳的优势

生物固碳的途径：

（1）卡尔文循环。也叫还原戊糖磷酸循环，包括 3 个步骤，即羧化、还原、再生，关键酶为 Rubisco 酶，包括蓝细菌、陆地植物和藻类等。卡尔文循环是所有光合生物采用的主要的固碳途径。也是很多无机化能自养型生物的固碳途径，例如硝化菌（*Nitrifying bacteria*）、硫氧化菌（*Sulfur-oxidizing bacteria*）等。

（2）3-羟丙酸循环。使用这种固碳方法的主要是非产氧光合菌（*Chloroflexus aurantiacus*）和一部分古生菌硫化叶菌目类群。

（3）还原乙酰 CoA 途径。主要存在于厌氧微生物中，利用 H_2 供给电子，例如硫酸

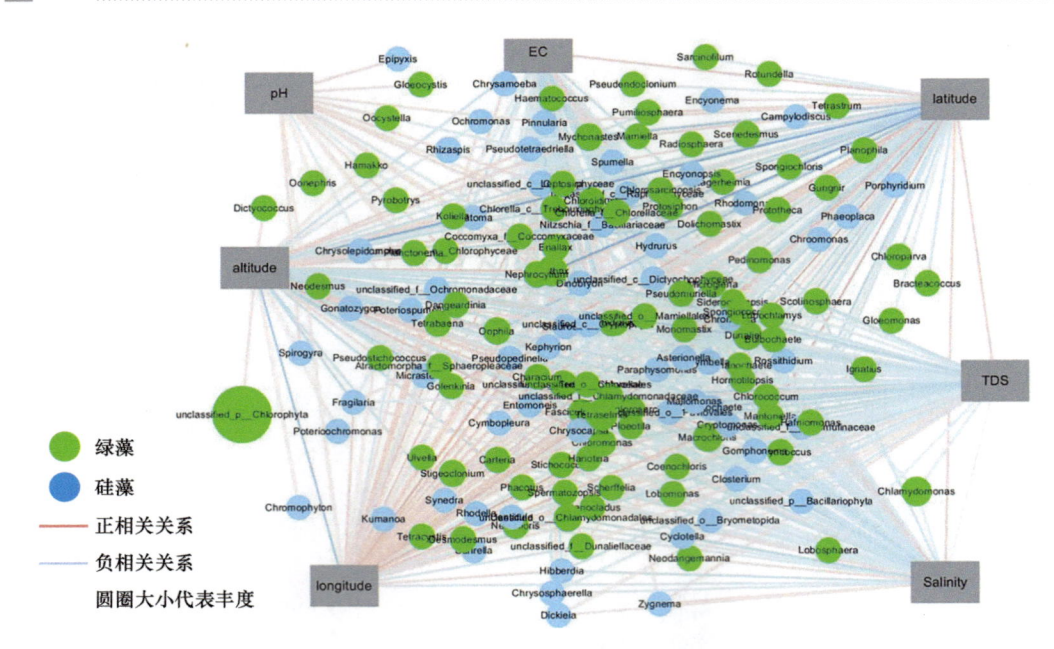

图 5-13 藻类和理化因子互作图

Latitude 纬度；Longitude 经度；Altitude 海拔；Salinity 盐度；EC 电导率值；TDS 溶解性总固体；
Unclassifieed 未分类；Chlorophyta 绿藻门；Bacillariophyta 硅藻门；Epipyxis 附钟藻属；Stichococcus 裂丝藻属；
Tetraselmis 周氏扁藻；Characiu 小椿藻属；Dictyosphaerium 胶网藻属；Oedocladium 枝鞘藻属；Chlamydomonas 衣藻属；
Microglena 软壳藻属；Nephroselmis 肾爿藻属；Oocystis 卵胞藻属；Dunaliella 盐藻属；Trebouxiophyceae 四胞藻纲；
Chlorococcum 绿球藻属；Siderocystopsis 拟铁囊藻属；Choricystis 索囊藻属；Aphanochaete 隐毛藻属；Botryococcus 葡萄藻属；
Carteria 四鞭藻属；Chaetopeltis 盾毛藻属；Chlorochytrium 绿点藻属；Chloroidium 椭圆球藻属；Chloromonas 拟衣藻属；
Cladophora 刚毛藻属；Desmodesmus 链带藻属；Draparnaldia 竹枝藻属；Scenedesmus 栅藻属；Prototheca 无绿藻属；
Golenkinia 多芒藻属；Graesiella 油球藻属；Lagerheimia 顶棘藻属；Macrochloris 麦克属；Monoraphidium 单壳缝藻属；
Neochlorosarcina 新绿藻属；Protosiphon 原管藻属；Spongiococcum 海绵藻属；Tetrabaena 四豆藻属；Chlamydomonadales 团藻目；
Asterionella 星杆藻属；Achnanthidium 链状弯壳藻属；Cymbella 桥弯藻属；Encyonema 内丝藻属；Fragilaria 脆杆藻属；
Lindavia 林登氏硅藻属；Navicula 舟形藻属；Prestauroneis 类辐节藻属；Synedra 针杆藻属；Cymbellales 桥弯藻目；
Sellaphora 中国鞍型藻属；Bacillariaceae 硅藻科；Radiosphaera 辐球藻属；Haematococcus 红球藻属；Pyrobotrys 桑葚藻属；
Chroomonas 蓝隐藻属；Phaeoplaca 褐盘藻属；Hydrurus 水树藻属；Spirogyra 水棉属；Cymbopleura 波缘藻属；
Coenochloris 科纳氏藻属；Rhizaspis 根盾藻属；Chrysamoeba 金变形藻属；Encyonema 内丝藻属；Rorundella 圆形蜡藻属

盐还原菌、产甲烷菌等。

（4）还原柠檬酸循环，也被叫作逆向 TCA 循环。该循环既存在于厌氧微生物，如绿硫细菌，也存在于需氧微生物中，如产氢杆菌属。

对于生物固碳而言，要选择优良的固碳植物非常重要。一般而言，多年生草本的C_4植物的固碳速率比一般的C_3植物要高。另外，各国都在积极开发和培育有发展前景的能源植物，包括杂交柳、杂交杨、鹃草等。在灌溉和施肥条件下，3年生柳树的产量可以达到每年$27t/hm^2$。合适的地区选择合适的植物品种可以更大限度地发挥植物的固碳效率。

在所有能进行生物固碳的材料中，微藻的固碳能力最为突出，利用微藻进行生物固碳有以下几个优点：

微藻的生长速度快，生物量倍增不超过24h，以小球藻为例，在对数生长期，生物量倍增只需要3.5h。微藻结构简单，种类繁多，易于分离和筛选。微藻对环境条件要求不高，荒漠和盐碱地这些光照丰富的地方都可以培养微藻。微藻可以直接利用太阳能，并且微藻的光合作用效率高，将太阳能转化为生物质能的效率为2%～10%，陆地植物仅有1%左右。微藻可以利用不同来源的无机碳源，比如工业废气、大气中的CO_2、无机碳酸盐等。小球藻可以利用火力发电厂及其他工业尾气充当碳源，低成本培养微藻。微藻固碳的同时，产生大量的藻体，这些藻体含有许多高附加值产物，具有很好的利用价值，可以用于植被食品、动物饲料、化妆品、医药品、生物燃料等。微藻对无机碳源适应范围广。自然界中常见的无机碳源形式主要有四种，包括CO_2、H_2CO_3、HCO_3^-、CO_3^{2-}。淡水微藻一般不能利用H_2CO_3和CO_3^{2-}。大多数海水藻类可以利用HCO_3^-作为无机碳源，许多学者认为，这是因为微藻内部的碳酸酐酶能够催化HCO_3^-和CO_2的相互转化。

相较高等植物而言，微藻的最大缺点在于生物质的收集和处理过程比较繁琐。要获取微藻藻体，提取其中的高附加值产物，第一步要对微藻藻体通过絮凝、离心和过滤等手段进行富集。第二步要对富集的微藻脱水干燥，有冻干、鼓风、喷雾等方法。第三步要对干燥的微藻进行细胞破碎。第四步提取成分时还要用到有机溶剂萃取等。最后进行分离纯化。

相对于CO_2的物理、化学和地质利用等方法，以微藻为代表的生物固碳技术可以实现CO_2的高效、绿色和可持续固定，并可将其转化为具有经济价值的产物。通过微藻固定CO_2的研究，不仅在理论上可以为目前的CO_2减排提供一条新的、可行的技术途径，在实际应用上也具有相当大的潜力，将会在一定程度上促进生物固碳技术的变革，改变目前的技术格局。在微藻固定CO_2的同时，利用微藻特有的代谢途径将同化的CO_2转化为具有较高经济价值的有机高附加值产物，可以大大降低微藻固碳成本，进一步推动微藻固碳在实际生产中的发展。

2. 现代化设施微藻养殖体系

本研究在海西州德令哈市林场建成微藻研究示范基地1处，面积2000m^2，配备人工气候箱、烘箱及自主研发的微藻晒床等，利用海西州自然气候条件，构建出"多采光、少用水、高产出"的现代化设施微藻养殖体系，自主设计"一种适合低温地区的微藻养殖池"及"筛床"（图5-14），"一种螺旋式的微藻培养装置"1套（图5-15），能够实现筛选种的中试试验和固碳研究。

5.3.4　高原微藻固碳能力评价体系

1. 微藻固碳能力评价体系

生物固碳，特别是以微藻为固碳材料，以其绿色、安全、可循环等特有优势，成为最具发展潜力的固碳方法。目前微藻固碳的研究还处在初级阶段，研究大多偏重耐

图 5-14　微藻养殖池及自主研发筛床

受高浓度 CO_2 藻种的筛选，对自然光温条件下微藻规模化培养固碳尚缺少系统研究。在微藻培养系统中，CO_2 的吸收与溶解受到多种因素的影响，如何有效评估外源 CO_2 的吸收与利用效率是微藻固碳研究中的一个关键问题。而具有固碳潜力和高附加值菌种的筛选，首先就是构建微藻固碳能力评价的指标体系。结合文献综述与前期开展的相关实验，构建微藻培养与固碳能力评价体系（图 5-16）。

图 5-15　螺旋式的微藻培养装置

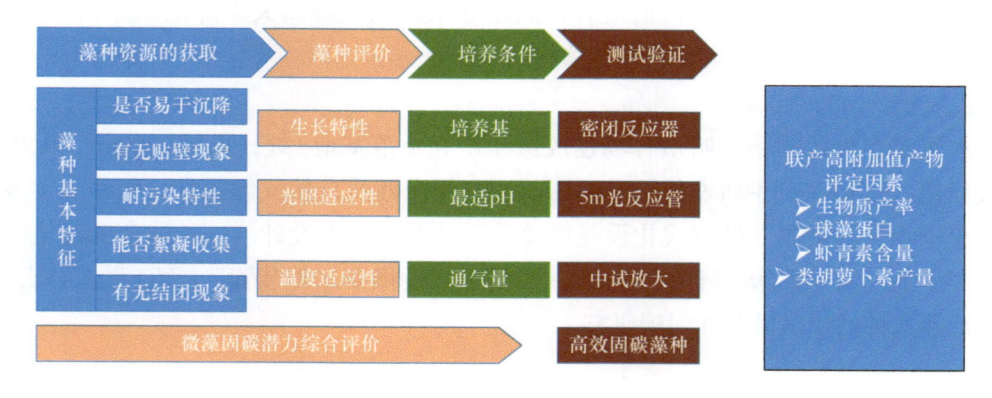

图 5-16　微藻培养与固碳能力评价体系图

2. 评价体系相关参数

1）藻种基本特征评价

柱状气升式培养管中培养，观察藻种的宏观特征，包括是否沉降、是否结团、是否贴壁等。初步确定藻种的生长状况，包含微藻生长速率、对光照变化的适应性、对温度及pH变化的适应性，以生物质浓度进行衡量。

2）生物质浓度的测定

将化0.45μm孔径醋酸纤维滤膜在足量的蒸馏水中浸泡4~8h，沥去表面水分，80℃烘干（2h），冷却称重（m_1）。取20mL藻液过滤，80℃再烘干2h，使过滤到滤膜上的微藻彻底干燥脱水，冷却称重（m_2），通过下式计算生物质浓度B(g/L)：

$$B=(m_2-m_1)\times 50 \tag{5-10}$$

3）生物质产率

生物质产率P（g/(L·d)）是单位时间内生物质浓度（g/L）的变化，表示为：

$$P=(X_1-X_0)/(t_1-t_0) \tag{5-11}$$

式中，X_1、X_0分别代表藻液在t_1、t_0天的生物量浓度。

4）微藻固碳速率的计算

微藻生物质产率为P，单位g/(m²·d)，固定CO_2速率为R_c：

$$R_c=0.5\times P\times 44/12 \tag{5-12}$$

0.5表示碳元素占微藻生物质干重的比例平均为50%。目前普遍认为微藻类含碳元素占干重的47%~50%，前期对购买微藻类元素分析也表明，碳元素占生物质干重的比例为50%，因此将系数设定为0.5。

5）开放培养微藻对环境CO_2的利用率

开放池培养，每天搅拌10h，微藻生物质产率为P（g/(m²·d)）；

最适培养pH条件下，藻液对环境CO_2的吸收率为R_a(%)；

最适培养pH条件下，藻液释放入环境的CO_2释放率R_v(g/(m²·d))。

环境CO_2的利用效率E计算公式为式（5-13）：

$$E=(P\times 0.5\times 44/12)/[(P\times 0.5\times 44/12+R_v\times 10)/R_a] \tag{5-13}$$

式中，（$P\times 0.5\times 44/12$）是每天每平米开放池中固定CO_2的数量，$R_v\times 10$是每天每平米释放CO_2的数量，（$P\times 0.5\times 44/12+R_v\times 10$）/$R_a$是每天每平米消耗$CO_2$的数量。

6）CO_2吸收率R_a的测定

藻液CO_2吸收率主要受pH、通气深度、藻液无机碳源（$CO_2+HCO_3^-+CO_3^{2-}$）浓度三方面影响。

15%CO_2的配制：用流量计准确控制纯CO_2（钢瓶装商品CO_2）和空气的流量，使CO_2与空气按15∶85（$V:V$）的比例混合，配成CO_2与空气的混合体积，混合气体中CO_2的体积浓度为15%。

通入CO_2的方法：将CO_2^-空气混合气体通入微孔橡胶曝气管，微孔孔径平均50μm，CO_2^-空气混合气体通过管壁上的微孔进入微藻培养基，形成微小的上升气泡，气泡经过气-液界加入培养基，被培养基吸收。通过控制CO_2和空气的流量，控制CO_2^-空气混合气体流量大小。

CO_2的充气深度：通过调节微孔橡胶曝气管到液面的距离，获得不同的充气深度。

培养基无机碳源浓度：以$NaHCO_3$浓度计，浓度梯度设置0.15mmol/L，5mmol/L，10mmol/L，20mmol/L，40mmol/L，80mmol/L。

pH范围设置：设置三种pH区间范围：pH7.5～8.5，pH8.5～9.5，pH9.5～10.5，配置好培养基后，用2.0mol/L的NaOH和HCl将培养基的pH调到控制范围的上限，通入CO_2空气混合气体后，培养基吸收CO_2，培养基pH降低，当pH降到控制范围的下限，停止通入CO_2空气混合气体。

CO_2的消耗量：通气前准确称取CO_2钢瓶重量（W_1）g，通气后准确称取CO_2钢瓶重量（W_2）g，CO_2的消耗量（g）= $W_1 - W_2$。

培养基吸收CO_2的数量：培养基体积V（L）。通气前取水样，测定培养基中（CO_2+HCO_3^-+CO_3^{2-}）浓度C_1（mmol/L），通气结束后再取水样，测定培养基中碳源（CO_2+HCO_3^-+CO_3^{2-}）浓度C_2（mmol/L），培养基吸收CO_2的数量（g）= $44 \times (C_2 - C_1) \times V / 1000$。

CO_2吸收率R_a（%）的计算公式为：

$$R_a = [44 \times (C_2 - C_1) \times V / 1000] \times 100\% / (W_1 - W_2) \quad (5\text{-}14)$$

7）培养基CO_2释放速率（R_v）的测定

测定pH随培养基搅拌时间延长的变化：用HCl将配制的培养基调为pH7.5。pH7.5低于每种碳源培养基的平衡pH，培养基中CO_2不断向空气中释放，培养基pH持续升高，直到等于平衡pH，培养基中的CO_2与空气中的达到动态平衡，培养基中的无机碳源不再减少。

绘制藻液吸收CO_2后pH变化曲线：培养基pH稳定后，立即从培养池中取出培养基，在实验室中向培养基中定量冲入CO_2，测定藻液吸收CO_2后pH变化。

绘制pH-CO_2释放速率曲线：根据pH与充CO_2的数量关系的回归方程，计算出pH变化对应的碳浓度（以CO_2计，mg/L）变化，根据培养池水体数量和碳浓度变化，计算出pH变化对应的碳量（以CO_2计kg）变化，再根据pH变化对应的时间变化，计算出每个pH区间的CO_2释放速率（g/($m^2 \cdot d$)），绘制pH-CO_2释放速率曲线图。以此为依据查出每个pH对应的CO_2释放速率。

8）微藻CO_2利用效率E计算公式

$$E = 1.83 \times (P \times A \times \Delta t) / M$$

式中，P表示生物质产率（g/($m^2 d$)），A代表培养面积（m^2），Δt代表培养时间（d），M代表培养期间所消耗的CO_2的重量（g）。

3. 四种极端环境微藻的固碳速率

对筛选出的4株绿藻进行了200m^2开放式跑道池培养，4株藻的固碳速率分别达到了26.02g/($m^2 \cdot d$)、28.43g/($m^2 \cdot d$)、27.51g/($m^2 \cdot d$)、33.82g/($m^2 \cdot d$)，同时类胡萝卜素产率分别达到51.28mg/($m^2 \cdot d$)、62.43mg/($m^2 \cdot d$)、39.85mg/($m^2 \cdot d$)、71.24mg/($m^2 \cdot d$)。说明微藻固碳并耦合高附加值产物生产在技术上是可行的，并拥有巨大的开发潜力。

5.3.5 微藻作为动物营养饲料的潜力评价

到2050年，全球人口预计将增加1/3，估计粮食产量增加70%。尽管不断更新的农业粮食生产方法和平均人均收入的增加使全球饥饿人口大大地减少，但是全球粮食生产仍然面临着前所未有的挑战。不合理的农业生产方式和方法对环境带来许多不利影响，造成土地退化、水资源污染、气候变化，使农业和畜牧业面临巨大挑战。同时，玉米、大豆、水稻等既作为粮食作物又作为动物饲料，远不能满足人类生活所需，使得人畜争粮的问题日益突出。因此，寻求新的可持续饲料原料和资源，提高生产效率，降低生产成本将对畜牧生产的可持续发展起到至关重要的作用。

微藻是一种单细胞光合生物，生长在一系列水生栖息地中，包括湖泊、河流、海洋甚至废水等。地球上已知微藻至少有20万种，它们可能是原核生物，如蓝藻，也可能是真核生物，如绿藻。至2024年，全球藻类市场预计价值约400亿美元，复合年增长率约为7%。目前大量应用生产的微藻主要有硅藻门、绿藻门、金藻门、蓝藻门。微藻的主要组成成分是多糖和脂质，当在适当条件下培养时，微藻的脂质（55%~70%）和碳水化合物含量（高达70%）非常高，利用微藻可生产生物柴油。微藻能合成多种高价值生物活性化合物，如必需氨基酸、不饱和脂肪酸、维生素等，被广泛应用于医疗保健、化妆品和畜牧业。微藻还能利用废水、污水中的营养物质来供应自身生长，从而缓解水资源富营养化的问题。同时微藻的营养特性及其对畜禽生长、免疫、产品品质等的影响也是目前研究的热门主题。

小球藻属于普生性单细胞绿藻，分类上属于绿藻门绿藻纲绿球藻目卵囊藻科小球藻属（*Chlorella vulgaris*），是人类第一种人工培养的微藻。小球藻在自然界分布广、数量多，约有15个原始品种，加上变种有上百种之多。我国常见的小球藻种类有蛋白核小球藻（*Chlorella pyrenoidosa*）、椭圆小球藻（*C. ellipsoidea*）和普通小球藻（*C. vulgaris*）。近年来，随着藻类生物技术的发展，小球藻不仅在太空藻类学、光合作用机理、跨膜转运机理等研究方面成为一种很好的试验生物模型，而且在环保、保健食品、天然产物类胡萝卜素、饵料及饲料添加剂的生产等方面已被广泛应用。在美国和日本等发达国家，尤其在日本将其作为优良食品和动物饲料添加剂已有40多年的历史。中国的微藻研究始于20世纪50年代，到20世纪80年代人们已了解微藻是优质营养素的来源，以藻类为原料的保健品、食品，以及其添加剂不断涌现。研究结果表明，小球藻富含动物生长所需的多种养分和生物活性物质，包括活性生长因子（Concentrate Growth Factors，CGF）、多糖、生物素，以及叶绿素与叶酸等，具有独特的生物学功效，在动物饲料中的应用效果明显。目前小球藻粉及其悬浮液已被我国农业农村部批准为新型饲料添加剂。

1. 微藻在单胃动物生产中的应用

1）微藻对猪生长性能、养分消化率、肠道健康等的影响

微藻中含有丰富的蛋白质,是优质的蛋白质饲料原料,其中富含的藻胆蛋白更是能够提高机体免疫力。微藻中还含有丰富的多糖和膳食纤维,能够调控肠道微生物区系,促进胃肠道健康,减少粪便中有毒气体的产生。国内外大量研究发现,动物饲料中添加微藻可影响猪的生长、消化、肠道健康。

Simkus等(2013)研究蓝藻和螺旋藻对生长猪生长性能和猪肉品质的影响,结果发现,与对照组相比,饲料中添加蓝藻和螺旋藻的猪平均日增重提高9.26%。

Furbeyre等(2016)研究饲粮中添加淡水微藻对断奶仔猪生长性能、养分消化率和肠道健康的影响,结果表明,饲料中加1%螺旋藻或1%小球藻对断奶仔猪的平均日采食量、平均日增重和料重比没有显著影响,但能显著提高断奶仔猪的能量消化率和空肠绒毛高度,且1%小球藻组的断奶仔猪腹泻率显著降低,该研究结果显示螺旋藻和小球藻对肠道发育的潜在影响,以及小球藻控制轻度消化系统疾病的潜力。

Yan等(2012)在研究发酵小球藻(FC)对生长猪生长性能、养分消化率、血清生化指标、粪便微生物和粪便有毒气体含量的影响时发现,饲粮中添加0.1%发酵小球藻能显著提高生长猪肠道中乳酸杆菌浓度,显著降低肠道中大肠杆菌浓度,并显著降低粪便中氨气(NH_3)和硫化氢(H_2S)含量。

Grinstead等(2000)研究螺旋藻对断奶仔猪生长性能的影响,结果表明,断奶仔猪的料重比有下降的趋势,平均日采食量和平均日增重有上升的趋势。上述研究表明,微藻作为猪饲料原料能够一定程度上促进猪生长,改善肠道健康,降低生产中有害气体的产生,这可能与微藻中含有的丰富的蛋白质和膳食纤维有关。微藻中的蛋白质能增强机体的机能,提高动物的抗病力,还能为生长提供能量。微藻中的膳食纤维在肠道内可促进益生菌的生长,抑制致病菌繁殖和有害代谢产物的产生,从而提高营养物质消化吸收,但是不同种类的微藻添加效果和添加浓度还有待进一步研究确定。

2）微藻对猪产品品质的影响

微藻能够合成大量的必需脂肪酸,特别是多不饱和脂肪酸(Polyunsaturated fatty acid,PUFA)的重要来源。这些必需脂肪酸具有调节机体脂质代谢、促进发育、增强免疫等作用。国内外研究表明,饲料中添加微藻能改善猪肉品质,提高猪肉的营养价值。

Simkus等(2013)研究蓝藻和螺旋藻对生长猪生长性能和猪肉品质的影响时发现,与对照组相比,饲喂蓝藻和螺旋藻的猪胴体重提高了2.02%,肌内脂肪含量降低0.33%。

Baňoch等(2012)研究表明,饲料中添加小球藻能显著提高育肥猪血清和肌肉中碘含量。吕子君等(2015)在研究螺旋藻添加剂对猪生长性能、腹泻率及肌肉营养的影响时发现,饲料中添加3%螺旋藻能显著提高猪肌肉中干物质、粗蛋白质、粗脂肪含量。

Vossen等(2017)研究发现,饲料中添加微藻能显著提高育肥猪肌肉中二十二碳六烯酸(Docosahexaenoic Acid,DHA)的含量。

Moran 等（2018）研究了含有 DHA 的异养微藻对猪的生长性能、胴体性状和肌肉脂肪酸组成的影响，结果表明，富含 DHA 的异养微藻能显著提高猪背最长肌和背脂的 DHA 含量，显著降低 n-6/n-3PUFA 比例。

Sardi 等（2006）在研究富含 DHA 的海藻对意大利育肥猪生产参数的影响时发现，饲粮中添加裂殖壶藻能极显著提高意大利育肥猪背部和皮下脂肪中 DHA 的含量。以上研究结果表明，在猪饲粮中添加微藻能够提高肌肉中营养物质的含量，其中以提高肌肉中 DHA 含量尤为明显，这可能与微藻能够合成大量的不饱和脂肪酸如 γ-亚麻酸（Gamma-Linolenic Acid，GLA）、花生四烯酸（Arachidonic Acid，ARA）、二十碳五烯酸（Eicosapentaenoic Acid，EPA）、DHA 提供与猪消化利用有关。

3）微藻对家禽生长性能、抗氧化功能、免疫特性等的影响

微藻含有的多种生物活性物质能够促进家禽的生长，增强机体抗氧化力和免疫力，调节肠道微生态菌群平衡和脂质代谢。

Park 等（2018）研究了螺旋藻对肉鸡生长性能、抗氧化酶活性、养分消化率、肠道菌群、粪便有毒气体排放和肉品质的影响，结果发现，添加螺旋藻组肉仔鸡体增重和料重比显著提高，血清中超氧化物歧化酶（Superoxide Dismutase，SOD）和谷胱甘肽过氧化物酶（Glutathione Peroxidase，GPx）活性显著提高，盲肠中乳杆菌数量显著提高。

Mirzaie 等（2018）研究螺旋藻对高温环境下饲养的肉鸡的生长性能、抗氧化功能、血脂状况、免疫反应的影响时发现，与对照组相比，所有饲喂螺旋藻的肉鸡血清中丙二醛（Malondialdehyde，MDA）含量显著降低，SOD 活性显著提高，饲粮中添加 2% 螺旋藻的肉鸡血清 GPx 的活性显著增加；饲粮中添加 1% 和 2% 螺旋藻的肉鸡血清总胆固醇（Total Cholesterol，TC）、甘油三酯（Triglycerides，TG）含量显著降低。

Kharde 等（2012）研究螺旋藻对肉鸡生长性能的影响，结果显示，每千克饲粮添加 300 和 500mg 螺旋藻能显著提高肉鸡的平均活体重、试验结束时活体重、饲料转化率。

Kang 等（2013）研究小球藻对肉鸡生长性能、免疫特性和肠道微生物群落的影响时发现，饲料中添加 1.0% 新鲜液体小球藻的肉鸡试验结束时活重和血液中白细胞数目显著提高，血清中的免疫球蛋白 A 和免疫球蛋白 G 含量显著提升，肠道中乳酸杆菌数目显著提高。

Mariey 等（2012）研究螺旋藻对蛋鸡生长性能和繁殖性能的影响，结果表明，饲料中添加螺旋藻的蛋鸡产蛋率、蛋重、饲料转化率显著提升，随着饲粮中螺旋藻添加量的增加，蛋黄和血浆中 TC 含量显著降低。以上研究结果表明，微藻能促进家禽肠道中益生菌的生长，从而调节肠道微生态平衡；提高相关抗氧化酶活性，减少有害氧化产物的产生，从而缓解氧化应激；降低 TC 和 TG 含量，调控家禽脂质代谢；刺激免疫细胞活性，释放免疫因子，从而提高机体抗病力。

4）微藻对家禽产品品质的影响

家禽饲料中添加微藻能够增加其色素沉积，提高产蛋性能，提升蛋黄颜色，改善家禽肉品质。

Zahroojian等（2013）研究微藻对蛋鸡蛋品质和产蛋性能的影响，结果表明，饲料中添加2.0%和2.5%螺旋藻均能显著提高蛋鸡蛋黄的颜色。

Bonos等（2016）研究表明，肉鸡饲料中添加螺旋藻能缓解肉鸡腿部肌肉氧化，显著提高腿部肌肉中EPA和DHA含量。

Ribeiro等（2014）研究了降低饲粮蛋白质水平和添加DHA产品对肉鸡生产性能和肉品质的影响，结果表明，裂殖壶藻提取物能显著提高21～35日龄肉鸡的平均日采食量、平均日增重，显著降低料重比，改善鸡肉脂肪酸组成，提高鸡肉PUFA的含量。

Moradi等（2016）研究发现，饲粮中添加200～500mg/kg微藻能显著降低热应激条件下饲养的蛋鸡血清中TC、TG和低密度脂蛋白（LDL）含量，添加300～500mg/kg微藻能显著提升蛋鸡血清中锰、碘、硒含量。

Lemahieu等（2013）在研究饲粮中添加不同种类富含n-3 PUFA的微藻对蛋鸡蛋品质影响时发现，三角褐指藻、微绿球藻、等鞭金藻和小球藻均能显著提高蛋黄中n-3PUFA含量，此外，蛋黄颜色由黄色转变为红色，这可能是由于微藻中类胡萝卜素被蛋鸡消化吸收后转移到了鸡蛋中。上述研究结果表明，微藻作为一种饲料原料添加到家禽饲粮中可以改善家禽产品品质。

2. *微藻在反刍动物生产中的应用*

1）微藻对反刍动物生长性能、养分消化率的影响

研究表明，反刍动物饲料中添加微藻能够影响其生长和消化。反刍动物需要经过瘤胃微生物发酵才能对饲料中的营养物质进行消化和吸收，而微藻中含有丰富的纤维和蛋白质，能够为瘤胃微生物发酵提供良好的能源基础和物质基础。同时，微藻中含有的矿物质不仅能维持正常机体代谢，还能满足瘤胃微生物的繁殖，为提高饲料转化率发挥重要作用。

Fuente-Vázquez等（2014）研究亚麻籽、微藻或鱼油对羔羊生长性能和肉质特性的影响，结果表明，亚麻籽、微藻及其鱼油混合物均能显著提高羔羊的饲料转化率。

Silva等（2016）在研究奶牛饲粮用微藻粉部分替代玉米粉对牛奶产量和成分、养分消化率和代谢特征的影响时发现，微藻能显著提高中性洗涤纤维和粗脂肪消化率，显著提高血清中TC和高密度脂蛋白（HDL）含量。

Costa等（2016）研究饲料中添加微藻对牛生长性能的影响，结果表明，钝项螺旋藻和小球藻均能显著提高断奶犊牛的平均日增重和微生物蛋白产量。

Meale等（2014）在研究裂殖壶藻对生长羔羊的生产性能、脂肪酸含量和羊毛参数的影响时发现，裂殖壶藻组羔羊的平均日增重有提高趋势，料重比有降低的趋势。以上研究表明，反刍动物饲料中添加微藻能一定程度上提高营养物质消化率，改善其生长性能，但是微藻在反刍动物饲粮中的最适添加量以及其对反刍动物生长调控的机理尚未清楚，仍需进一步研究。

2）微藻对反刍动物产品品质、机体免疫功能的影响

Carvalho等（2018）研究微藻对阉牛生长性能、胰岛素敏感性、胴体特性和脂肪酸

含量的影响，结果表明，裂殖壶藻能显著提高背最长肌中EPA和DHA的含量。Stokes等（2016）在研究微藻对牛生长性能和胴体性状的影响时发现，随着微藻添加量的增加，肌肉中不饱和脂肪酸含量随之增加，背部脂肪含量随之减少，表明微藻能降低牛脂肪沉积，调控机体脂质代谢，从而达到改善肉产品品质的作用。

Simkus等（2007）研究螺旋藻对奶牛乳品质的影响，结果表明，饲喂螺旋藻的奶牛乳脂、乳蛋白、乳糖含量分别显著增加17.6%、9.7%、11.7%，血液中血红蛋白和红细胞数量分别显著增加8.9%、13.1%，表明螺旋藻能提高奶牛的产奶量，刺激奶牛的造血功能，增强其非特异性免疫力。

Kulpys等（2009）在研究螺旋藻对泌乳奶牛生产性能的影响时发现，添加螺旋藻组奶牛产奶量和乳汁中乳糖含量显著提高。上述研究表明，反刍动物饲粮中添加微藻能改善其产品品质和机体免疫功能，这可能是微藻被反刍动物摄入体内后，微藻中富含的蛋白质、多糖、脂肪酸被分解利用，从而提高反刍动物产品品质和机体免疫功能。

3. 小球藻作为动物营养饲料的潜力研究

微藻能合成蛋白质、多糖、脂肪酸、色素等生物活性物质，在医药、能源、食品行业均有广泛运用。在畜牧业中，微藻能够提高动物生长性能、改善畜产品品质、增强机体免疫力，作为畜牧生产的原料具有非常大的潜力。

尽管微藻具有其独特的优势，但是在生产实际中还存在许多问题：

其一，市场中微藻产品质量参差不齐，没有形成统一的质量安全标准；

其二，微藻生产培养还比较粗糙，商业化程度低；

其三，微藻的毒副作用研究少，存在着使用安全隐患；

其四，微藻在畜牧业上的应用研究还较少，对微藻的使用种类和使用量还没有明确规定。

因此，微藻在畜牧业上的应用研究还需进一步加深，以便为微藻在畜牧业中的应用拓宽道路。课题组针对小球藻作为动物营养饲料的潜力研究，开展筛选培育出的蛋白核小球藻（FACHB-28）影响大鼠代谢功能基因、体重变化及调节微生物菌群等方面的相关实验，表明：

（1）通过有效含量3×10^7个/mL的蛋白核小球藻（FACHB-28）制剂连续喂养小鼠8d后发现，喂养后小鼠体重增加较普通饲养组具有显著性差异（$P<0.05$），如图5-17所示，并在接下来的至54d的饲养过程中表现出持续的升高，这一点也得到基因组学很好的验证（图5-18），小球藻功能活性能够影响小鼠代谢相关基因的表达。同时，血清中丙二醛（MDA）含量显著降低，SOD活性显著提高。值得注意的是小鼠体重的增加在夜间表现尤为突出，这也提示蛋白核小球藻具有提高牲畜夜间上膘的潜力。

（2）小鼠饲粮中添加0.1%球藻能改善小鼠肠道微生物群落（图5-19），显著提高小鼠道中乳酸杆菌浓度，显著降低肠道中大肠杆菌浓度。这与上述体重增加研究结果相一致，小球藻作为饲料原料能够一定程度上促进小鼠生长，改善肠道健康，小球藻中

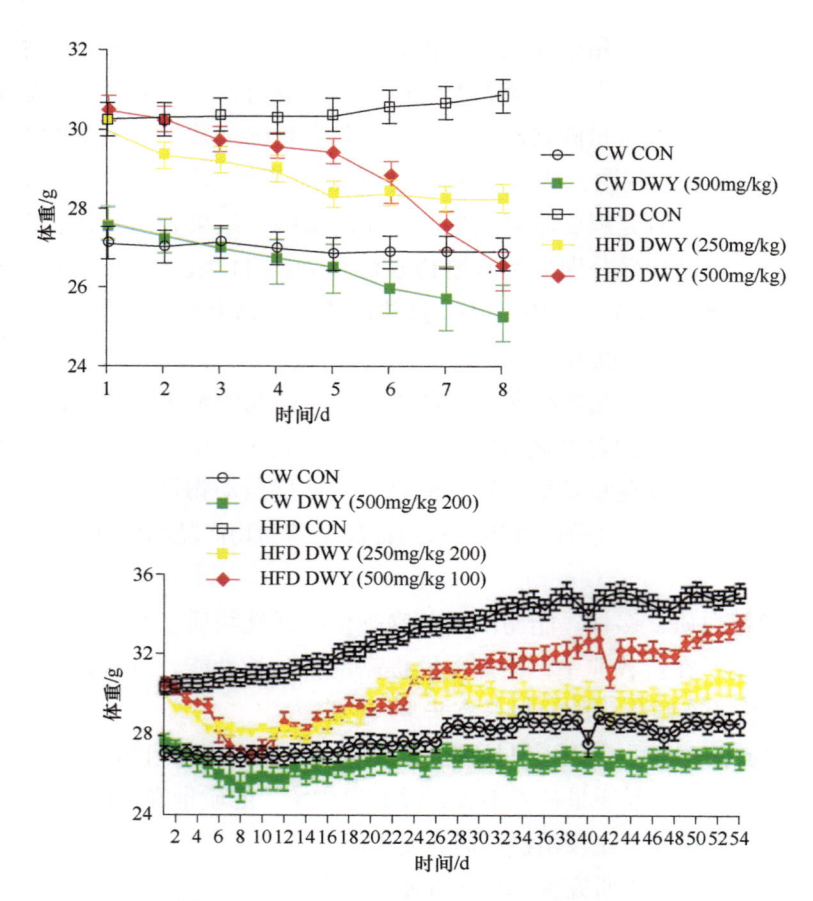

图 5-17　蛋白核小球藻连续喂养体重变化趋势图

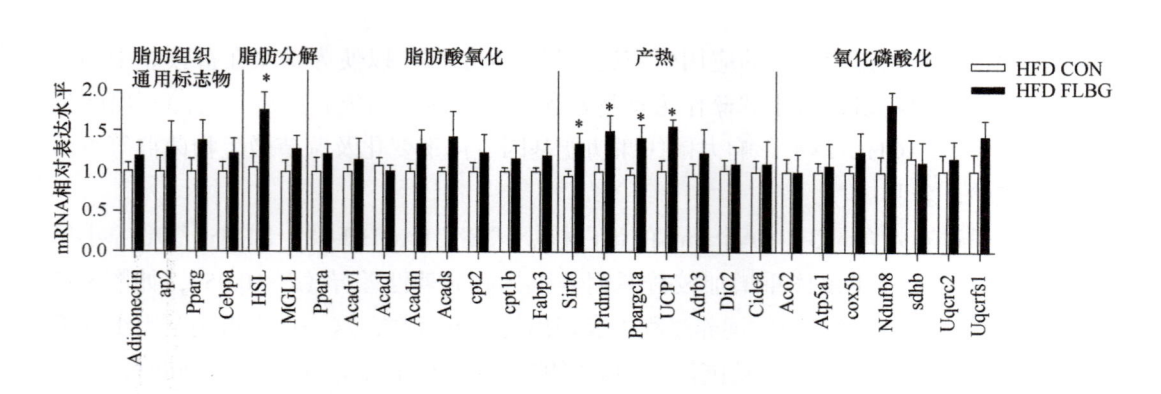

图 5-18　蛋白核小球藻连续喂养对小鼠代谢基因的表达影响

的膳食纤维在肠道内可促进益生菌的生长抑制致病菌繁殖和有害代谢产物的产生，从而提高营养物质消化吸收。表明小球藻在作为牲畜冬季补饲的"干饲料"具有巨大的潜力，同时也提示小球藻具有生物抗生素的基本潜质。

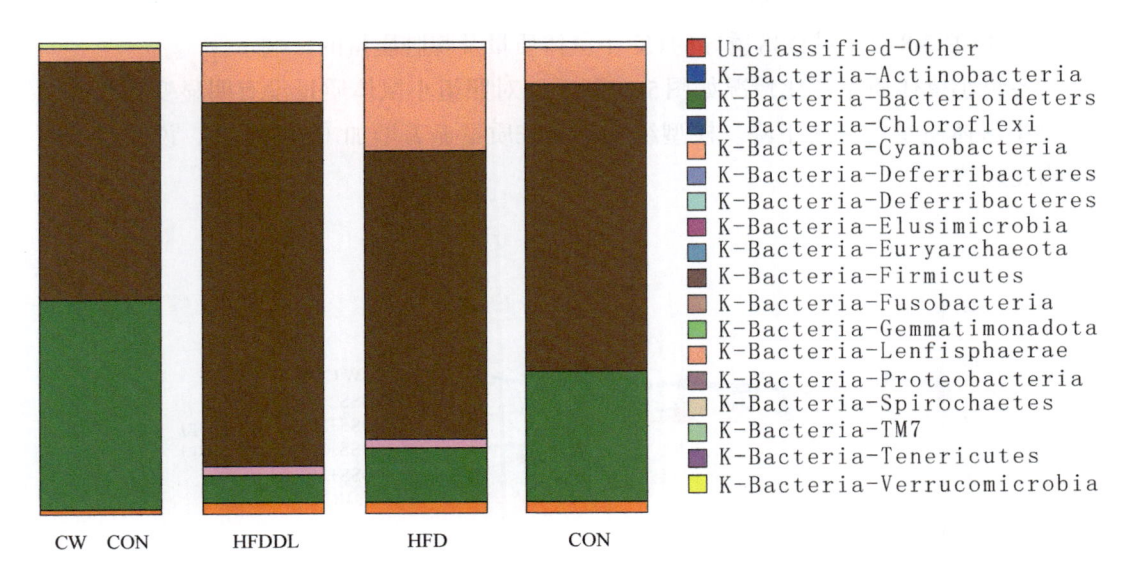

图 5-19 蛋白核小球藻连续喂养对小鼠肠道微生物菌群的影响

4. FLBG-8藻种对DSS诱导溃疡性肠炎的保护作用研究

1）UC模型的制备

将36只SPF级C57小鼠随机分为对照组、模型组、阳性对照组（柳氮磺吡啶组）、FLBG-8微藻低、高剂量（100、200mg/kg）组、空白给药组，每组6只。各组小鼠适应性培养1周后，对照组及对照给药组给予正常饮用水，其余各组给予含有2.5% DSS的饮用水，诱导小鼠UC通用组合模型，造模第一天开始给药，对照组及模型组每天给予等体积的Na-CMC溶液，其余各组每天定时给予相应药物10mL/kg，连续给药10d。给药后每天记录小鼠体质量、是否血便及便血程度，初步判断造模及给药效果。

2）样本采集及处理

连续灌服FLBG-8微藻至第11d后眼球取血处死小鼠，收集全结肠及脾脏器官，测量长度和重量。全血样本于4℃、3000 g/min离心10min取血清，−80℃保存。脾脏称重，结肠肠段铺平测定其长度，纵向剪开，PBS洗净，切除远端结肠1cm于4%多聚甲醛溶液中进行固定，剩余组织分为3份，置于EP管中，加入9倍体积PBS溶液进行匀浆，4℃、3000 g/min离心10 min，取上清液−80℃保存。取低温保存的血清及结肠组织匀浆上清液快速复苏，ELISA试剂盒检测TNF-α、IL-1β、IL-6水平。进行免疫组化NF-κB蛋白染色，采用Image J软件分析染色结果，对其表达量进行半定量分析。

3）FLBG-8微藻对DSS诱导的UC小鼠表征影响

观察结果显示，对照组小鼠活动状态良好，体质量无下降，毛发光滑有光泽，模型组在造模第3d出现腹泻，随后出现便血情况、行动迟缓、体质量下降、精神萎靡不振、毛发无光泽症状。给药小鼠组也出现便血情况，但症状均轻于模型组。结果表明FLBG-8对DSS诱导的精神萎靡及便血等情况具有一定的改善作用。

4）FLBG-8微藻对DSS诱导的UC小鼠体质量及脾脏质量的影响

各组小鼠体质量变化情况如图5-20所示，对照组小鼠体质量没有明显变化，其余各组小鼠体质量均有所下降。模型组小鼠脾脏质量显著增加（$P<0.01$），说明DSS模型构建成功。

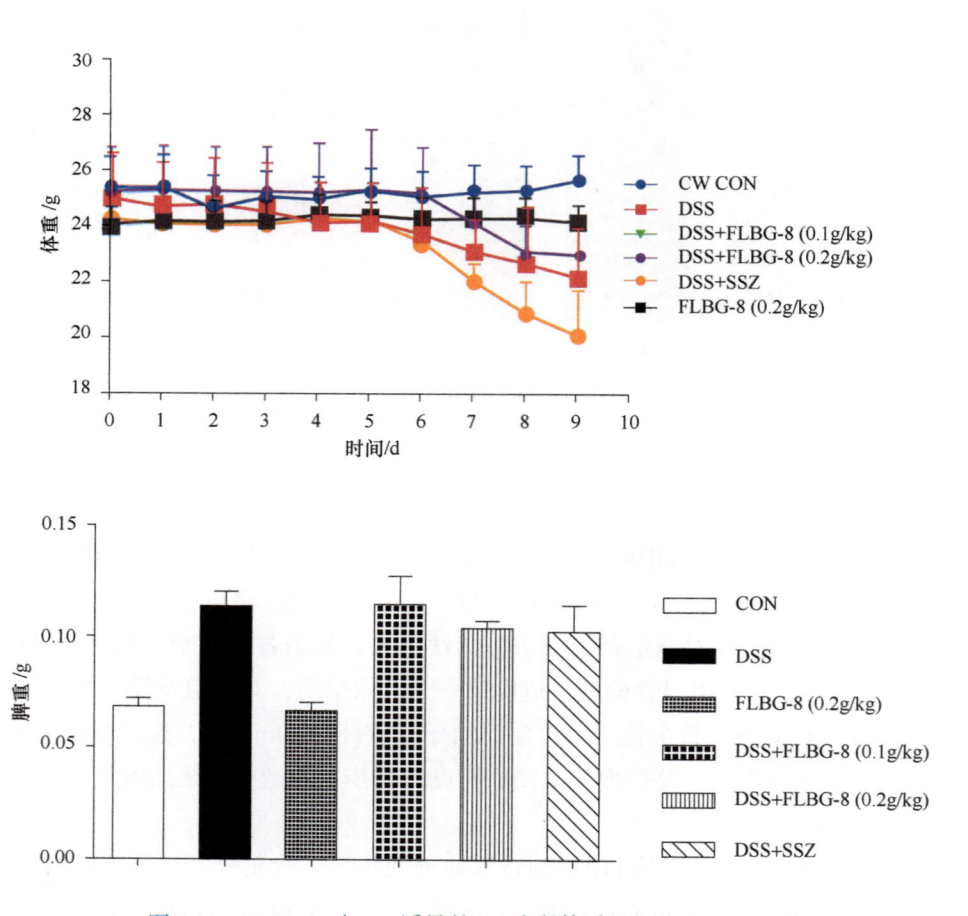

图5-20　FLBG-8对DSS诱导的UC小鼠体质量和脾脏质量的影响

5）FLBG-8微藻对DSS诱导的UC小鼠结肠长度的影响

各实验组小鼠结肠长度如图5-21所示，与对照组比较，模型组小鼠结肠长度明显缩短（$P<0.01$），说明DSS诱导后，小鼠出现了UC，模型构建成功。与模型组比较，FLBG-8给药后小鼠结肠长度明显增加（$P<0.05$），说明FLBG-8对UC有一定的治疗作用。

6）FLBG-8微藻对DSS诱导的UC小鼠结肠组织病理改变的影响

HE染色结果如图5-22所示，对照组小鼠结肠组织结构完整，没有出现炎症细胞的浸润；与对照组相比，模型组表现出大量以中性粒细胞、淋巴细胞为主的炎性细胞的浸润和杯状细胞缺失，严重的出现淋巴滤泡；柳氮磺吡啶组小鼠结肠组织只有局部组

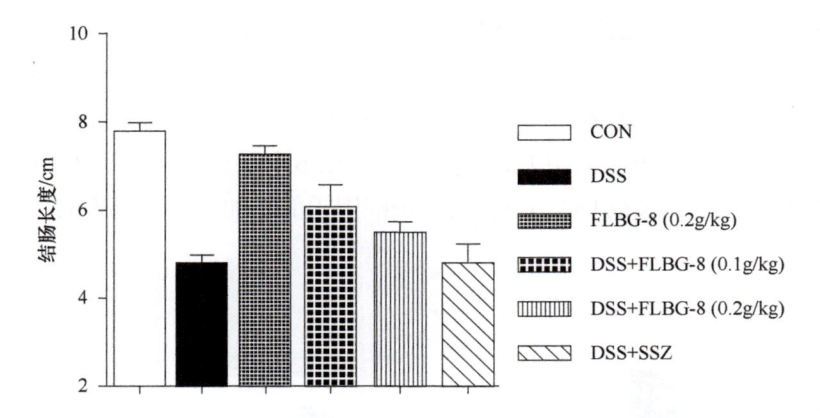

第 5 章　高原生态系统和小球藻固碳潜力与碳汇产业评估

图 5-21　FLBG-8 对 DSS 诱导的 UC 小鼠结肠长度的影响

织损伤，可见少量炎性细胞浸润。FLBG-8 低剂量组（100mg/kg）与 FLBG-8 高剂量组（200mg/kg）的 HE 染色结果和组织损伤可以看出，随着 FLBG-8 剂量的升高，炎性细胞浸润等现象逐渐减少。由此可见 FLBG-8 能够改善由于炎性细胞浸润等导致的组织损伤，且具有一定的量效关系。

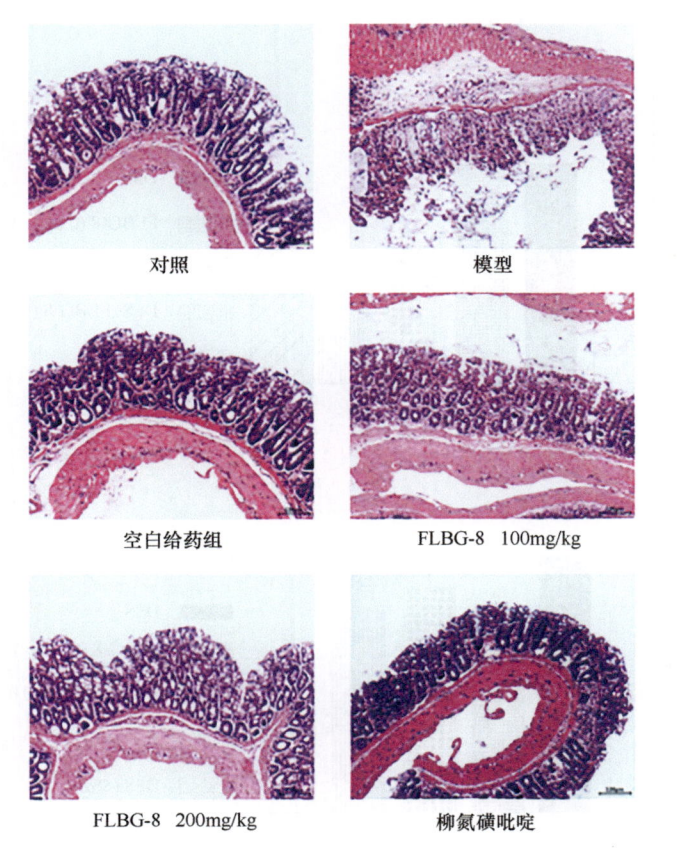

图 5-22　FLBG-8 对 DSS 诱导的 UC 小鼠结肠组织病理学改变的影响

7）FLBG-8微藻对DSS诱导的UC小鼠血清及结肠组织炎症因子的影响

采用ELISA法测定小鼠血清中TNF-α、IL-1β、IL-6因子相关表达水平。结果如图5-23所示，模型组小鼠各炎症因子水平显著高于对照组，说明UC造模成功。与模型组比较，FLBG-8给药组血清中TNF-α、IL-1β、IL-6水平显著降低（$P<0.05$），说明FLBG-8能够抑制DSS诱发的UC小鼠血清中炎症因子的增加，具有显著的抗炎作用。

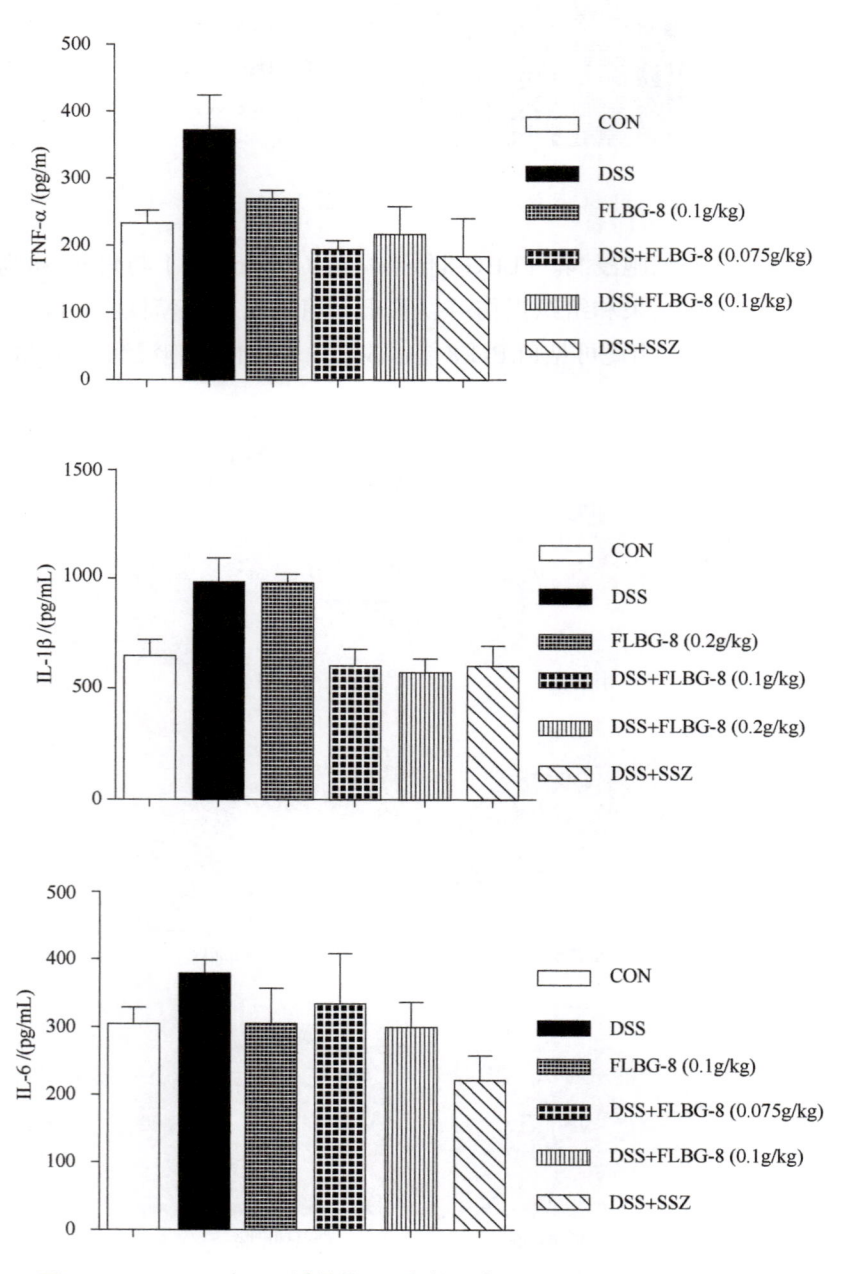

图5-23　FLBG-8对DSS诱导的UC小鼠血清TNF-α、IL-1β、IL-6水平的影响

8）FLBG-8 微藻对 DSS 诱导的 UC 小鼠结肠组织中蛋白表达的影响

利用免疫组化检测分析小鼠结肠黏膜中的 NF-κB 蛋白表达水平，利用 Image J 软件进行染色分析，结果如图 5-24 所示，与对照组比较，模型组小鼠结肠组织中 NF-κB 蛋白表达水平显著升高（$P<0.01$），与模型组比较，FLBG-8 高剂量组小鼠 NF-κB 蛋白表达水平显著降低（$P<0.05$），说明 FLBG-8 能够有效降低炎症蛋白的表达从而减轻炎症反应对机体的损伤。

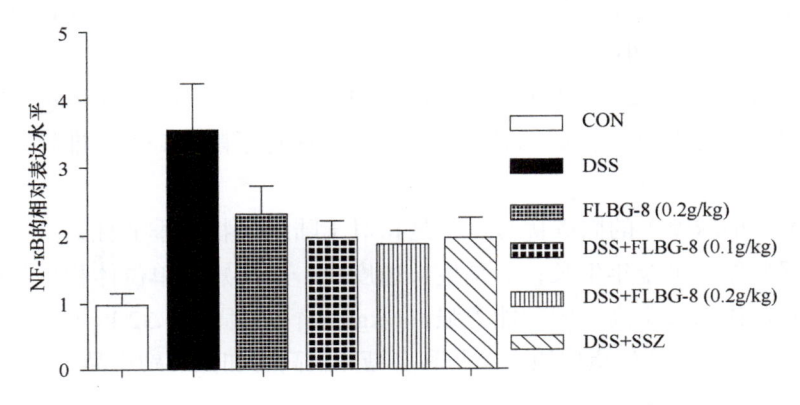

图 5-24　FLBG-8 对 DSS 诱导的 UC 小鼠结肠组织中 NF-κB 蛋白表达的影响

中 NF-κB 蛋白表达水平显著升高（$P<0.01$），与模型组比较，FLBG-8 高剂量组小鼠 NF-κB 蛋白表达水平显著降低（$P<0.05$），说明 FLBG-8 能够有效降低炎症蛋白的表达从而减轻炎症反应对机体的损伤。实验表明 FLBG-8 是一种有效治疗结肠炎的途径，对于 DSS 诱导的急性 UC 具有一定的保护作用，具有作为无抗饲料的潜力。

5.4　高原微藻固碳产业化实验与试验

5.4.1　产业化实验

研究组在西宁大通科技园区开展高原微藻开发利用的实验研究，结果如下：

（1）所选微藻（小球藻）的特性。如前所述，微藻是指那些在显微镜下才能辨别其形态的微小的藻类群体。微藻通常是指含有叶绿素 a 并能进行光合作用的微生物的总称，属于原生生物的一种。应用生物技术进行大量培养或生产的微藻分属于 4 个藻门，包括蓝藻门、绿藻门、金藻门和红藻门等。全世界可食用的藻类并不多，现已发现可食用的藻类有 50 多种，在绿藻门中又可细分为 10 种。最著名的藻类是蛋白核小球藻和普通绿藻。其中，蛋白核小球藻为绿藻门小球藻属普生性单细胞绿藻，是一种球形单细胞淡水藻类，直径 3~8μm，是地球上最早的生命之一，出现在 20 多亿年前，基因始终没有变化，是一种高效的光合植物，以光合自养生长繁殖，分布极广。

（2）微藻（小球藻）对温度、光合作用的具体反应。高原科学与可持续发展研究院的"高原微藻研究与应用"团队在不同的温度（5℃、10℃、14℃、18℃、22%、26℃、30℃）通过测量小球藻细胞数量、吸光度值（OD680）、叶绿素荧光（Fv/Fm），计算藻的生长速率。结果表明，小球藻在各个温度段均能生长，具有良好的耐温性，适应高原温差大、高光照的生长环境。

通过测定小球藻光合作用吸收CO_2的量对微藻碳汇生产条件进行研究。发现在2000m以上的高原环境下小球藻吸收CO_2速率快，细胞密度为$1.69×10^7$个/mL的小球藻吸收CO_2速率最高可达$1.928×10^{-8}$mg/（个·min），326 mg/（L·min）和6.565g/（m²·min）。结果可以看出，小球藻具有很高的CO_2吸收能力，这对于削减CO_2的排放具有重要的意义。

（3）微藻（小球藻）的固碳优势。一是相对于陆地植物的季节性，微藻受季节性影响较小，部分藻种可全年生长；二是生长速度快、周期短，单位体积生物质能量密度大；三是光合作用效率高、固碳能力强，1 kg微藻可以固碳1.32 kg CO_2；四是除了生物质积累，微藻还会产生蛋白质、脂肪和多糖等较高附加值的副产品。

5.4.2 产业化中试

研究组在西宁大通科技园区开展小球藻养殖高原冷水鱼的试验。

1. 对高原冷水鱼养殖的实验

1）养殖的实验

高原科学与可持续发展研究院组建的"高原微藻研究与应用"团队，集中藻类研究、水产研究、温棚研究、水环境研究等国内优秀人才，投入较大资金，建成相应的藻种库、藻类化验室、藻种培育和生产车间、水循环净化系统等。自2019年4月以来，开展实质性的实验研究对高原藻种储备、优质藻株选育、微藻养殖、规模化培养和采收等进行深入研发，取得阶段性突破，预计年内可实现研究成果的初步产业化。

2）研发的技术设备

高原微藻研究与应用项目中的藻类培育与生产主要针对鱼饲。目前，已建成5t鱼饲实验水仓8个，100t鱼饲实验水仓1个，涉及饲养的鱼类有虹鳟、中华鲟等品种。设备主要包括开放式跑道池、光电薄膜温室、循环水处理设备、微藻培育检测仪器等。另外，结合实验需要，团队开发相应的测试水温、水流和跟踪鱼群活动轨迹的软件系统。

3）藻种的培育

高科院的高原微藻研究与应用团队，根据青海当地的气候条件筛选出优质蛋白核小球藻，并建设藻种库，通过现代生物技术，培育成功适合虹鳟鱼等冷水鱼食用的饲料藻种。

4）生产流程

藻种＋水→繁殖→采收→粗产品→深加工→各产业应用→养殖水二次利用→循环水处理。

2. 微藻（小球藻）的生产实验结果

微藻（小球藻）的光合优势。微藻（小球藻）产量约为8g/（m²·d），每生产1g微藻需要吸收1.83g CO_2，约为高等植物的16倍。根据课题组的实验及鱼类饲养观察，在不考虑经济效益最大化的前提下，能够实现高效的碳汇。这为实现生物质飞跃大增产和形成有效的循环生态系统创造条件。首先，由于生物光合作用每生产1t生物质，需消耗大气中1.47t CO_2，向大气中释放1.07t氧气，光解0.6t水，吸收406万cal热量。微藻（小球藻）同时向大气中释放大量氧气，为臭氧层输送"氧源"，可降低大气温室效应。其次，微藻（小球藻）使光能更多地转变为化学能被吸收储存，增加能源物质的储存量，提高生物圈光合作用产物的总量。最后，微藻（小球藻）可转化大气中的CO_2，吸附、降解、转化土壤和水体中的重金属离子（铅、镉、砷、汞等）、农药等多种污染物质，修复生态系统，可促进生物链循环，创造和增加生物种群数量。

5.4.3 高原微藻开发利用的产业化前景

1. 微藻（小球藻）研究与应用的前景

生物碳产品将成为全球碳交易市场的主流，既能解决我国节能减排、改善环境的难题，又可解除西方国家要求减排和提高环境质量的巨大压力，使我国获得治碳的主动权、话语权与经济权，成为"高吸收碳"经济发展和应对全球气候变化的先锋。习近平总书记指出，"在生态环境保护上一定要算大账、算长远账、算整体账、算综合账"。青海有着辽阔的土地和丰富的光热资源，光照充足，太阳辐射强，光热资源丰富。全年日照时数在2500～3650h间，较同纬度地区的华北平原、黄土高原偏多400～700h，年均日照率达60%～80%。青海省地域辽阔，总土地面积72万km²，但耕地仅占总面积的0.8%，其他地区多为包括沙漠、戈壁、低洼盐碱、沼泽等，而微藻的生物学特点是喜温、喜碱、高光效。利用太阳能、CO_2及N_2，许多微藻可在荒漠地区、炎热条件下或盐湖滩涂利用碱水进行培养，在不适于种植传统作物的地区得到有效利用。

因此，青海丰富的光热资源和大量未利用的非耕种土地为发展微藻产业提供有利的自然地理条件。高原微藻（小球藻）的研究与开发应用，实现生物技术的干预、碳汇的测算、研究成果转化等多方面的实质性突破。如将这一研究持续深入下去，必将对青海大生态产业的发展产生巨大的影响。

2. 高原微藻产业化发展关键科技保障

1）建设青藏高原微藻种质资源库

这将是世界首个青藏高原微藻种资源保藏、利用和管理的科技支撑平台，未来

5~10年，努力建设成为国际知名的微藻种质资源保藏库（保藏藻种以小球藻、雨生红球藻、硅藻种、盐藻为主，藻种200余株，隶属于21属）。该资源库主要负责青藏高原微藻种质资源的收集、鉴定、保藏、供应、功能挖掘、评价，以及国际合作交流。主要工作有藻种分离、纯化和保藏，藻种培养和保藏技术研究，资源共享和对外服务，藻种筛选评价方法和标准化建设，为全省科技和产业部门提供有效的技术支持和服务等。

2）选育与培养优质藻株

设计、建设和测试微藻培养反应器，并进行小球藻、雨生红球藻、鱼腥藻、聚球藻和裸藻等五种微藻的培养测试，探究适应于高原环境的微藻规模化生产和采收工艺流程，开展系统研发，制定产品国际标准。

3）建成陆基虹鳟鱼生态养殖工程创新示范基地

该基地集成现有循环水养殖新技术，创新性引入有益菌、藻类和滤食性鱼类，构建多营养多层次虹鳟鱼生态养殖系统。从而实现虹鳟鱼产生的残饵和粪便成为其他类型养殖单元（如有益菌、藻类和滤食性鱼类）的食物或营养物质来源，将系统内多余的物质转化到养殖生物体内，达到系统内物质的有效循环利用。这一系统在减轻养殖对环境压力的同时，提高养殖品种的多样性和经济效益，达到实现青海省虹鳟鱼产业的可持续发展目的。

4）由鱼饲扩展到牛羊补饲

以鱼类饲养研究为基础，利用微藻养殖单元和冬季保温进行牛羊补饲的研究与应用。结合自主设计研发的微藻培养反应器和冬季牛羊保温温室，设计和建设出适用于高原牛羊冬季补饲用微藻养殖单元，形成藻类培育、补饲、温棚养殖的循环生态饲养模式，实现牛羊饲养的现代生物技术化。

3. 微藻（小球藻）产业的生态、经济和社会效益

著名科学家钱学森先生在20世纪80年代曾著文倡导创建农业型知识密集产业，即以西部的沙漠戈壁、盐碱地为土地资源，像传统农业那样，以太阳为直接能源，依靠地面生物的光合作用进行产品生产的体系，他认为这将成为21世纪中国的第六次产业革命。其经营的目标是最大限度地利用绿色生物转化太阳光能，以实现"多采光、少用水、新技术、高效益"，这为高原微藻（小球藻）产业的发展奠定基础。对微藻（小球藻）进行深度研究开发，发展微藻产业，是一种充分利用太阳光能，高效循环利用水资源，对青海省广大的戈壁、盐湖、沼泽等未利用土地资源进行利用和保护的新型特色可持续产业。因此，发展微藻产业具有良好的生态、经济和社会效益。

微藻（小球藻）产业化发展方向主要有两个方面：

（1）理想的新型高蛋白食品或功能性食品。小球藻、螺旋藻、盐藻蛋白质含量高达50%~70%，是目前所发现的天然食物中最高的，被誉为"超级食品"。

（2）动物养殖中优良的精细饲料添加剂。小球藻作为蛋白源添加于畜禽鱼饲料中，能促进动物生长，提高生产性能和降低饲料消耗。用小球藻（用量为1.0%~2.0%）配

合饵料进行鱼的育苗和生产，不但能提高成活率、促进鱼的生长发育、缩短生产周期，而且能降低成本、提高生产效益。

总之，高原微藻的研究与应用前景开阔，切合中国乃至世界生态保护与经济发展协调统一的大趋势，将对生物技术创新、生态保护效益、碳汇经济等一系列当前经济社会发展中的热点产生积极影响，将对碳达峰和碳中和做出特有贡献。

5.5 高原碳汇产业发展对策

青海省是长江、黄河和澜沧江的源头。草地、灌丛和湿地是青海省的主要生态系统，具有全球气候调节、物种多样性保护、涵养水源、保持水土等重要生态功能，对我国内陆流域地区的生态稳定和经济发展及人民生活水平发挥不可替代的作用。

5.5.1 加强青海生态系统变化长期监测平台系统的建设

青藏高原地处高寒地区，气候环境严酷，交通不便，长期以来有关青藏高原生态系统变化的实测数据资料较为缺乏，限制对青藏高原植被历史时期变化特征的分析，因此建立青藏高原生态系统地面监测系统是极为紧迫的。长期监测系统与平台建设涉及全社会的方方面面，各项指标涉及单个或多个部门，需要明确落实各项指标的主体责任，例如，灌丛覆盖率、湿地保有量等生态红线指标由林业部门负责，其余各项指标也要逐项分解到各部门，落实其主体责任。必须定期获取各项监测指标的数据，确定统一的标准的方法对各项指标进行监测评估。各项指标的监测和分析要运用各部门已有专项调查和监测体系，对一些传统方法难以获取的数据，应该采取卫星遥感、GIS等技术手段，对目标指标进行固定、长期监测，获取目标指标数据。

5.5.2 加强生态系统管理的法治建设

青海草地和湿地的地理区域独特，其生态功能是其他任何生态系统所不可替代的。但长期以来，对草地和湿地生态系统的整体功能缺乏完整的理解，特别是草地和湿地的巨大环境效益常常被人们所忽略，重利用轻保护、重索取轻投入的现象十分普遍。因此，要进一步大力宣传《中华人民共和国草原法》，加强草地和湿地保护建设和合理利用的宣传教育，提高全社会对草地和湿地生态环境的关注度。正确处理好经济发展和草地保护的关系，始终坚持生态效益和经济效益并重、保护优先、利用有序的原则，积极稳妥地推进草地及时保护建设和合理开发利用，进一步完善生态系统管理的相关法律。

5.5.3 构建高碳汇生态系统，发展碳汇经济

为了应对全球气候变化，我国适时提出碳达峰碳中和，青海省作为生态大省，可以为国家的碳中和发展战略做出更大贡献。利用现代生物技术筛选和培育固碳能力强的草种资源，构建碳汇功能强的人工草地生态系统。同时，重视和借鉴世界上发达国家的经验，学习国外先进草地、灌丛和湿地生态环境保护理念、经验和技术。建立多元化、多层次、多渠道的投资体制，积极吸引和利用外资来做好草地、灌丛和湿地生态环境保护工作。

充分认识草地、灌丛和湿地碳汇的价值，高度重视和加强草地、灌丛和湿地生态系统碳循环研究，获取其生态系统的碳平衡与碳汇数据，摸清草地、灌丛和湿地碳汇家底，制定增加碳汇的举措，建立碳汇基金、碳汇评估机构和交易机构，引导碳汇产业健康发展。

5.5.4 探索高原微藻产业化模式与综合利用途径

绿色发展是生态文明建设的核心，"以生态促发展、以发展保生态"是新时期实现生态文明建设的重要路径。实现这一路径的关键是提高植物的光合作用效率，协同发展草、林、牧、副、渔业，形成大生态产业格局。

建立青藏高原微藻种质资源评价与资源库，开辟基于现代化设施生物产业技术-经济体系的新模式；选育与培养优质藻株，探究适应于高原环境的微藻规模化生产和采收工艺流程；从鱼饲扩展到牛羊补饲，形成藻类培育、补饲、温棚养殖的循环生态饲养模式，建立鱼牛羊饲养的现代生物技术；开展陆基虹鳟鱼生态养殖工程创新示范，构建多营养层次虹鳟鱼生态养殖系统，促进青海省虹鳟鱼产业的可持续发展。

同时，立足于高原畜牧业生产实际开展高原功能微藻固碳及牛羊补饲产业技术集成与示范，尝试从新的角度关注"新型补饲营养饲料"对提升生产系统效益的关键作用，评价添加微藻有机养殖对牛羊的日增重、抗病能力、存活率、毛色、肉质等的主要影响，并采用代谢组学技术阐释肉品质对微藻补饲的响应机理。以期实现放牧牛羊早期出栏，减少与后备牛羊对冷季饲草的竞争，优化畜群生产结构，切实减轻草场压力，提升系统生产效率，从而解决高寒草地生产系统突出的"生态、生产和生活"可持续发展问题。

通过改进光合作用，以高原微藻高吸收碳技术创新为核心，实现固碳、蓄碳、储碳、转碳、减碳等目标，形成对丰富光能资源循环利用的高原微藻高吸收碳中和大生态产业发展模式，推进国家生态文明建设，落实青海生态立省战略。通过建立反映市

场供求和资源稀缺程度、体现生态价值与代际补偿的资源有偿使用、生态碳汇补偿，以及实体碳量交易等制度，形成生态文明建设的长效保障机制，推动大生态产业的发展，实现"一优两高"的战略要求。

5.5.5 关注生态治理的碳增汇效应，建立健全生态补偿制度

青海草地、灌丛和湿地治理对改善草地生态系统的碳汇能力有着积极的影响和不可替代的作用。因此，必须进一步加强其生态系统的治理，进行草地改良、增加植被覆盖度，是提高其碳汇能力、减少碳排放的关键。草地、灌丛和湿地治理所带来的巨大碳汇效应，可以大大地改善大气中CO_2的含量，有效地缓解气候变暖，惠及全球，具有重要的生态价值，将草地、灌丛和湿地治理纳入一个类似清洁发展机制是非常必要的，有利于在全球范围内实现合作和支持，建立健全草地、灌丛和湿地生态补偿机制，科学制定其生态补偿内容、补偿标准、补偿主体、补贴对象和补偿机制。

参考文献

曹军平. 2007. 现代生物技术在农业中的应用及前景. 安徽农业科学,（3）：671-674.
陈梅花，石培基. 2009. 基于AHP法的文化旅游资源开发潜力评价——以南阳玉文化旅游资源为例. 干旱区资源与环境，23（6）：196-200.
陈昭彦. 2023. 青海绿色有机农畜产品经营开发路径研究. 青藏高原论坛，11（01）：32-37.
陈紫菱，潘家坪，李佳奇，等. 2019. 中国碳交易试点发展现状、问题及对策分析. 经济研究导刊，（7）：160-161.
大丹增. 2016. 中国藏药材大全. 北京：中国藏学出版社.
戴美玲，石浩. 2022. 系统观念视角下的三江源国家公园建设探赜. 攀登，41（5）：105-114.
帝玛尔·丹增彭措. 2012. 晶珠本草. 上海：上海科学技术出版社.
刁进宇. 2014. 旅游业发展与资源枯竭型城市转型研究—以安徽省淮北市为例. 中外企业家,（5）：34-36＋38.
董全民，周华坤，施建军，等. 2018. 高寒草地健康定量评价及生产——生态功能提升技术集成与示范. 青海科技，25（1）：15-24.
董世魁. 1998. 什么是草原载畜量. 青海草业，（3）：45.
董晓丽，张乃锋，穆立田，等. 2011. 现代生物技术在饲料资源开发中的应用进展. 猪业科学，28（8）：28-30.
杜美红，张继刚，王曦，等. 2001. 现代生物技术与动物育种. 动物科学与动物医学，（6）：14-16.
杜少波. 2023. 青海省部分水域真核微藻多样性分析. 西宁：青海师范大学硕士论文.
冯颖，曾雅，任同军. 2023. 双碳背景下国内外主流低碳水产养殖技术发展现状及对策研究. 渔业研究，45（6）：603-613.
龚宏伟. 2011. 现代生物技术在发展生态农业中的前沿应用. 农业与技术，31（4）：6-9.
郭本兆. 1987. 青海经济植物志. 西宁：青海人民出版社.
郭鹏举，叶宝林，孙尚运，等. 1996. 青海地道地产药材. 西安：陕西科学技术出版社.
国家统计局. 2011. 中国统计年鉴2011. 北京：中国统计出版社.
国家统计局. 2012. 中国统计年鉴2012. 北京：中国统计出版社.
国家统计局. 2013. 中国统计年鉴2013. 北京：中国统计出版社.
国家统计局. 2014. 中国统计年鉴2014. 北京：中国统计出版社.
国家统计局. 2015. 中国统计年鉴2015. 北京：中国统计出版社.
国家统计局. 2016. 中国统计年鉴2016. 北京：中国统计出版社.
国家统计局. 2017. 中国统计年鉴2017. 北京：中国统计出版社.
国家统计局. 2018. 中国统计年鉴2018. 北京：中国统计出版社.
国家统计局. 2019. 中国统计年鉴2019. 北京：中国统计出版社.
国家统计局. 2020. 中国统计年鉴2020. 北京：中国统计出版社.
海东市人民政府. 2012. 海东地区高原特色现代农牧业发展"十二五"规划.
海东市人民政府. 2016. 海东市"十三五"特色农牧业发展规划（2016～2020年）.
韩华，何荣智. 2023. 略论都江堰水利文明的传承与发展——兼谈官渠堰的创建及历史功绩. 四川水利，44（3）：175-178.
何文利，李小凡，贾丽琼. 2004. 生物技术在饲料业中的应用. 内蒙古林业，（5）：38-39.
胡蓉. 2022. 践行"两山"理论构建青海特色生态文明建设新格局. 青海师范大学学报（社会科学版），44（4）：42-48.
贾真真，罗时琴，毛永琴. 2015. 基于多层次灰色方法的贵州黔东南苗岭国家地质公园开发潜力评价研究. 贵州科学,33(5)：85-90.
姜光丽. 2001. 现代生物技术在农牧业生产中的应用及前景展望. 四川农业科技，（11）：40-41.
寇连山. 2012. 青海地区现代农业发展存在的问题及对策. 现代农业科技，（17）：318-319＋322.
李成文. 2017. 谈玉树地区的草原监测报告. 中国畜牧兽医文摘，33（12）：39.
李德浩. 1989. 青海经济动物志. 北京：人民出版社.

李荷, 毕凌岚, 钟毅. 2022. 川西高原藏区生态资产赋能乡村振兴的对口帮扶路径. 中国人口·资源与环境, 32（10）: 140-149.

李泽, 孙才志, 邹玮. 2011. 中国海岛县旅游资源开发潜力评价. 资源科学, 33（7）: 1408-1417.

李祇辉. 2014. 韩国国立公园管理探析. 世界林业研究, 27（5）: 75-80.

梁蕊娇, 李阳. 2023. 绿色金融支持青海生态产业发展. 青海金融,（1）: 28-33.

林智钦, 林宏赡. 2024. 坚持和完善生态文明制度体系研究：基于"两山"理念、生态优先、价值转化的视角. 中国软科学,（S1）: 259-277.

刘晨晨. 2024. 中国式现代化坚持人与自然和谐共生的立论依据. 理论建设, 40（1）: 17-25.

刘红星. 2007. 青海地道地产药材的现代研究. 西安：陕西科学技术出版社.

刘立波, 王春燕, 刘岩. 2016. 基于AHP-FCE的草原天路生态旅游开发潜力评价研究. 现代农业科技,（24）: 272-273.

刘庆芳, 吴卫, 高卿, 等. 2022. 青藏高原国家公园群县域星级宾馆空间格局与服务支撑能力评价. 经济地理, 42（7）: 225-233.

刘双虎, 胡海燕, 李晓存. 2009. 现代生物技术在畜牧业中的应用概述. 养殖技术顾问,（5）: 144-145.

刘同德. 2010. 青藏高原区域可持续发展研究. 北京：中国经济出版社.

陆广欣, 毛碧增. 2011. 生物技术在马铃薯产业中的应用及其研究进展. 浙江农业科学,（2）: 243-246+249.

罗谷松, 彭华, 闫罗彬, 等. 2016. 南方"红层荒漠"旅游开发价值分析. 地理科学, 36（4）: 555-563.

罗增海, 侯生珍, 王志有, 等. 2020. 青海牧区藏羊高效养殖技术的效益估算. 家畜生态学报, 41（2）: 72-76+86.

吕建树, 刘洋, 张祖陆, 等. 2011. 鲁北滨海湿地生态旅游资源开发潜力评价及开发策略. 资源科学, 33（9）: 1788-1798.

吕子君, 姚东林, 王超, 等. 2015. 螺旋藻添加剂对猪生长、腹泻率及肌肉营养的影响. 江苏农业科学, 43（7）: 206-209.

马青山. 2018. 黄南州草地生态监测工作开展现状及对策建议. 青海畜牧兽医杂志, 48（3）: 58-59+57.

马冉. 2016. 城市社区健康旅游产业发展潜力研究. 石家庄：河北师范大学硕士论文.

欧阳艳, 陈光源, 许小成. 2010. 现代生物技术与畜牧业可持续发展. 湖北畜牧兽医,（3）: 21-23.

彭小舟, 尹华光. 2009. 张家界酒店业员工高流失率问题研究. 消费导刊,（8）: 48-49.

强安丰, 魏加华, 解宏伟. 2018. 青海三江源地区气温与降水变化趋势分析. 水电能源科学, 36（2）: 10-14.

乔秀红. 2018. 青稞主要病虫害综合防治研究进展与发展方向. 农家参谋,（20）: 59.

秦大河. 2014. 三江源区生态保护与可持续发展. 北京：科学出版社.

青海省草原总站. 2012. 青海草地资源. 西宁：青海人民出版社.

青海省统计局. 2011. 青海统计年鉴2010. 北京：中国统计出版社.

青海省统计局. 2012. 青海统计年鉴2011. 北京：中国统计出版社.

青海省统计局. 2013. 青海统计年鉴2012. 北京：中国统计出版社.

青海省统计局. 2014. 青海统计年鉴2013. 北京：中国统计出版社.

青海省统计局. 2015. 青海统计年鉴2014. 北京：中国统计出版社.

青海省统计局. 2016. 青海统计年鉴2015. 北京：中国统计出版社.

青海省统计局. 2017. 青海统计年鉴2016. 北京：中国统计出版社.

青海省统计局. 2018. 青海统计年鉴2017. 北京：中国统计出版社.

青海省统计局. 2019. 青海统计年鉴2018. 北京：中国统计出版社.

青海省统计局. 2020. 青海统计年鉴2019. 北京：中国统计出版社.

任奚娴. 2021. 青海省生态旅游产业发展潜力研究. 西宁：青海师范大学.

任宣羽, 邓伟, 王敏, 等. 2007. 工业旅游效益探析. 攀枝花学院学报,（5）: 29-33.

荣超, 池晓彤. 2020. 欧盟碳交易运行机制对中国市场的启示. 当代县域经济,（4）: 6-9.

沈树忠, 张飞飞, 王文倩, 等. 2024. 深时重大生物和气候事件与全球变化：进展与挑战. 科学通报, 69（2）: 268-285.

苏军虎, 刘荣堂, 纪维红, 等. 2013. 我国草地鼠害防治与研究的发展阶段及特征. 草业科学, 30（7）: 1116-1123.

苏振锋. 2009. 西部地区发展适用技术研究. 咸阳：西北农林科技大学博士论文.

孙发平, 王礼宁. 2021. 论青海实现"双碳"目标先行先试的战略导向与着力点. 青海社会科学,（6）: 43-52.

谭聪丽. 2024. 华南地区观赏植物资源的发掘与选配置策略分析. 分子植物育种, 22（2）: 615-622.

王俊丽. 2012. 中国民族地区药用植物资源利用与生物技术. 北京：科学出版社.

王俊丽. 2013. 青藏高原地区植物资源利用与生物技术. 北京：科学出版社.

王琦. 2016. 山地自然养生旅游开发潜力评价研究. 武汉：华中师范大学硕士论文.

王润, 马亮, 马晓燕. 2014. 基于资源与区位条件分析的中国世界遗产地旅游开发潜力评价. 风景园林,（4）: 71-75.

汪松, 解焱. 2004. 中国物种红色名录（第一卷红色名录）. 北京：高等教育出版社.

王伟青．2008．现代生物技术在开发饲料资源中的应用与发展前景．畜牧与饲料科学，（4）：14-16．
汪侠，顾朝林，刘晋媛，等．2007．旅游资源开发潜力评价的多层次灰色方法——以老子山风景区为例．地理研究，（3）：625-635．
王岩．2022．生态正义的中国意涵与逻辑进路．哲学研究，（5）：5-14+128．
文花，布仁套格套，白龙．2013．现代草地畜牧业的发展现状及对策．当代畜牧，（29）：29-31．
温岩，刘长松，罗勇．2013．美国碳排放权交易体系评析．气候变化研究进展，9（2）：144-149．
吴文庆，沈涵，吉琛佳，等．2012．水利生态旅游开发潜力的评价指标体系研究．管理世界，（3）：184-185．
辛有俊，杜铁瑛，辛玉春，等．2011．青海草地载畜量计算方法与载畜压力评价．青海草业，20（4）：13-22．
闫颜，徐基良．2017．韩国国家公园管理经验对我国自然保护区的启示．北京林业大学学报（社会科学版），16（3）：24-29．
杨慧．2018．日本碳排放交易体系的构建及我国的启示．农村经济与科技，29（4）：18-19．
杨生伟．2018．青海省油菜栽培技术现状．青海农技推广，（3）：66-68．
杨生伟．2019．青海省马铃薯种植现状及高产栽培技术．青海农技推广，（3）：109-110．
杨涛．2018．青藏高原畜牧业可持续发展探究．兽医导刊，（16）：43．
尹剑慧，卢欣石．2009．中国草原生态功能评价指标体系．生态学报，29（5）：2622-2630．
尹洁．2003．西北近代农业科学技术发展研究．咸阳：西北农林科技大学博士论文．
余进，赵玉泽，张东升，等．2014．乌拉山国家森林公园旅游资源开发潜力评价．西北林学院学报，29（3）：241-245．
俞旸，杨晓霞，董全民，等．2019．农业供给侧结构性改革下的青海省现代草地畜牧业发展研究．青海社会科学，（6）：123-129．
虞子青，张二荃．2023．极端环境下的生物节律．中国生物化学与分子生物学报，39（1）：1-15．
张广海，刘佳．2010．中国滨海城市旅游开发潜力评价．资源科学，32（5）：899-906．
张强，杨金虎，王朋岭，等．2023．西北地区气候暖湿化的研究进展与展望．科学通报，68（14）：1814-1828．
张志斌，樊芳卉．2009．基于模糊聚类的区域旅游资源评价及开发对策研究——以甘肃省平凉市为例．干旱区资源与环境，23（10）：182-187．
赵丽华．2022．"两山理论"背景下青海打造国际生态旅游目的地的时代价值与策略选择．青海民族研究，33（4）：123-128．
赵亮，徐世晓，周华坤，等．2013．高寒草地管理手册．成都：四川科技出版社．
赵新全，王启基，马玉寿，等．2011．三江源区退化草地生态系统恢复与生态畜牧业发展技术及应用．青海省，中国科学院西北高原生物研究所．
赵新全，周青平，马玉寿，等．2017．三江源区草地生态恢复及可持续管理技术创新和应用．青海科技，24（1）：13-19．
郑长忠．2023．创造人类文明新形态与构建人类命运共同体．当代世界，（8）：27-31．
钟林生，王婧，唐承财．2009．西藏温泉旅游资源开发潜力评价与开发策略．资源科学，31（11）：1848-1855．
周华坤，姚步青，于龙．2016．三江源区高寒草地退化演替与生态恢复．北京：科学出版社．
周青平．2014．青海药用植物图谱（上卷）．南京：江苏凤凰科学技术出版社．
周青平．2015．青海药用植物图谱（下卷）．南京：江苏凤凰科学技术出版社．
周天军，张文霞，陈德亮，等．2022．2021年诺贝尔物理学奖解读：从温室效应到地球系统科学．中国科学：地球科学，52（4）：579-594．
Arturo M G, Juan M G F. 2003. Competitive potential of tourism in destinations. Annals of Tourism Research, 30/(3) :720-740.
Baňoch T, Svoboda M, Kuta J, et al. 2012. The effect of iodine from iodine-enriched alga Chlorella spp. on the pork iodine content and meat quality in finisher pigs. Acta Veterinaria Brno, 81 (4) : 339-346.
Bonos E, Kasapidou E, Kargopoulos A, et al. 2016. Spirulina as a functional ingredient in broiler chicken diets. South African Journal of Animal Science, 46 (1) : 94.
Carvalho J R R, Brennan K M, Ladeira M M, et al. 2018. Performance, insulin sensitivity, carcass characteristics, and fatty acid profile of beef from steers fed microalgae. Journal of Animal Science, 96 (8) : 3433-3445.
Constaza R, Ralph d'Arge, Rudolf de Groot, et al. 1997. The value of the world's ecosystemservices and nature capital. Nature, 387: 253-260.
Costa D F A, Quigley S P, Isherwood S R, et al. 2016. Supplementation of cattle fed tropical grasses with microalgae increases microbial protein production and average daily gain. Journal of Animal Science, 94 (5) : 2047-2058.
Costa P. 1991. Tourism Carry Capacity Fuzzy Approach. Annals of Tourism Research, 18 (2) : 295-311.
Edwards J A, ICJC Llurdés.1996. Mines and quarries. Annals of Tourism Research, 23 (2) : 341-363.
Fuente-Vazquez J, Diaz-Diaz-Chiron M T, C Pérez-Marcos Caeque V, et al. 2014. Linseed, microalgae or fish oil dietary supplementation affects performance and quality characteristics of light lambs. Spanish Journal of Agricultural Research, 12 (2) : 436-447.

Furbeyre H, Milgen J V, Mener T, et al. 2016. Effects of dietary supplementation with freshwater microalgae on growth performance, nutrient digestibility and gut health in weaned piglets. Animal, 11 (2) : 183-192.

Grinstead G S, Tokach M D, Dritz S S, et al. 2000. Effects of spirulina platensis on growth performance of weanling pigs. Animal Feed Science and Technology, 83 (3/4) : 237-247.

Gunn C A, Larsen T R. 1993. Illinois Zones of tourism potential For A.T. Kearney Inc. and Illinois Bureau of Tourism. College Station, TX: Self-published.

Gunn C A, Mcmillen J B. 1979. Tourism development Assessment of potential n Texas MP-1416. College Station. Texas Agricultural Experiment Station. Texas A&M University.

Henry I, Jackson G. 1995. Sustainable Tourism Management: A Conceptual Framework and Implications for Tourism Education. Tilburg: Tilburg University Press.

Hunter C. 1997. Sustainable tourism as an adaptive paradigm. Annals of Tourism Research, 21 (4) : 850-867.

Kang, Salim H M, Akter N, et al. 2013. Effect of various forms of dietary Chlorella supplementation on growth performance, immune characteristics, and intestinal microflora population of broiler chickens. Journal of Applied Poultry Research, 22 (1) : 100-108.

Kelly M. 1998. Jordan's potential tourism development. Annals of Tourism Research, 25 (4) : 904-918.

Kharde S D, Shirbhate R N, Bahiram K B, et al. 2012. Effect of Spirulina supplementation on growth performance of broilers. Indian Journal of Veterinary Research, 21 (1) : 66-69.

Kulpys J, Paulauskas E, Pilopavicius V. 2009. Influence of cyanobacteria Arthrospira (Spirulina) platensis biomass additives towards the body condition of lactation cows and biochemical milk indexes. Agronomy Research, 7 (2) : 823-835.

Langlois S M, Theodore J, Elizabeth M, et al. 1999. In Poland:In bound Tourism from the UK. Tourism Management, 20 (4) : 461-469.

Lemahieu C, Bruneel C, Termote-verhalle R, et al. 2013. Impact of feed supplementation with different omega-3 rich microalgae species on enrichment of eggs of laying hens. Food Chemistry, 141 (4) : 4051-4059.

Mariey Y A, Samak H R, Ibrahem M A. 2012. Effect of using spirulina platensis algae as a feed additive for poultry diets:1-productive and reproductive performances of local laying hens. Egyptian Poultry Science Journal, 32 (1) : 201-215.

Mckercher B. 1993. he unrecognized threat to tourism: Can tourism survive 'sustainability' ? Tourism Management, 14 (2) : 131-136.

Meale S J, Chaves A V, He M L. 2014. Dose-response of supplementing marine algae (Schizochytrium spp.) on production performance, fatty acid profiles, and wool parameters of growing lambs. Journal of Animal Science, 92 (5) : 2202-2213.

Melingonzlez A, Garcfalcn J M. 2003. Competitive potential of tourism in destinations. Annals of Tourism Research, 30 (3) : 720-740.

Mirzaie S, Zirak-Khattab F, Hosseini S A, et al. 2018. Effects of dietary Spirulina on antioxidant status, lipid profile, immune response and performance characteristics of broiler chickens reared under high ambient temperature. Asian-Australasian journal of animal sciences, 31 (4) : 556-563.

Moradi K N, Akbari M, Olfati A. 2016. The effects of different levels of Chlorella microalgae on blood biochemical parameters and trace mineral concentrations of laying hens reared under heat stress condition. International Journal of Biometeorology, 60 (5) : 752-762.

Moran, Morlacchini M, Keegan J D, et al. 2018. Effects of a DHA - rich unextracted microalgae as a dietary supplement on performance, carcass traits and meat fatty acid profile in growing-finishing pigs. Journal of Animal Physiology and Animal Nutrition, 102 (4) : 1026-1038.

Park J H, Lee S I, Kim I H. 2018. Effect of dietary Spirulina (Arthrospira) platensis on the growth performance, antioxidant enzyme activity, nutrient digestibility, cecal microflora, excreta noxious gas emission, and breast meat quality of broiler chickens. Poultry Science, 97 (7) : 2451-2459.

Priskin J. 2001. Assessment of natural resources for nature-based tourism: the case of the Central Coast Region of Western Australia. Tourism Management, 22 (6) : 637-646.

Ribeiro T, Lordelo M M, Costa P, et al. 2014. Effect of reduced dietary protein and supplementation with a docosahexaenoic acid product on broiler performance and meat quality. British Poultry Science, 55 (6) : 752-765.

Samsudin A R, Hamzah U, Rahman R A, et al. 1997. Thermal Springs of Malaysia and Their Potential Development. Journal of Asian Earth Sciences, 15 (2) : 275-284.

Sardi, Martelli G, Lambertini L, et al. 2006. Effects of a dietary supplement of DHA-rich marine algae on Italian heavy pig production parameters. Livestock Science, 103 (1) : 95-103.

Silva G G D, Ferreira D J E, Takiya C S, et al. 2016. Short communication: partial replacement of ground corn with algae meal in a dairy cow diet: milk yield and composition, nutrient digestibility, and metabolic profile. Journal of Dairy Science, 99 (11) : 8880-8884.

Simkus A, Oberauskas V, Laugalis J. 2007. The effect of weed Spirulina platensis on the milk production in cows. Veterinarija ir

Zootechnika, 38 (60) : 74-77.

Simkus A, Simkiene A, Cernauskiene J, et al. 2013. The effect of blue algae spirulina platensis on pig growth performance and carcass and meat quality. Veterinarija ir Zootechnika, 61 (83) : 70-74.

Stokes R S, Loy D D, Hansen S L. 2016. Effects of increased inclusion of algae meal on finishing steer performance and carcass characteristics. Journal of Animal Science, 94 (2) :687-696.

Vossen, Raes K, Van Mullem D, et al. 2017. Production of docosahexaenoic acid (DHA) enriched loin and dry cured ham from pigs fed algae: nutritional and sensory quality. European Journal of Lipid Science and Technology, 119 (5) : 1600144.

Wade D J, Mwasaga B C, Eagles P. 2001. A history and market analysis of tourism in Tanzania. Tourism Management, 2 (1) : 93-101.

Yan L, Lim S U, Kim I H. 2012. Effect of fermented Chlorella supplementation on growth performance, nutrient digestibility, blood characteristics, fecal microbial and fecal noxious gas content in growing pigs. Asian-Australasian Journal of Animal Sciences, 25 (12) : 1742-1747.

Zahroojian N, Moravej H, Shivazad M. 2013. Effects of Dietary Marine Algae (Spirulina platensis) on Egg Quality and Production Performance of Laying Hens. Journal of Agricultural Science & Technology, 15 (2) : 1353-1360.

Zhao X Q, Zhao L, Li Q, Chen H, et al. 2018. Using balance of seasonal herbage supply and demand to inform sustainable grassland management on the Qinghai-Tibetan Plateau. Frontiers of Agricultural Science and Engineering, 5 (1) : 1-8.